KB261640

지금부터 시작하는

Illustrator

일러스트레이터 CC 2015

Sasaki Kyoko 지음 | **Rokunana Workshop** 감수 | **이영란** 옮김

정보문화사
Information Puislishing Group

이 책의 특징

- 처음부터 순서대로 읽으면 체계적인 지식과 조작 방법을 익힐 수 있습니다.
- 읽고 싶은 부분부터 찾아서 읽어도 각각의 개별 지식과 조작 방법을 익힐 수 있습니다.
- 무료 시험버전 및 예제 파일을 사용하여 학습할 수 있습니다.

이 책의 사용법

본문은 1, 2, 3과 같은 순서로 조작 방법이 나열되어 있습니다. 순서를 따라 작업하기 바랍니다.
각 조작 방법에는 ❶, ❷, ❸과 같이 번호가 붙어 있습니다.
작업 실행 위치와 조작 내용은 캡처된 화면에서 해당 번호를 통해 확인할 수 있습니다.

구체적인 작업을 하는 각 장의 첫머리에는 해당 장에서 학습할 내용을 시각적으로 파악할 수 있는 인덱스가 있습니다.
이 인덱스를 참고로 작업하고 싶은 내용이 표시된 페이지로 이동하면 편리합니다.

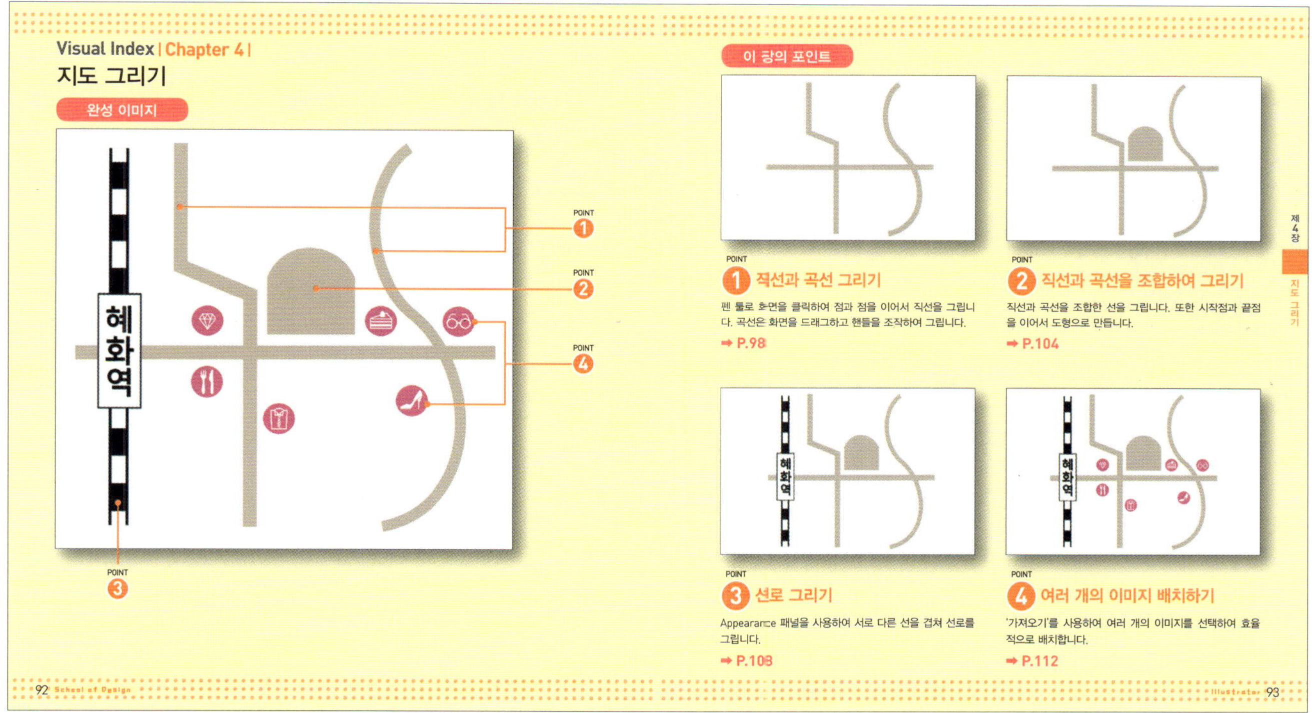

작동 환경에 대하여

이 책은 Adobe Illustrator CC 2015(이후 Illustrator CC 2015로 표기)를 대상으로 하고 있습니다. 본문에 사용하고 있는 이미지는 Windows 8.1에서 Illustrator CC 2015를 실행시킨 그림입니다. 그 외의 환경에서는 화면상 차이가 있지만 학습에는 문제가 없습니다.

또한 Mac 환경에 Illustrator CC 2015를 설치하여 사용하는 경우에 Windows 8.1과 조작이 다른 부분은 괄호 안에 Mac에서의 조작 방법을 기재하였으며, 여기서 'Mac'은 'OS X Yosemite'를 뜻합니다. 또한 이 책에서는 탐색기에서 파일의 확장자를 표시하도록 설정한 환경에서 설명을 하고 있습니다.

Contents

일러스트 그리기

로고 만들기

chapter 3 명함 만들기

chapter 4 지도 그리기

엽서 만들기

블로그의 타이틀 이미지 만들기

Illustrator CC 2015
무료 시험버전 설치하기

이 책에는 Illustrator 무료 시험버전이 들어있지 않습니다. 아래의 방법을 따라 PC에 다운로드하여 설치하기 바랍니다. 설치 작업에는 몇 시간 이상 소요되는 경우도 있습니다. 또한 무료 시험버전은 하나의 계정에 대해 처음 시작한 시점부터 30일 동안만 사용할 수 있으므로 주의하기 바랍니다. 아래에서는 지금까지 Creative Cloud를 설치한 적이 없는 분을 위해 무료 시험버전을 설치하는 방법을 설명하겠습니다.

Creative Cloud 다운로드 [Windows/Mac 공통]

1 ❶ 웹 브라우저를 열고 주소창에 'http://www.adobe.com/kr'을 입력한 후 Enter(Mac:return)를 누릅니다.

2 ❶ Adobe Creative Cloud 화면이 표시되면 오른쪽 위에 있는 [메뉴]를 클릭합니다.

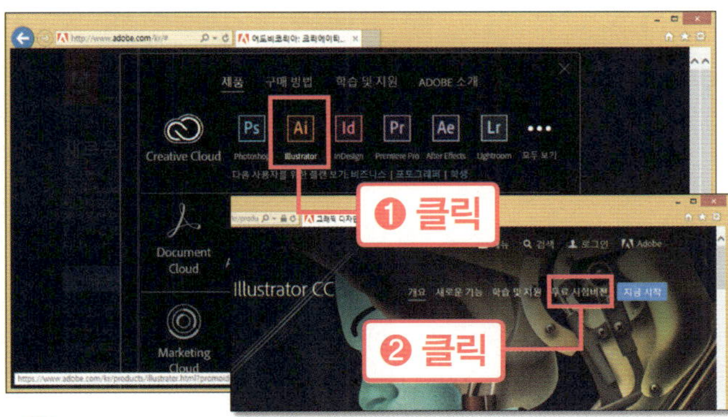

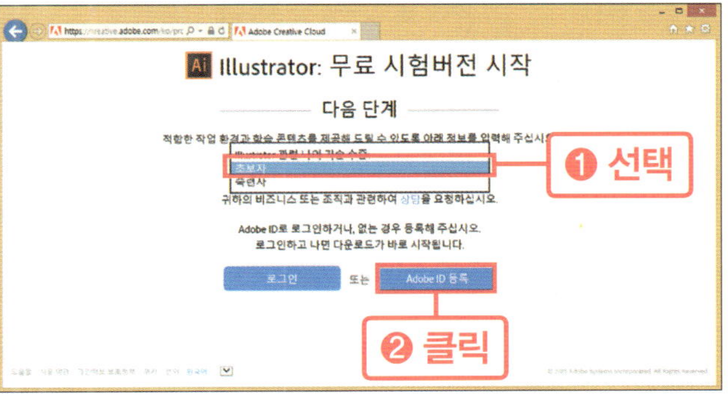

3 ❶ [메뉴] 화면이 표시되면 Creative Cloud에서 'Ai'를 선택합니다. 그 다음 ❷ 표시되는 화면에서 [무료 시험버전]을 선택합니다.

4 [Illustrator: 무료 시험버전 시작] 화면이 표시되면 ❶ [Illustrator 관련 나의 기술 수준] 목록에서 '초보자'를 선택하고 ❷ [Adobe ID 등록]을 클릭합니다. 무료 시험버전을 이용하는 경우에도 Adobe ID 등록이 필요합니다.

5 ❶ [Illustrator CC 다운로드] 화면이 표시되면 필요한 항목을 입력하고, ❷ [이용 약관] 및 [개인정보 보호정책]을 확인한 후 문제가 없으면 체크 표시를 하고 ❸ [지금 등록]을 클릭합니다.

Adobe ID를 이미 갖고 있는 경우는 Step ❹에서 [로그인]을 클릭합니다. ❶ [Illustrator CC를 다운로드] 화면이 표시되면 Adobe ID와 비밀번호를 입력하고, ❷ [로그인]을 클릭합니다.

Creative Cloud 설치하기 [Windows]

※Mac은 P.9 참조

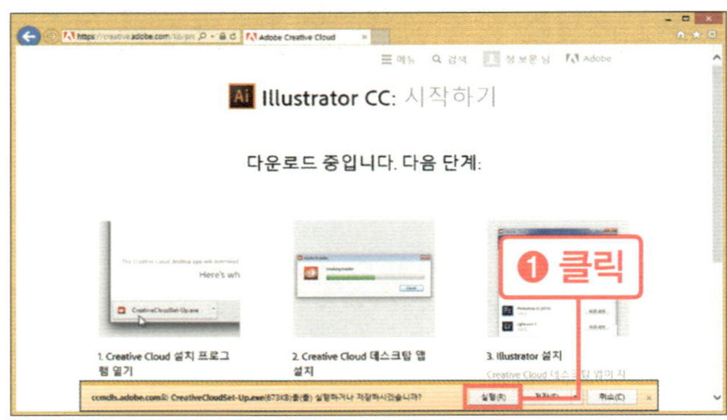

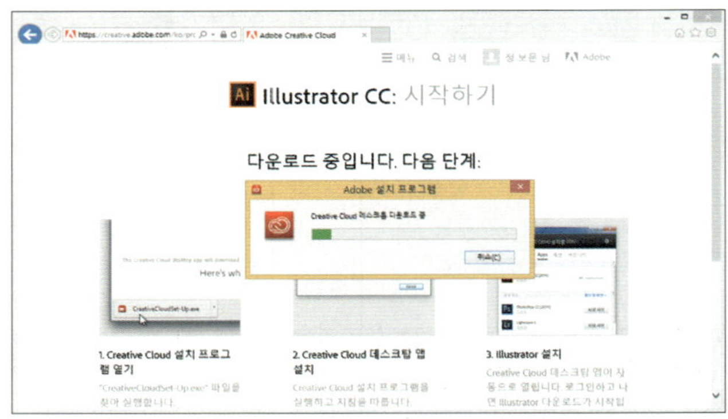

1 ❶ [시작하기] 화면이 표시되면 [실행하거나 저장하시겠습니까?]에서 [실행]을 클릭합니다. [사용자 계정 제어] 대화상자가 표시되는 경우에는 [예]를 클릭합니다.

2 Creative Cloud 설치가 시작됩니다. 화면 지시에 따라 설치가 끝날 때까지 기다립니다.

Step ❶과 같은 화면이 표시되지 않는 경우는 이미 파일을 다운로드했을 가능성이 있습니다. 컴퓨터 안에 'CreativeCloudSet—Up.exe'라는 이름의 파일이 있는지 찾아봅니다.

Illustrator 무료 시험버전 설치하기 [Windows]

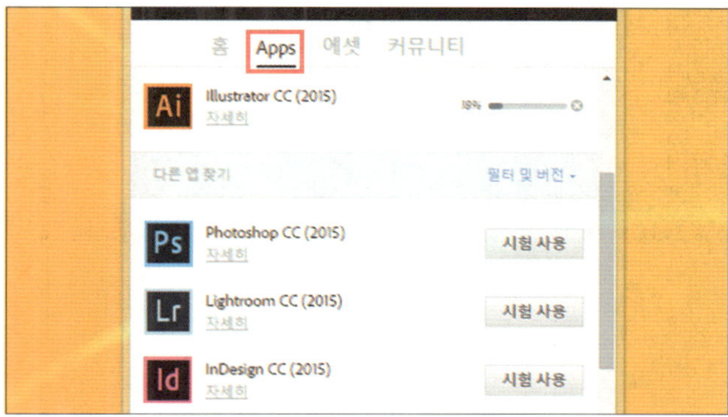

① 설치가 끝나면 Creative Cloud가 실행됩니다. ❶ 로그인 화면이 표시되는 경우에는 필요한 항목을 입력하고, ❷ [로그인]을 클릭합니다.

② [Aɔps] 화면이 표시되고 Illustrator 설치를 시작합니다. 그림과 같은 화면이 표시되지 않는 경우는 [Apps]를 클릭하여 화견을 전환합니다.

③ [시험 사용]이라고 표시되면 설치가 끝난 것입니다. ❶ Creative Cloud는 ☒ 를 클릭하여 닫습니다.

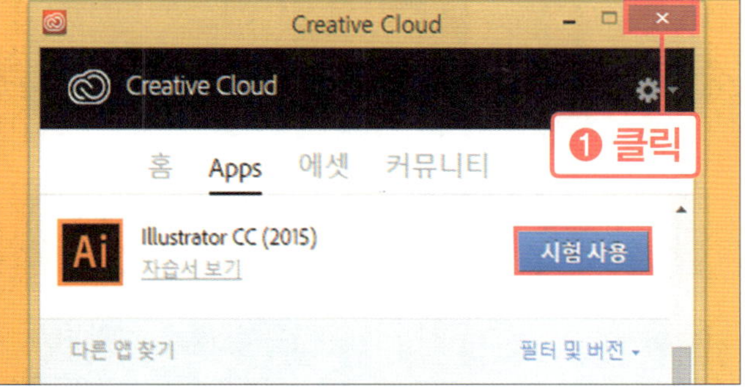

주의

Step ②에서 설치가 시작되지 않고 Illustrator CC(2015) 오른쪽에 [시험 사용] 버튼이 표시되는 경우는 [시험 사용] 버튼을 클릭합니다.

참고 Illustrator CC 2015 무료 시험버전을 영문판으로 설치하는 방법에 대해서는 P.157을 참조하기 바랍니다. 이 책에 실린 모든 예제는 영문판을 기준으로 합니다.

Creative Cloud 설치하기 [Mac]

※Windows는 P.8 참조

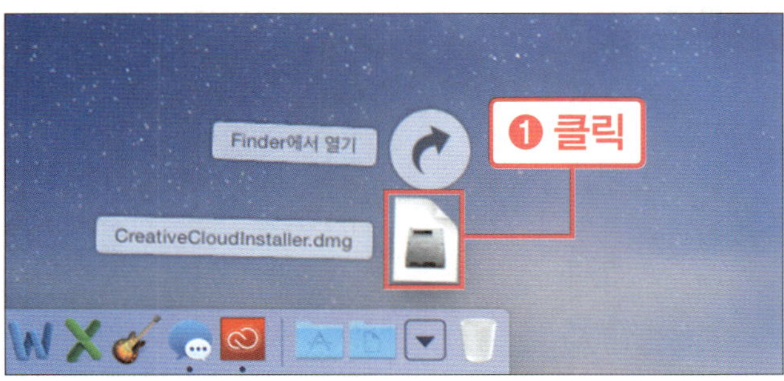

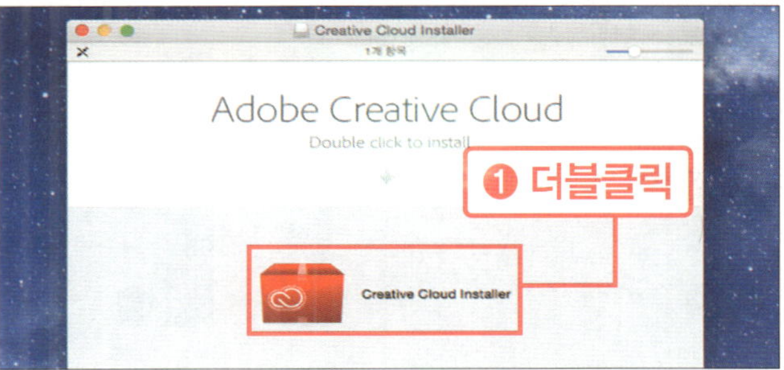

① ❶ 다운로드 폴더에 [CreativeCloudInstaller.dmg]가 다운로드되므로 클릭합니다.

② Adobe Creative Cloud의 인스톨러가 시작되면 ❶ 아이콘을 더블클릭합니다.

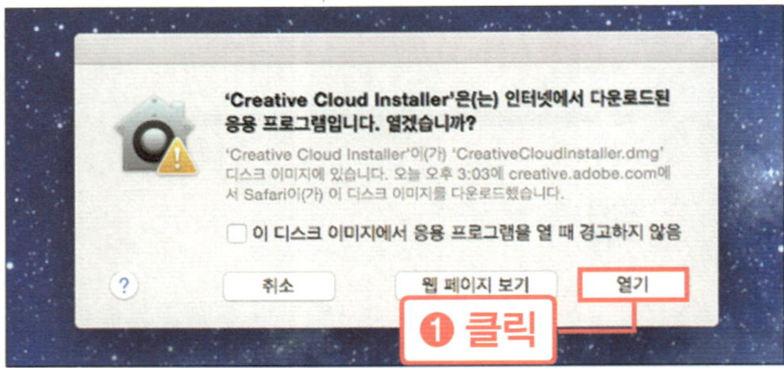

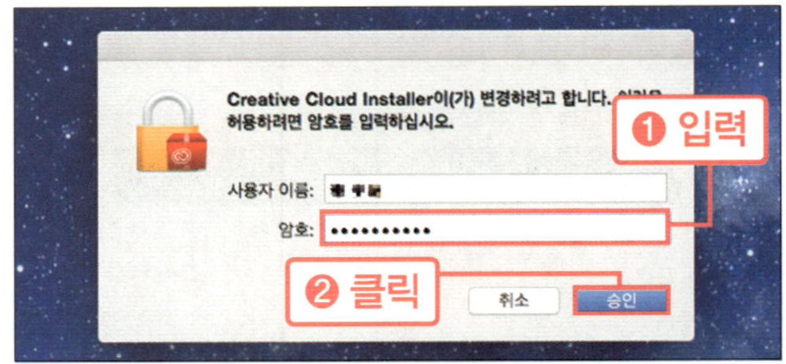

3 ❶ 그림과 같은 화면이 표시되는 경우는 [열기]를 클릭합니다.

4 설치를 하기 위해 사용자 이름과 암호 입력화면이 표시됩니다. ❶ 암호를 입력하고, ❷ [승인]을 클릭합니다.

Illustrator 무료 시험버전 설치하기 [Mac]

※Windows는 P.9 참조

1 설치가 끝나면 Creative Cloud가 실행됩니다. ❶ 로그인 화면이 표시되면 필요한 항목을 입력하고, ❷ [로그인]을 클릭합니다.

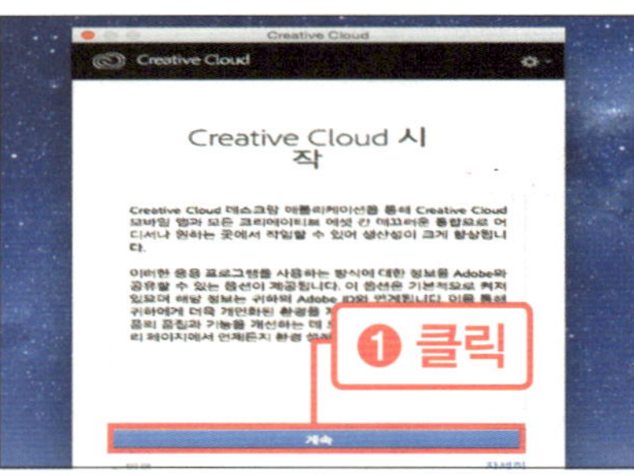

2 Creative Cloud 시작 화면이 표시됩니다. ❶ 화면 아래쪽에 있는 [계속]을 클릭합니다.

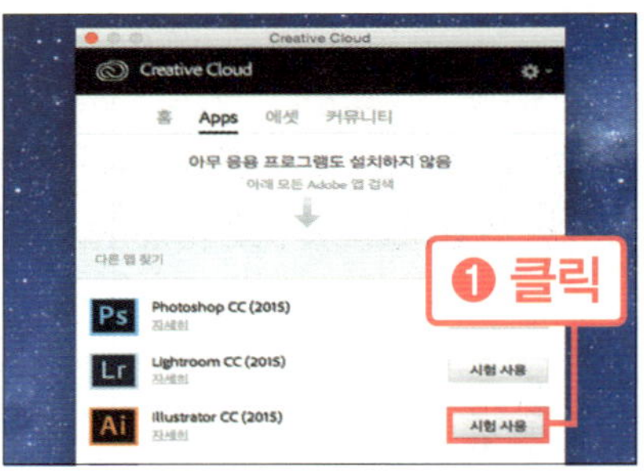

3 Illustrator CC(2015)의 설치가 자동으로 시작됩니다. 설치가 시작되지 않으면 수동으로 설치를 합니다. ❶ [Apps] 화면에서 애플리케이션 목록이 표시되면 Illustrator CC (2015)의 [시험 사용]을 클릭합니다.

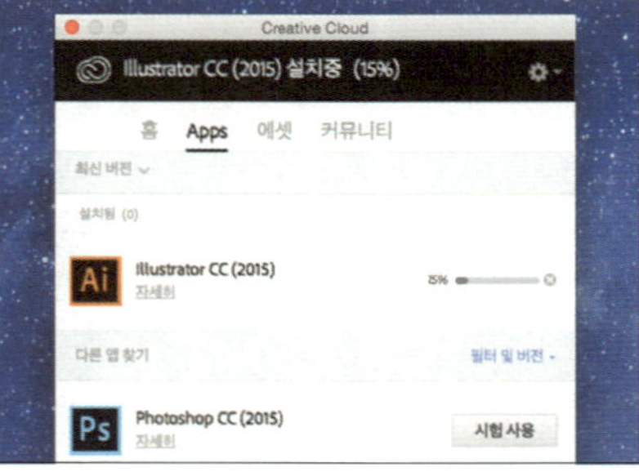

4 [Apps] 화면이 표시되고 Illustrator의 설치가 시작됩니다.

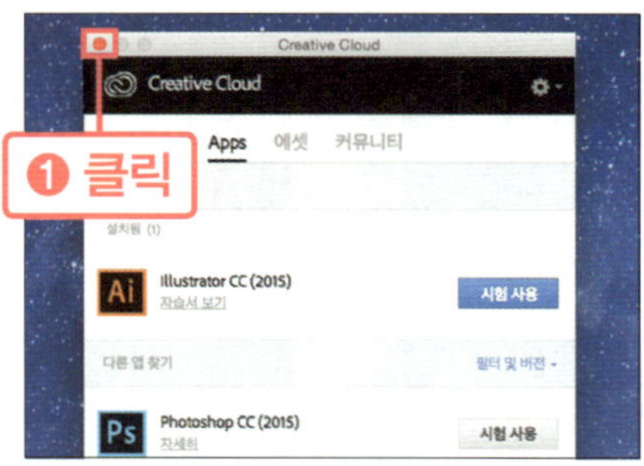

5 [시험 사용]이라고 표시되면 설치가 끝난 것입니다. ❶ ◉을 클릭하여 CC를 닫습니다.

참고 Illustrator CC 2015 무료 시험 버전을 영문판으로 설치하는 경우는 p.157을 참고하여 Creative Cloud 환경 설정에서 언어 설정을 영어로 바꾸기 바랍니다.

Illustrator의 시작과 종료

Illustrator 시작 및 종료하기 [Windows]

※Mac은 P.12 참조

여기서는 Windows 8.1에서 Illustrator를 시작 및 종료하는 방법을 소거하겠습니다. 사용 중인 컴퓨터에 이미 Illustrator CC 2015가 설치되어 있는 것을 전제합니다.

① ❶ 시작 화면에서 ▼을 클릭합니다. Windows 7에서는 [시작] → [모든 프로그램]을 순서대로 클릭합니다.

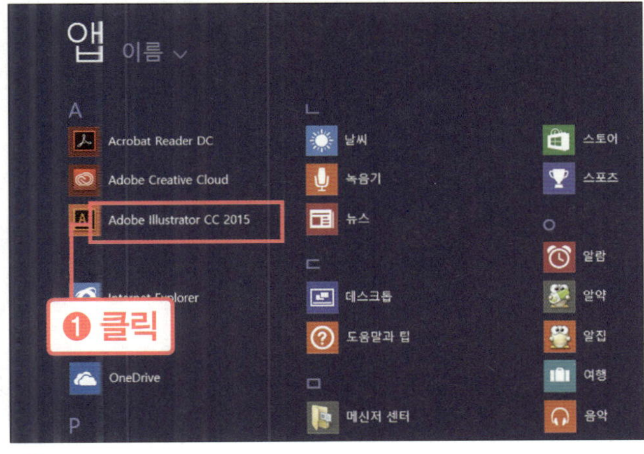

② ❶ [Adobe Illustrator CC 2015]를 클릭합니다.

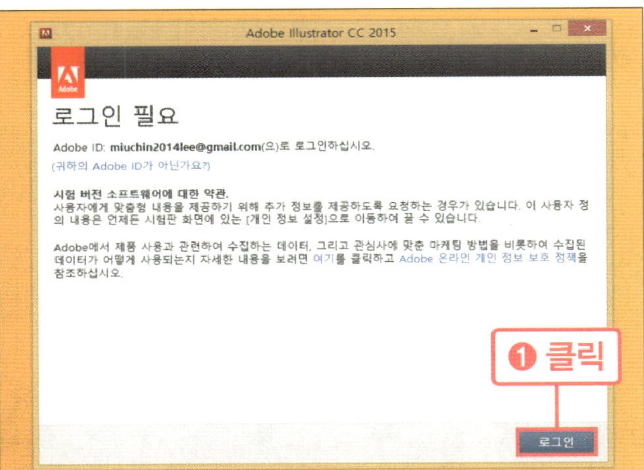

③ 로그인 화면이 표시되는 경우는 ❶ [로그인]을 클릭합니다.

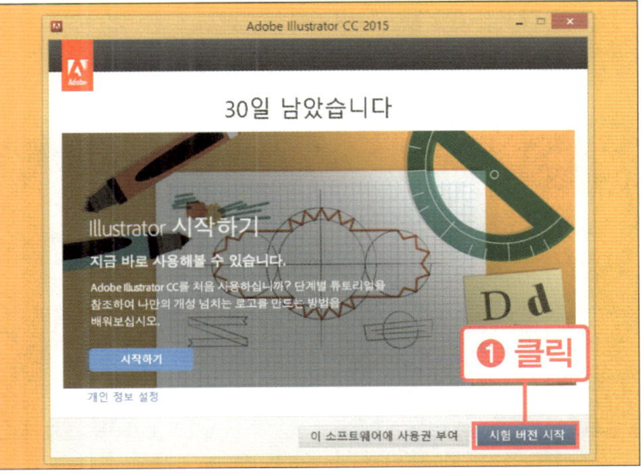

④ 무료 시험버전을 사용하고 있는 경우에는 위와 같은 화면이 표시되므로 ❶ [시험 버전 시작]을 클릭합니다.

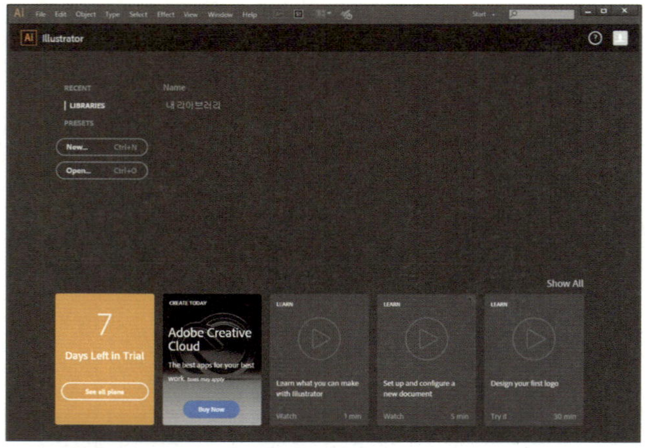

⑤ Illustrator가 실행되고 남은 이용 기간이 표시됩니다. 또한 새로운 기능이나 사용법을 동영상(영어)으로 볼 수도 있습니다.

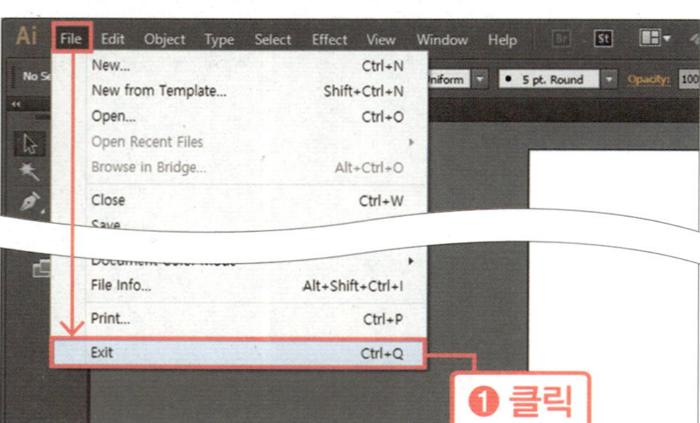

⑥ 작업이 끝난 후 Illustrator를 종료하는 경우에는 ❶ [File(파일)] 메뉴 → [Exit(종료)]를 순서대로 클릭합니다.

Illustrator 시작 및 종료하기 [Mac]

※Windows는 P.11 참조

여기서는 Mac OS X에서 Illustrator를 시작 및 종료하는 방법을 소개합니다. 사용 중인 컴퓨터에 이미 Illustrator CC 2015가 설치되어 있는 것을 전제합니다.

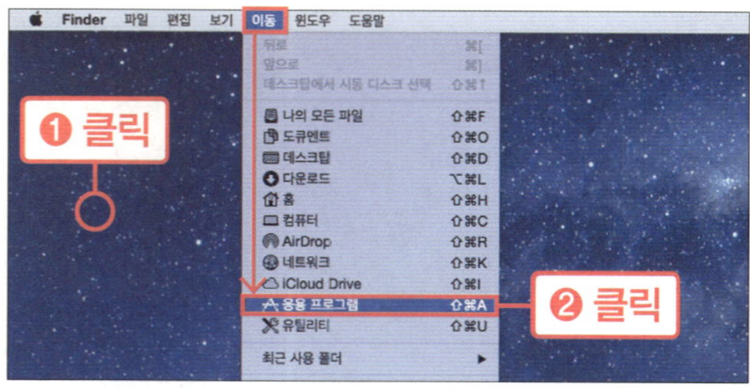

① ❶ 바탕 화면을 클릭하고, ❷ [이동] 메뉴 → [응용 프로그램]을 순서대로 클릭합니다.

② 응용 프로그램 폴더가 열리면 ❶ [Adobe Illustrator CC 2015] 폴더를 더블클릭합니다.

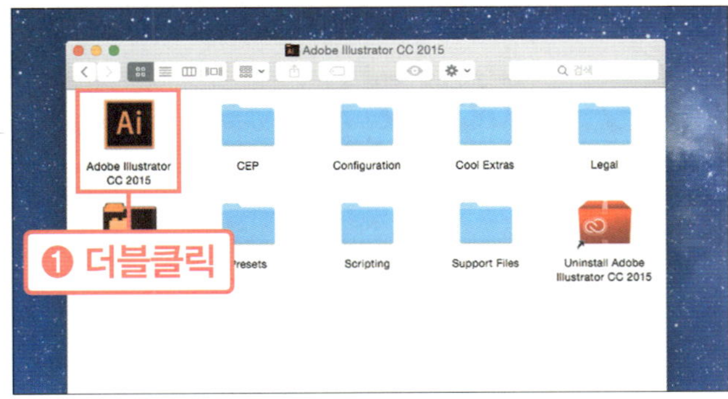

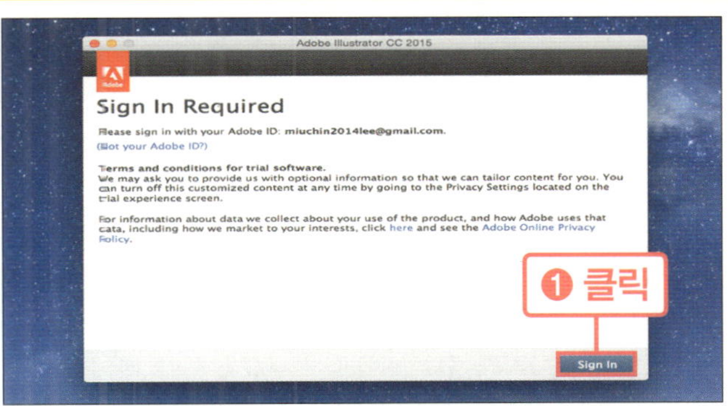

③ ❶ [Adobe Illustrator CC 2015] 아이콘을 더블클릭합니다.

④ 로그인 화면이 표시되는 경우는 [Sign In(로그인)]을 클릭합니다.

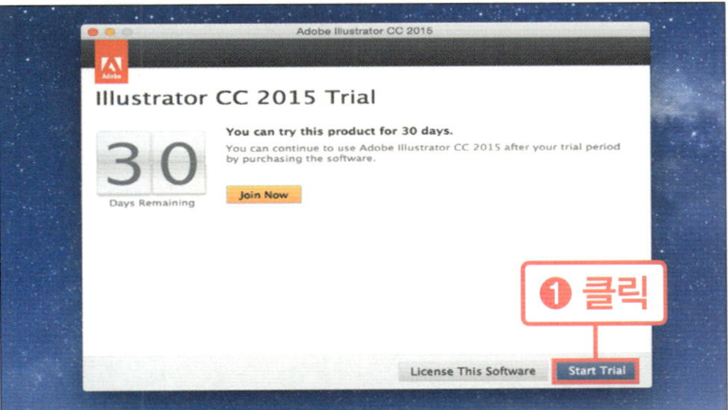

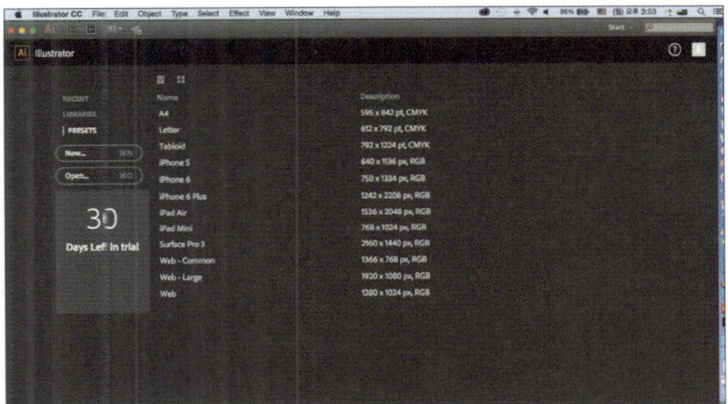

⑤ 무료 시험버전을 사용하고 있는 경우는 위와 같은 화면이 표시됩니다. ❶ [Start Trial(시험 버전 시작)]을 클릭합니다.

⑥ Illustrator가 실행되고 남은 무료 시험버전 기간이 표시됩니다.

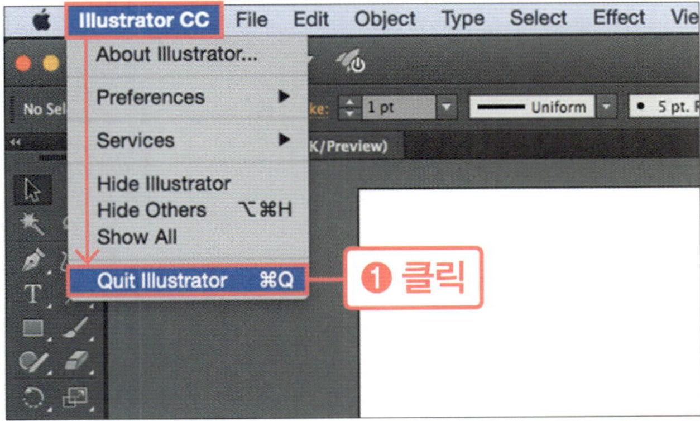

⑦ 작업이 끝난 후 Illustrator를 종료하는 경우에는 ❶ [Illustrator CC] 메뉴 → [Quit Illustrator(Illustrator 종료)]를 순서대로 클릭합니다.

예제 파일 다운로드하기

예제 파일에 대하여

이 책에서 사용하는 예제 파일은 정보문화사 홈페이지에서 다운로드할 수 있습니다.

http://www.infopub.co.kr/pds/group.pds/bbs.asp

각 장별 폴더에는 각 레슨에서 사용하는 예제 파일이 들어 있습니다.
연습용 파일에는 'a', 완성 파일에는 'b'가 파일명에 붙어 있습니다.
그 외 사진이나 일러스트, 문장 등 작업에 필요한 파일이 포함되어 있는 경우도 있습니다.

예제 파일 다운로드

사용 중인 컴퓨터를 사용하여 예제 파일을 다운로드하기 바랍니다. 아래는 Windows에서 다운로드를 하는 방법입니다.

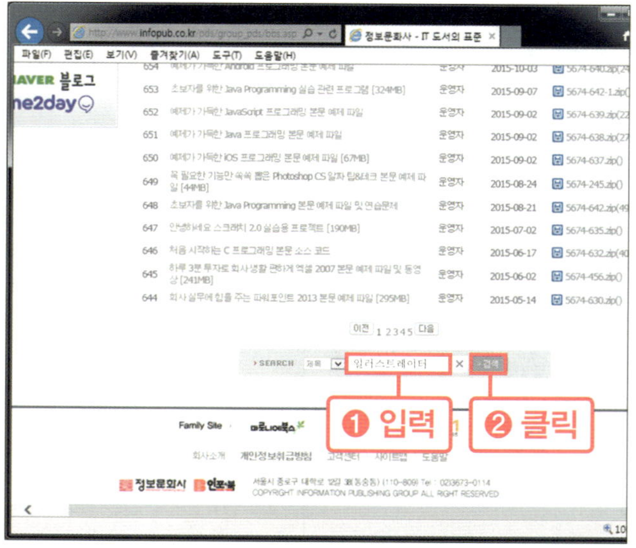

① ❶ 'www.infopub.co.kr'을 입력 후 Enter 를 눌러 홈페이지에 접속합니다. ❷ [자료실]을 클릭합니다.

② 페이지 하단의 [SEARCH] 창에서 ❶ '일러스트레이터'를 입력하고 ❷ [검색]을 클릭합니다.

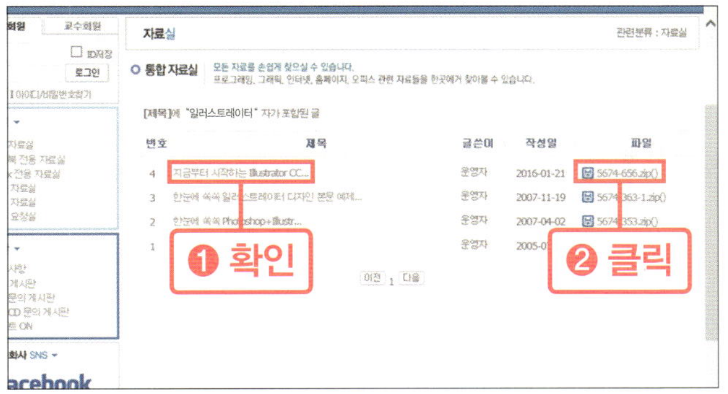

③ 검색 결과가 표시됩니다. ❶ 제목을 확인한 후 ❷ '5674-656.zip' 파일을 클릭합니다.

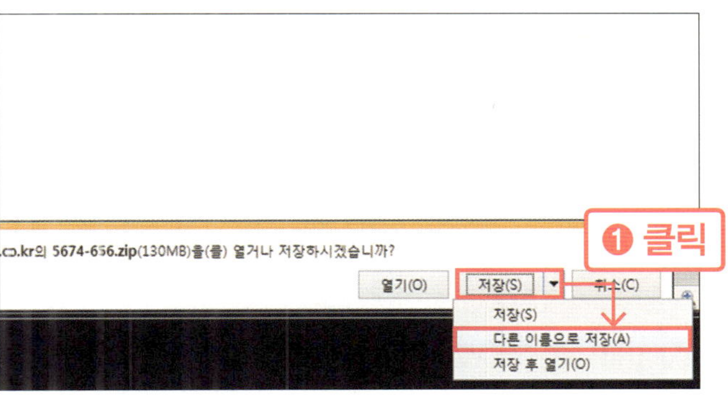

④ 페이지 하단에 그림과 같은 창이 표시되면 ❶ [저장] → [다른 이름으로 저장]을 클릭합니다.

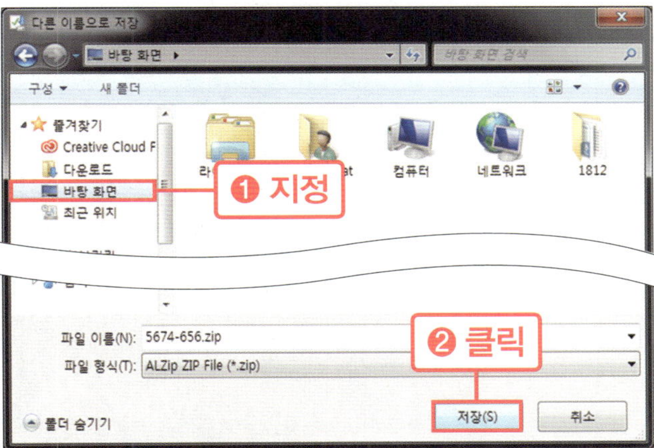

⑤ 파일을 저장할 장소를 ❶ [바탕 화면]으로 지정하고 ❷ [저장]을 클릭합니다.

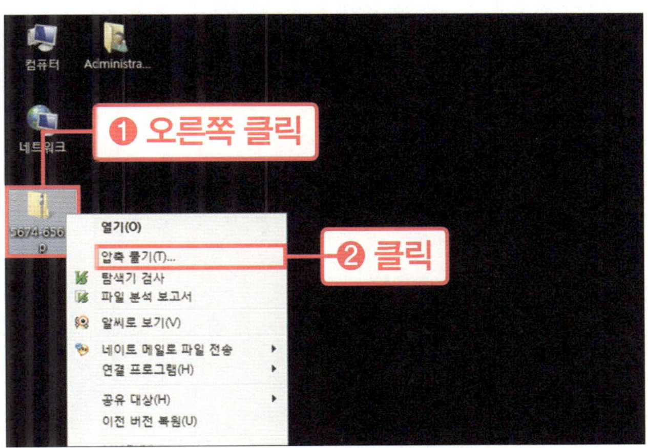

⑥ 다운로드가 완료되면 ❶ 바탕 화면에서 파일을 오른쪽 클릭하고 ❷ [압축 풀기]를 클릭합니다.

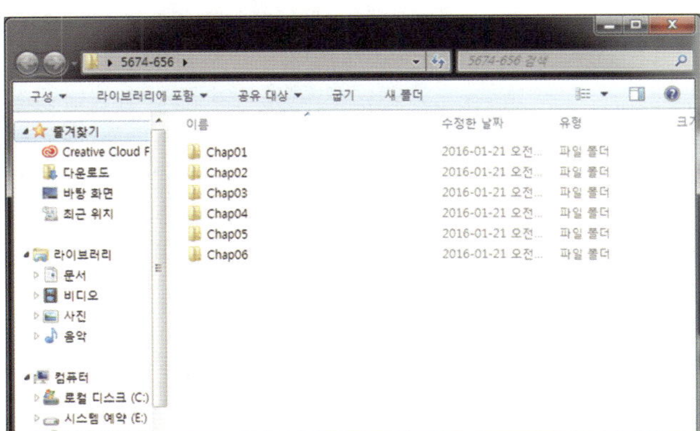

⑦ 장별 폴더를 더블클릭하여 예제 파일을 확인할 수 있습니다.

주의

이 책에서는 예제 파일의 폴더를 바탕 화면에 저장한 상태에서 설명을 하고 있습니다. 바탕 화면에 압축을 풀지 않은 경우나 Mac의 경우에는 폴더를 바탕 화면으로 드래그하여 이동하기 바랍니다.

Illustrator CC 2015
화면 익히기

Illustrator 조작 화면

Illustrator를 실행시키고 새로 파일을 만들 때의 화면에 대해 설명합니다.

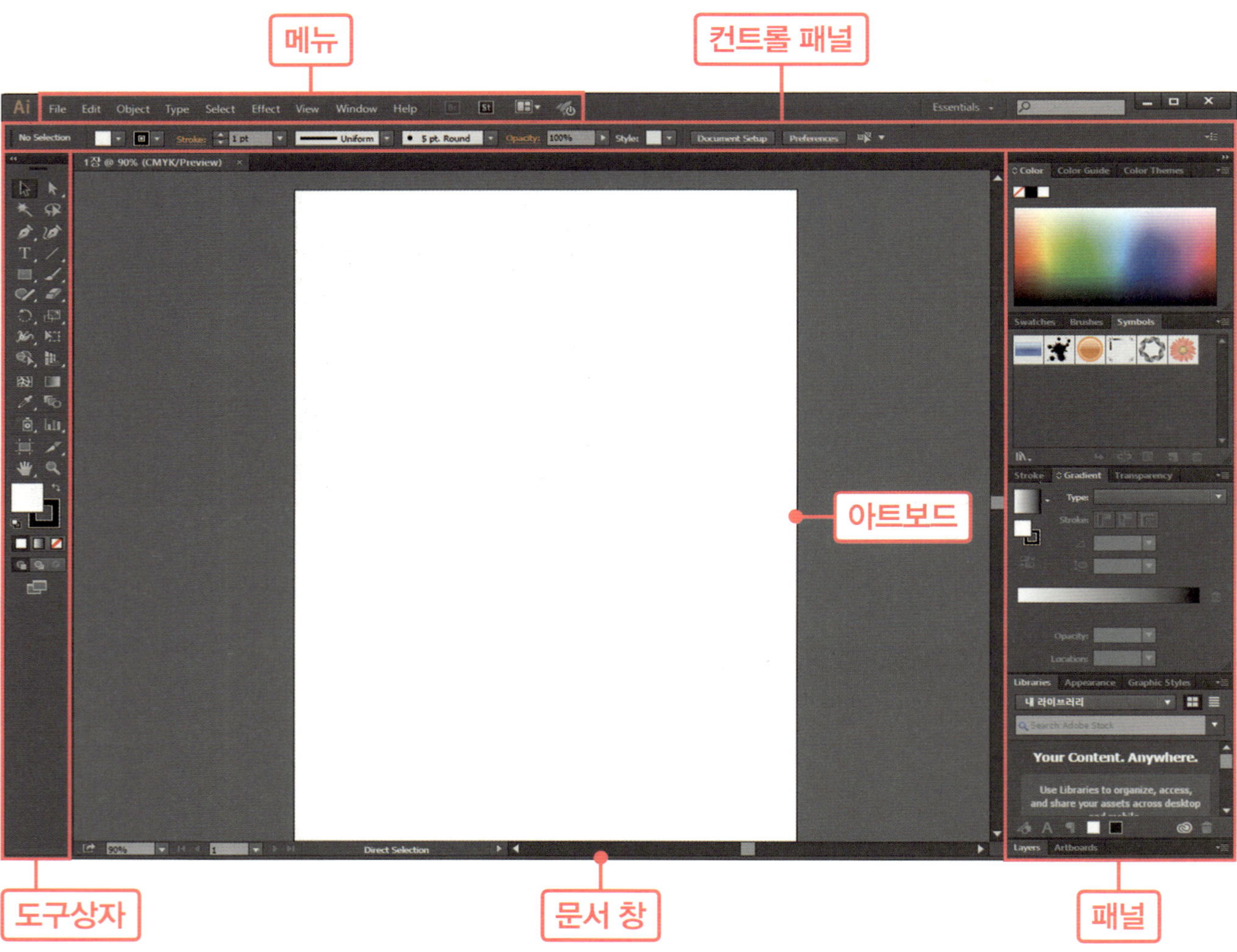

조작 화면 각 부분의 명칭

01 메뉴

작업별로 분류된 메뉴 항목입니다. Windows 버전과 Mac 버전에서 일부 표시가 다릅니다. 아래는 Mac 버전 메뉴입니다.

02 컨트롤 패널

선택한 오브젝트나 툴에 따라 설정할 수 있는 옵션이 표시됩니다. 다른 오브젝트를 선택하면 옵션도 전환됩니다. 따라서 원하는 조작을 할 때 조작 횟수를 줄일 수 있습니다.

03 도구상자

일러스트 그리기나 변형에 사용하는 툴들이 그룹별로 저장되어 있습니다. 사용하고 싶은 툴을 클릭하여 선택합니다. 오른쪽 아래에 ◢가 붙어 있는 아이콘을 길게 누르면 숨겨져 있던 툴이 표시됩니다. 이 척에서는 ▶▶를 클릭하여 2열로 표시한 상태에서 작업을 수행합니다.

04 패널

일러스트의 설정이나 확인에 사용합니다. 색이나 선 두께 등 각종 설정에 필요한 패널들이 그룹별로 저장되어 있으며, 전면에 표시된 패널만 조작할 수 있습니다. 이 책에서는 ◀◀를 클릭하여 패널을 전거한 상태에서 작업을 합니다.

05 문서 창

일러스트를 표시하는 창입니다. 여러 개의 문서를 열고 있을 때는 탭을 클르하여 작업할 문서로 전환할 수 있습니다.

06 아트보드

인쇄 가능한 영역입니다. 오브젝트를 배치하고 일러스트나 로고 등을 작성합니다.

Illustrator의 기본 조작

패널의 기본 조작

Illustrator에는 일러스트를 꾸미기 위해 사용하는 다양한 패널이 마련되어 있습니다. 관련 패널은 탭으로 전환할 수 있는데, 표시되지 않은 패널은 [Window(윈도우)] 메뉴에서 패널명을 선택하여 표시할 수 있습니다. 또한 각 패널은 다음과 같은 방법으로 다룰 수 있습니다.

● 탭을 클릭하여 표시를 전환하기

● [패널] 메뉴에서 옵션을 선택 및 표시하기

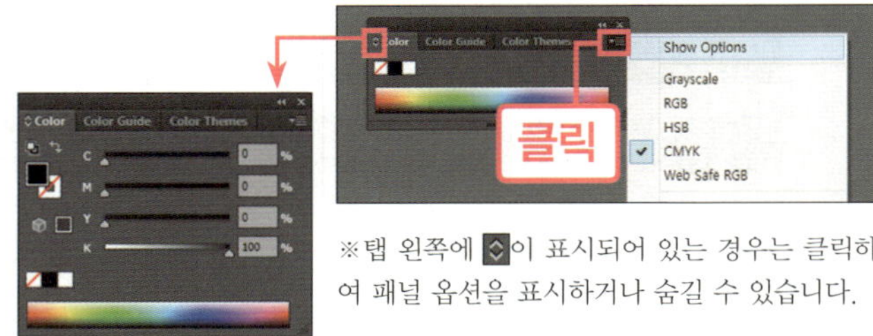

※탭 왼쪽에 ◇이 표시되어 있는 경우는 클릭하여 패널 옵션을 표시하거나 숨길 수 있습니다.

● 탭을 드래그하여 분리시키기

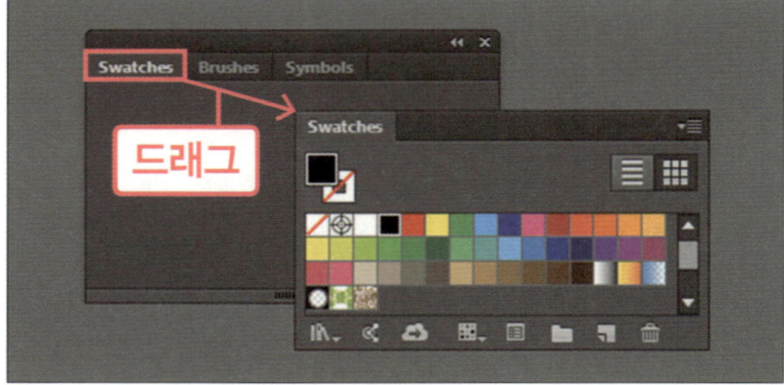

● 탭을 드래그하여 겹쳐서 표시하기

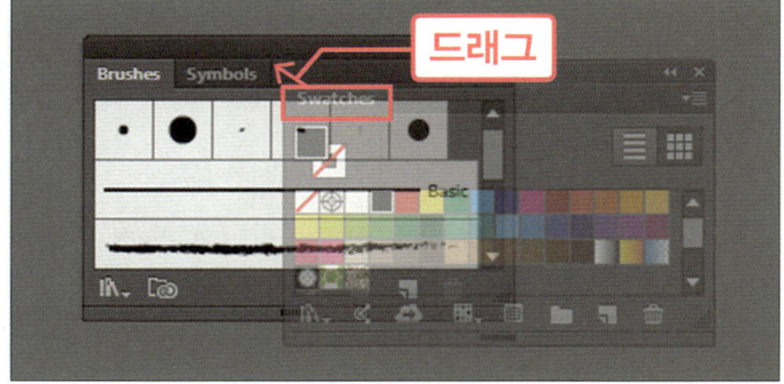

● 패널 오른쪽 위의 화살표를 클릭하여 아이콘화하기

● 아이콘을 클릭하여 패널을 표시하기

숨겨져 있는 툴 선택하기

오른쪽 아래에 ◢가 표시되어 있는 아이콘에는 관련된 다른 툴이 숨겨져 있습니다. 툴 아이콘을 길게 클릭하면 메뉴가 표시되므로 사용하고 싶은 툴을 클릭하여 선택합니다. 또한 메뉴 오른쪽어 있는 ▶을 클릭하면 도구상자로부터 분리시켜 표시할 수 있습니다.

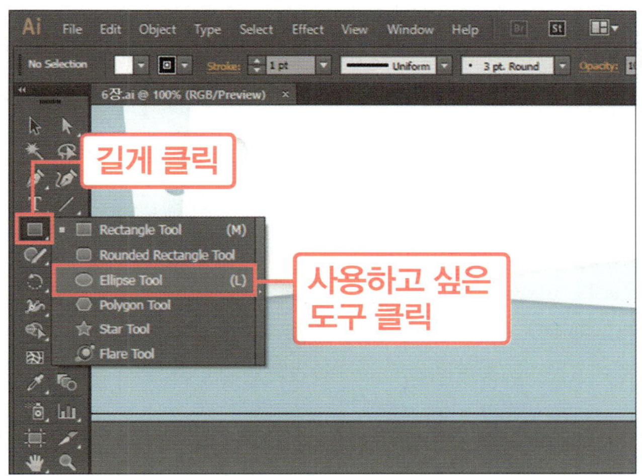

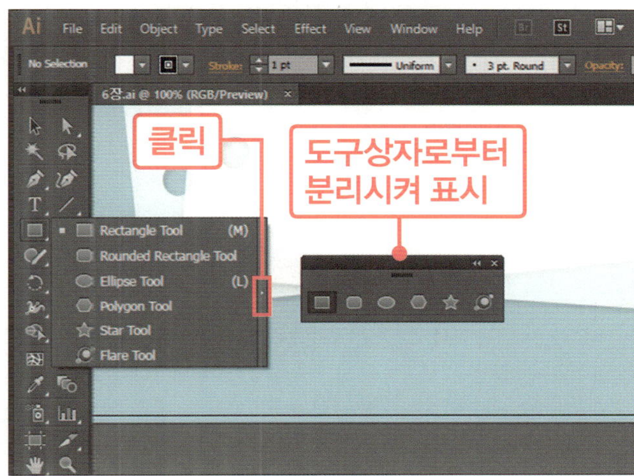

작업 영역을 초기 설정으로 되돌리기

패널을 이동시켜서 작업 화면이 변경된 경우라도 초기 설정으로 되돌릴 수 있습니다. 초기 설정으로 되돌리려면 [Window(윈도우)] 메뉴 → [Workspace(작업 영역)] → [Reset Essent als(필수 재설정)]을 순서대로 클릭합니다. 이 책에서는 각 장의 처음에 작업 영역을 초기 설정으로 되돌리고 오른쪽에 패널을 표시한 상태에서 작업을 진행합니다.

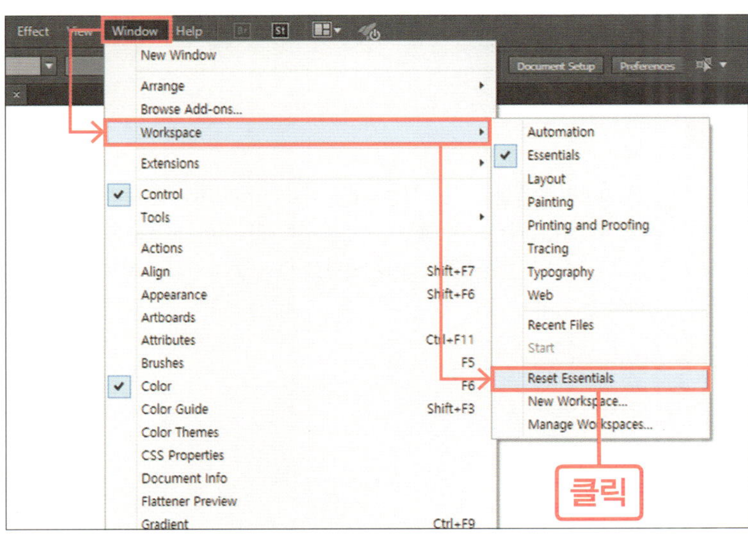

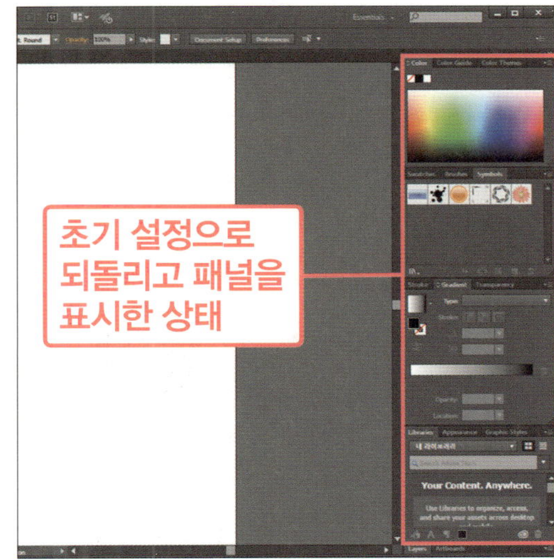

여러 조작을 쉽게 할 수 있도록 다음과 같은 방법으로 화면의 표시 크기를 변경할 수 있습니다.

● [View(보기)] 메뉴에서 표시 크기 변경하기

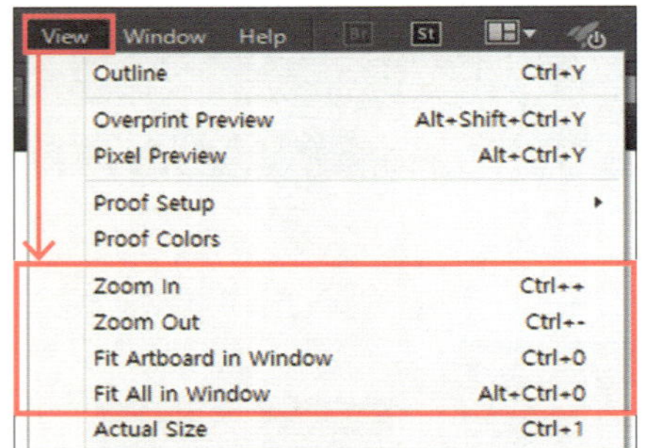

[View(보기)] 메뉴에서 각 표시 설정을 선택하면 화면의 표시 크기를 변경할 수 있습니다.

● [Zoom(확대 축소)] 상자에서 표시 크기 변경하기

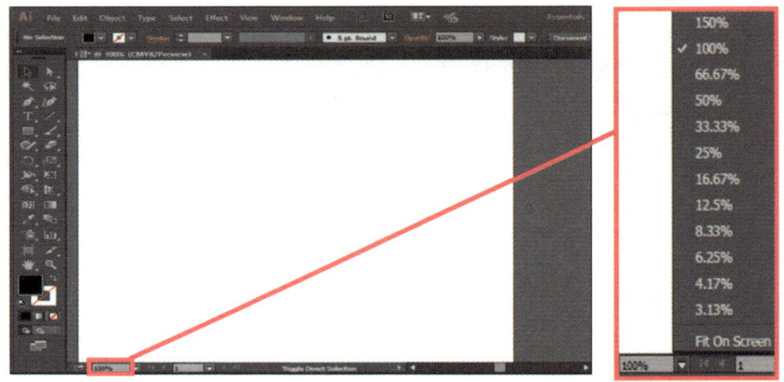

문서 창 왼쪽 아래에 있는 [Zoom(확대 축소)] 상자를 사용하면 표시할 비율을 지정하여 화면의 표시 크기를 변경할 수 있습니다.

● [Zoom(돋보기)] 툴로 화면 확대하기

[Zoom(돋보기)] 툴 로 화면 위를 클릭하면 화면을 확대할 수 있습니다. 또한 화면 위를 드래그하면 드래그한 범위를 확대할 수 있습니다.

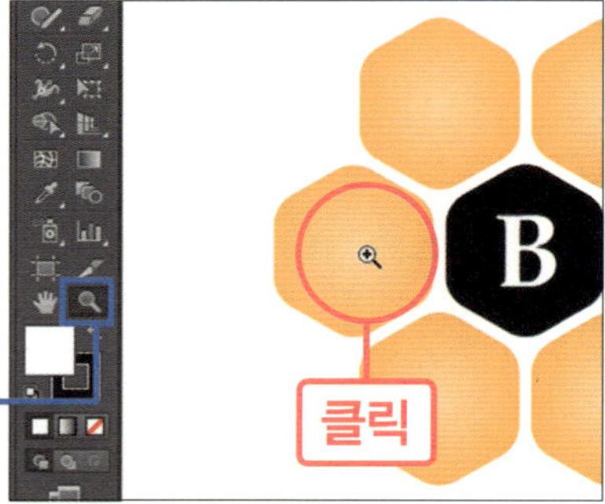

● [Zoom(돋보기)] 툴로 화면 축소하기

[Zoom(돋보기)] 툴 로 Alt(Mac:option)를 누른 상태에서 화면 위를 클릭하면 화면을 축소할 수 있습니다.

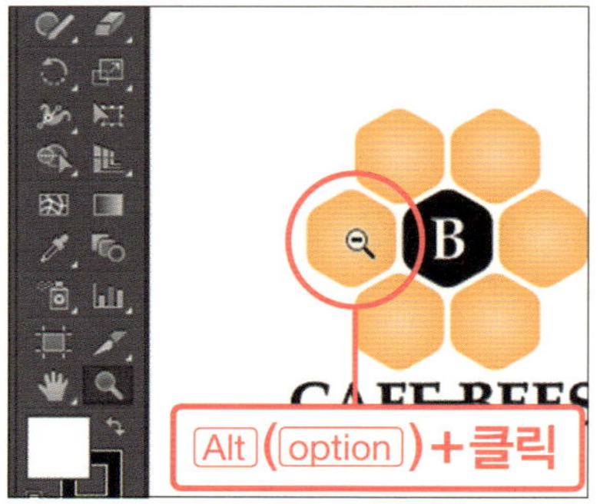

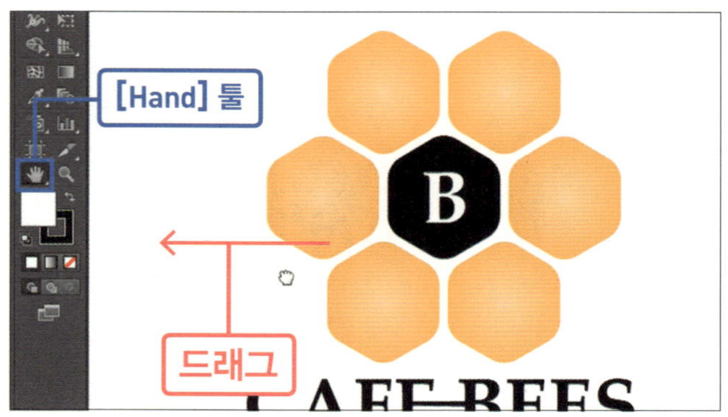

[Hand(손)] 툴 을 사용하면 화면 위를 드래그하여 표시 위치를 이동시킬 수 있습니다. 다른 툴을 선택한 경우에도 Space bar 를 누르면 일시적으로 [Hand] 툴 로 전환되므로 드래그하여 표시 위치를 이동시킬 수 있습니다.

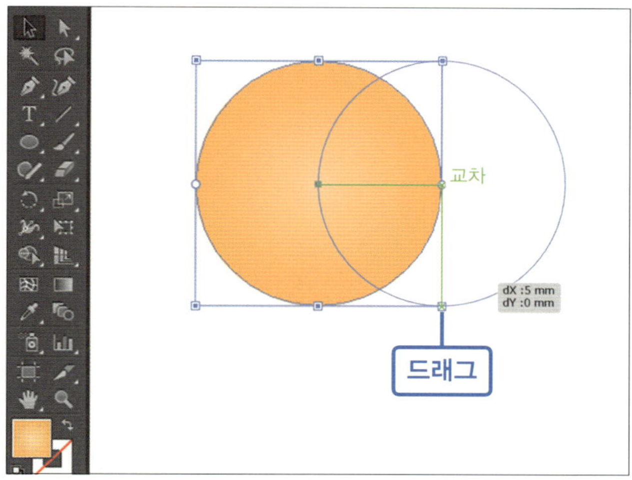

특수 문자 안내선(Smart Guides)은 오브젝트를 조작할 때 일시적으로 표시되는 안내선으로, 오브젝트를 이동 및 변형할 때 기준이 됩니다. 초기 설정에서는 유효한 상태로 되어 있지만, 이 책에서는 무효로 한 상태에서 작업을 진행합니다.

[View(보기)] 메뉴 → [Smart Guides(특수 문자 안내선)]를 순서대로 클릭하고 체크 표시를 해제하면 특수 문자 안내선이 무효로 됩니다. 다시 유효로 하려면 [View] 메뉴 → [Smart Guides]를 순서대로 클릭하여 체크 표시를 합니다.

화면의 보기 모드를 전환하기

Illustrator의 화면의 보기 모드에는 실제 인쇄 이미지를 표시하는 'Preview(미리보기)'와 윤곽선만 표시하는 'Outline(윤곽선)'이 있습니다. 보통은 '미리보기'를 사용하여 작업하지만 복잡한 일러스트의 일부를 선택 및 변형할 때는 '윤곽선'으로 전환하면 편리합니다. [View(보기)] 메뉴 → [Outline(윤곽선)]을 순서대로 클릭하면 보기가 전환됩니다. 다시 '미리보기'로 되돌리려면 [View] 메뉴 → [Preview(미리보기)]를 순서대로 클릭합니다.

● 미리보기

● 윤곽선

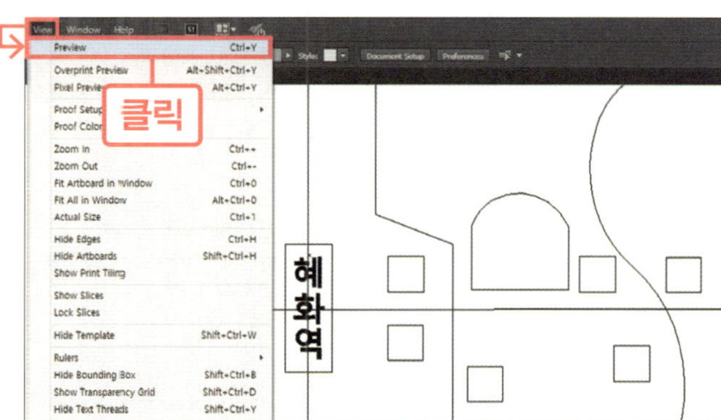

도형을 확대 및 축소할 때 주의해야 할 기본 설정

Illustrator의 초기 설정에서는 선이 있는 도형을 확대 및 축소할 때 선의 두께는 그대로 두고 도형의 크기만 변경됩니다. 선의 두께도 확대 및 축소하려면 작업을 하기 전에 다음과 같은 방법으로 설정을 합니다.

● 환경 설정에서 설정하기

❶ 오브젝트를 선택하지 않은 상태에서 컨트롤 패널의 [Preferences(환경 설정)] 버튼을 클릭합니다.

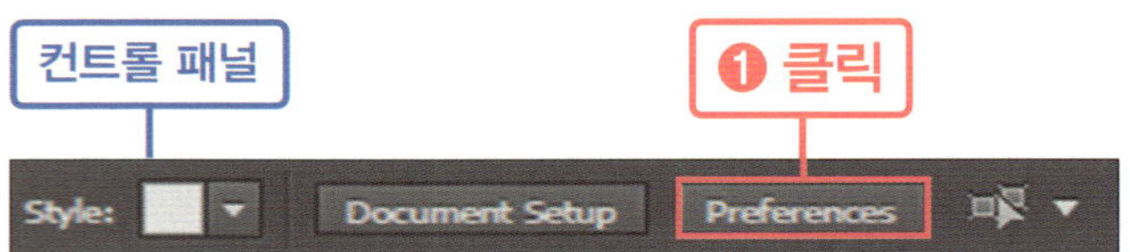

❶ [Preferences(환경 설정)] 대화상자가 표시되면 [General(일반)]을 클릭하고, ❷ [Scale Strokes & Effects(선과 효과 크기 조절)]에 체크 표시를 합니다.

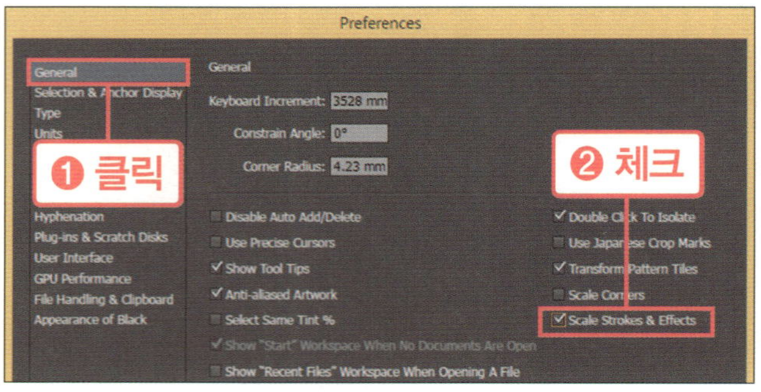

● 확대 축소 툴에서 설정하기

❶ 도구상자의 [Scale(크기 조절)] 툴을 더블클릭합니다.

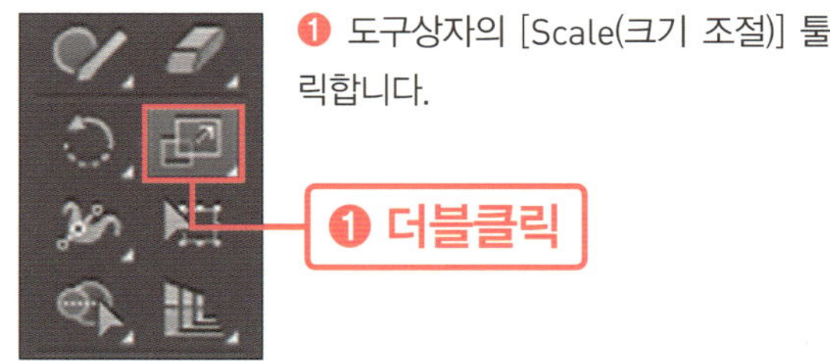

❶ [Scale(크기 조절)] 대화상자가 표시되면 [Scale Strokes & Effects(선과 효과 크기 조절)]에 체크 표시를 합니다.

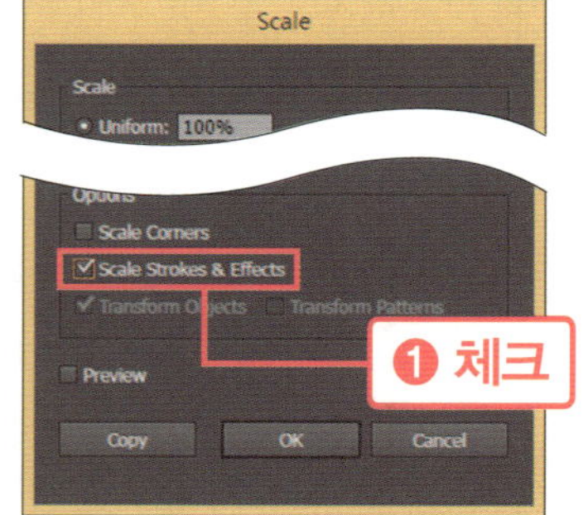

| 제 1 장 |

일러스트 그리기

제1장에서는 가격표 일러스트를 그립니다. Illustrator에 미리 마련되어 있는 도형과 선을 그리는 툴을 사용하여 심플한 일러스트를 그리고, 색과 선을 설정하여 컬러풀하게 완성시킵니다. 이 장을 통해 툴의 사용법과 Illustrator의 기본 조작을 익힙니다.

일러스트 그리기

이 장의 포인트

POINT

① 도형 그리기

Illustrator에 미리 마련되어 있는 도형을 그리는 도구를 사용하여 사각형과 원, 별 등을 그립니다.

➡ **P.28**

POINT

② 자유롭게 선 그리기

연필 도구와 브러쉬 도구를 사용하여 자유롭게 선을 그립니다. 브러쉬 라이브러리를 사용하면 붓이나 연필로 그린듯한 선을 그릴 수 있습니다.

➡ **P.32**

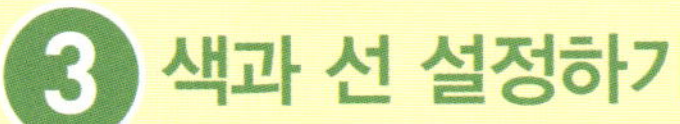

POINT

③ 색과 선 설정하기

그린 도형에 컬러풀하게 색을 칠하고, 선 패널을 사용하여 선의 두께를 설정합니다.

➡ **P.36**

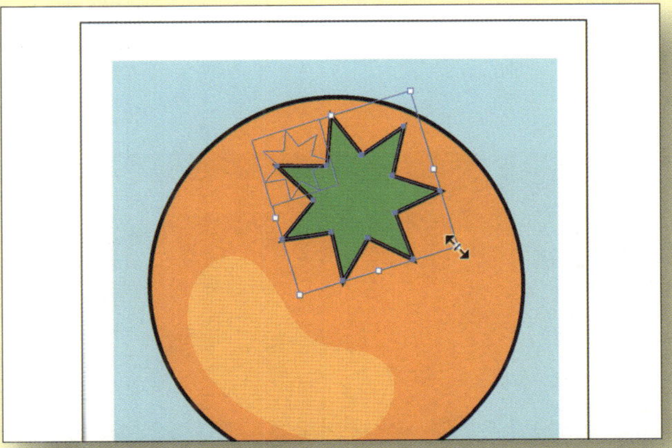

POINT

④ 도형을 축소 및 회전하기

바운딩 박스를 조작하여 도형을 축소 및 회전시켜 일러스트를 완성합니다.

➡ **P.42**

준비하기

예제 파일 **없음**
완성 파일 **0101b.ai**

먼저 일러스트를 그릴 준비를 합니다. 새로운 문서를 만들고 인쇄 가능한 범위를 표시하는 방법을 배웁니다.

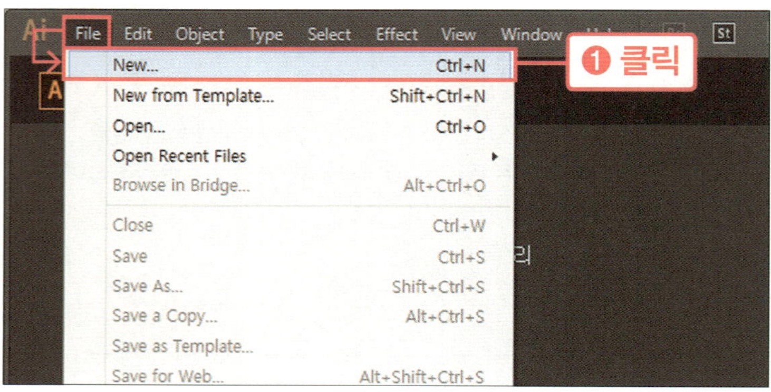

1 새 문서 작성하기

P.11(Mac은 P.12)에서 설명한 방법으로 Illustrator를 실행시키고 ❶ [File] 메뉴 → [New]를 클릭합니다.

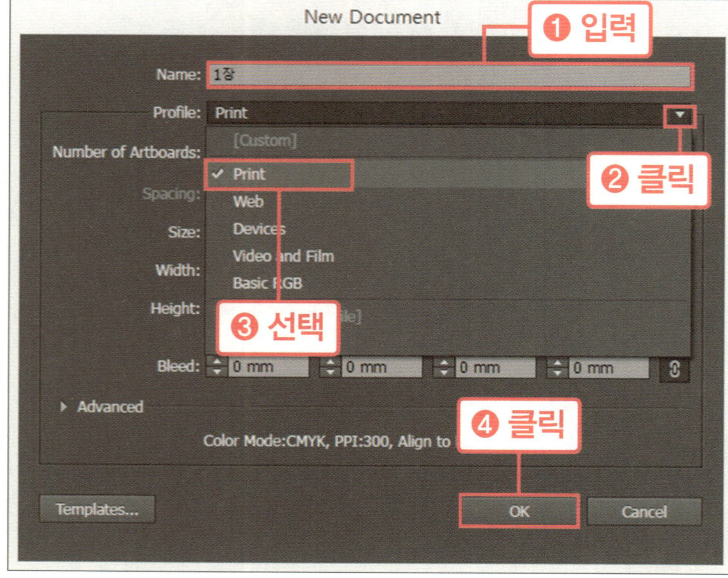

2 항목 설정하기

[New Document] 대화상자가 표시되면 ❶ [Name]에 '1장'이라고 입력하고, ❷ [Profile]의 ▼를 클릭한 후 ❸ [Print]를 선택합니다. ❹ 마지막으로 [OK] 버튼을 클릭합니다.

memo

[Profile]에서 [Print]를 선택하면 인쇄물에서 자주 사용되는 크기나 단위, 컬러 모드가 자동으로 설정됩니다. 컬러 모드에 대해서는 P.90을 참조합니다.

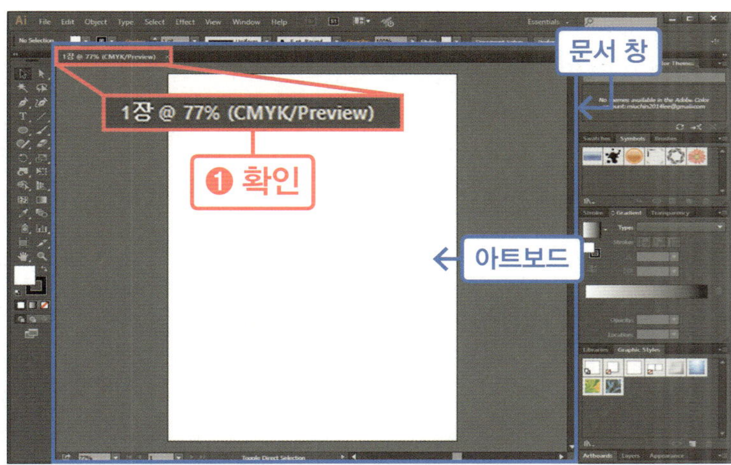

3 새 문서가 만들어짐

새 문서를 작성하면 아트보드가 표시됩니다. ❶ 문서 창의 Step 2에서 입력한 이름이 표시되어 있는 것을 확인할 수 있습니다.

Mac에서는 문서가 하나일 경우, 탭은 표시되지 않습니다. 아트보드의 오른쪽 패널이 펼쳐져 있지 않은 경우는 ◀◀ 를 클릭하여 펼쳐둡니다.

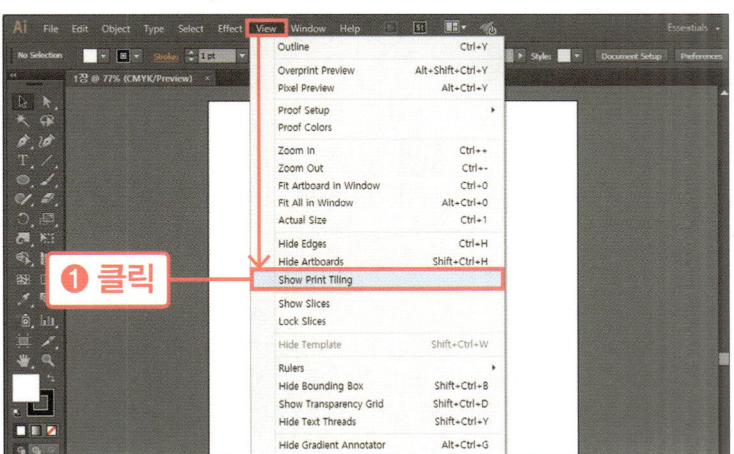

4 인쇄 범위 표시하기

❶ [View(보기)] 메뉴 → [Show Print Tilting(분할 영역 표시)]를 순서대로 클릭합니다.

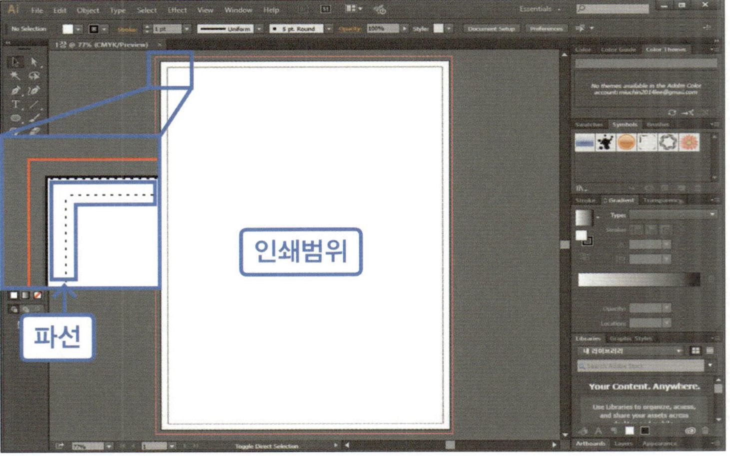

5 인쇄 범위가 표시됨

아트보드 안쪽에 점선이 표시됩니다. 점선 안쪽이 프린터로 인쇄할 수 있는 범위가 됩니다. 이것으로 일러스트를 그릴 준비가 끝났습니다.

문서를 작성해도 저장하기 전까지 파일은 저장되지 않습니다.

02 사각형 그리기

예제 파일 **0102a.ai**
완성 파일 **0102b.ai**

Illustrator에는 도형을 그리는 툴이 많이 마련되어 있습니다. 여기서는 사각형 툴을 사용하여 직사각형과 정사각형을 그린 후, 그린 도형을 이동하는 방법을 배웁니다.

1 직사각형 그리기

세로로 긴 직사각형을 그립니다. ① [Rectangle(사각형)] 툴 ◫ 을 클릭하고, ② 아트보드의 그림과 같은 위치에서 사선으로 드래그합니다.

memo

[Rectangle] 툴로 도형을 그리면 자동으로 [Transform (변형)] 패널이 열리고 [Rectangle Properties(사각형 프로퍼티)]가 표시됩니다. [Rectangle Properties]에 대해서는 6장(P.143)에서 배웁니다.

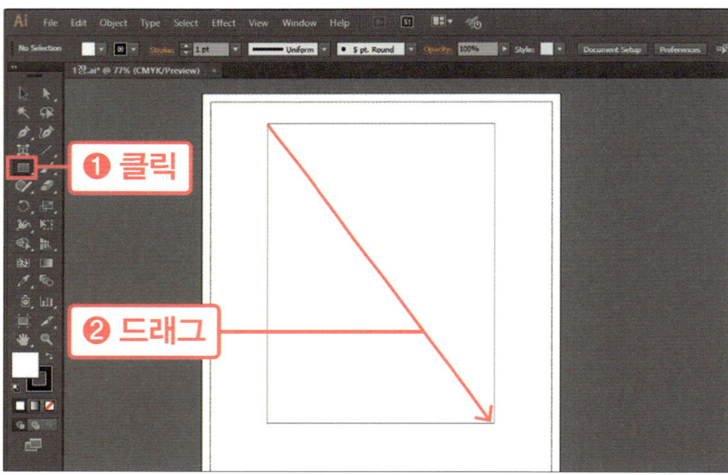

2 정사각형 그리기

① 직사각형을 그렸으면 이제 직사각형의 안쪽에서 Shift 를 누른 채로 사선으로 드래그합니다.

memo

[Rectangle] 툴에서 Shift 를 누른 채로 드래그하면 정사각형을 그릴 수 있습니다(P.46 참조).

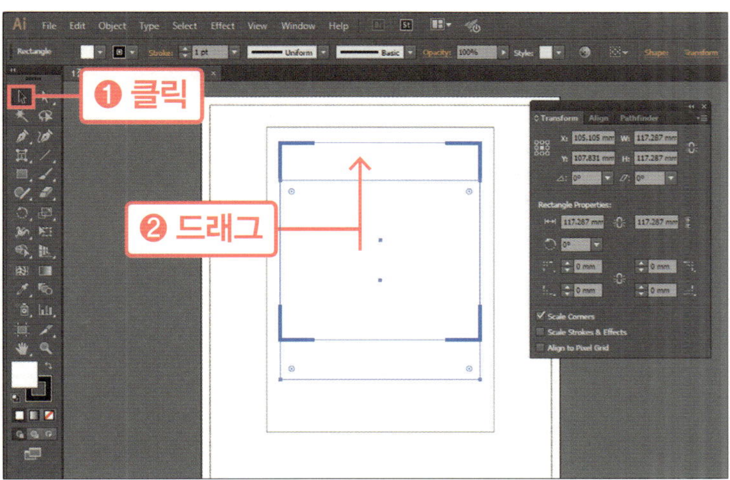

3 정사각형 이동시키기

정사각형이 그려졌으면 [Selection(선택)] 툴
을 사용하여 도형을 이동시켜 봅니다. ① [Selection]
툴을 클릭하고, ② 정사각형을 그림과 같은 위치까
지 드래그합니다.

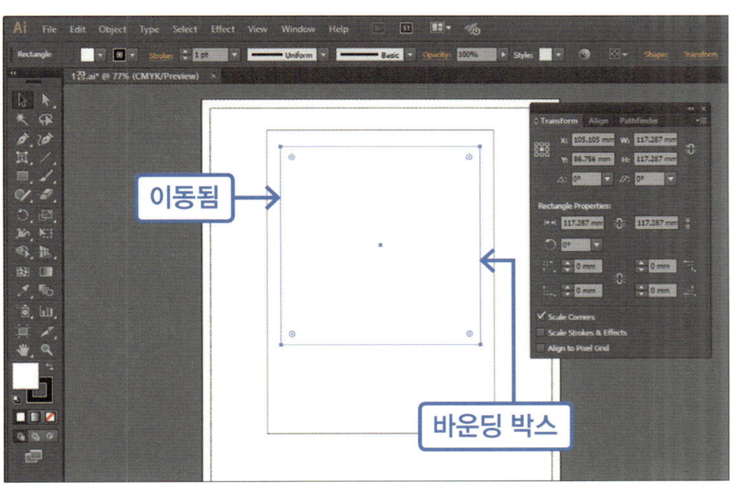

4 정사각형이 이동됨

드래그한 위치로 정사각형이 이동되었습니다.

memo

[Selection] 툴을 사용하여 도형을 클릭 또는 드래그하
면 도형 주변에 'Bounding Box(바운딩 박스)'라는 틀이
표시됩니다. 이는 해당 도형이 선택된 상태라는 것을 나
타냅니다. 바운딩 박스에 대해서는 P.43을 참조합니다.

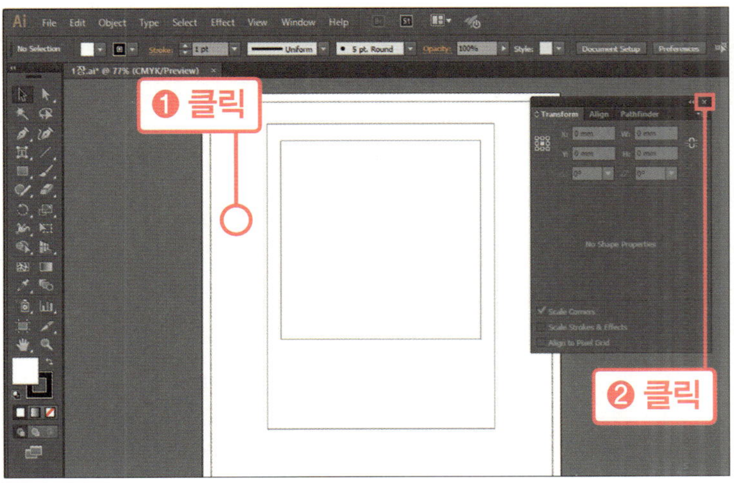

5 선택 해제하기

① [Selection] 툴 을 사용하여 화면의 공백을
클릭하여 선택을 해제합니다. 이것으로 가격표의
틀이 그려졌습니다. ② [Transform(변형)] 패널은
오른쪽 위(Mac에서는 왼쪽 위)에 있는 를 클릭
하여 닫아둡니다.

03 원과 별 그리기

예제 파일 **0103a.ai**
완성 파일 **0103b.ai**

여기서는 원형 툴을 사용하여 원을 그리고, 별 툴을 사용하여 꼭지점이 7개인 별을 그리는 방법을 배웁니다.

1 원 그리기

❶ [Rectangle(사각형)] 툴 을 길게 클릭한 후
❷ [Ellipse(원형)] 툴 을 클릭합니다. 그 다음
❸ 그림과 같은 위치에서 [Shift]를 누른 채로 사선으로 드래그하여 원을 그립니다.

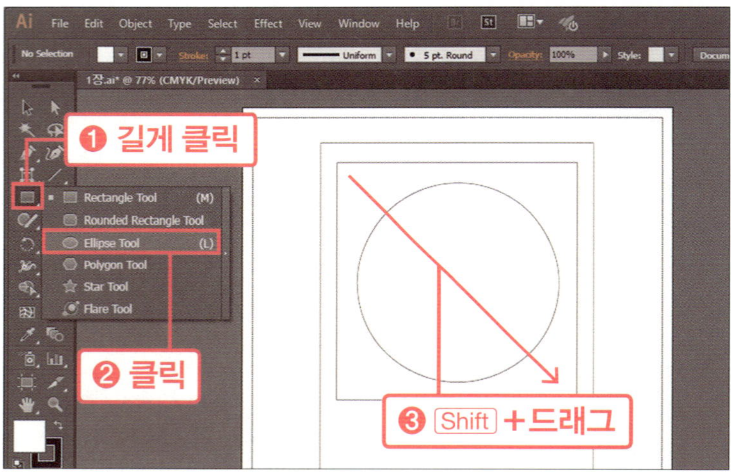

memo

[Ellipse] 툴을 사용하여 [Shift]를 누른 채로 드래그하면 동그란 원을 그릴 수 있습니다(P.46 참조).

2 별모양 툴 선택하기

❶ [Ellipse] 툴 을 길게 누른 후 ❷ [Star(별모양)] 툴 을 클릭합니다.

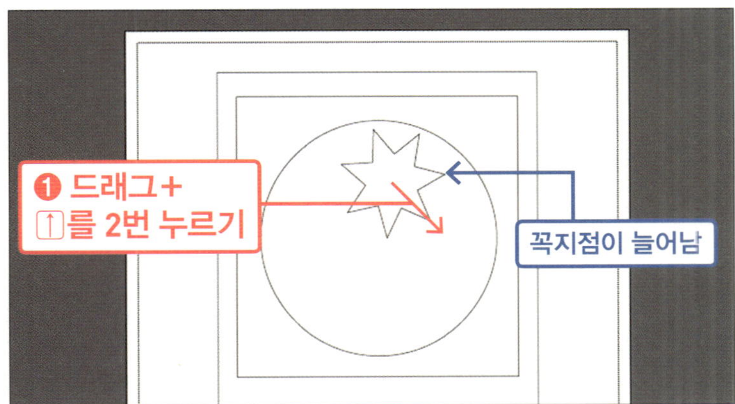

3 꼭지점이 7개인 별 그리기

❶ 그림과 같은 위치에서 사선으로 드래그하고 마우스를 떼지 말고 ⇧를 2번 눌러서 별의 꼭지점이 2개 늘어나면 마우스를 뗍니다.

memo

[Star] 툴을 사용하여 드래그하는 도중에 ⇧ 또는 ⇩를 누르면 꼭지점의 수를 늘리거나 줄일 수 있습니다(P.46 참조).

4 선택 해제하기

❶ [Selection] 툴 을 클릭한 후 ❷ 화면의 공백을 클릭하여 선택을 해제합니다. 원과 별을 조합한 오렌지가 그려졌습니다.

---

check!

실행 취소와 재실행

*실행 취소

[Edit(편집)] 메뉴 → [Undo(실행 취소)]를 순서대로 클릭하면 한 단계 전에 수행한 조작을 취소할 수 있습니다. 잘못 조작했을 때 사용하면 편리합니다.
단축키는 Ctrl(Mac：command) + Z입니다.
자주 사용하는 메뉴이므로 기억해 두기 바랍니다.

*재실행

[Edit(편집)] 메뉴 → [Redo(재실행)]을 순서대로 클릭하면 취소한 조작을 다시 실행할 수 있습니다.
단축키는 Shift+Ctrl(Mac：command) + Z입니다.

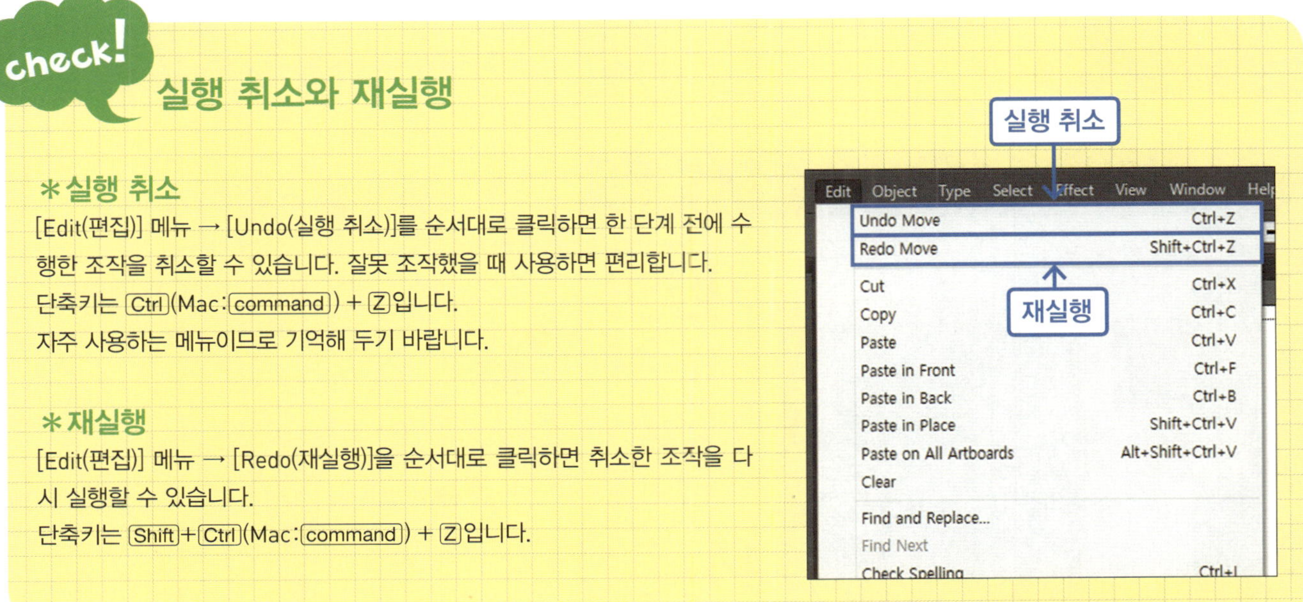

chapter 1

04 자유롭게 선 그리기

예제 파일 **0104a.ai**
완성 파일 **0104b.ai**

연필 툴은 종이에 연필로 그림을 그리는 듯한 감각으로 사용할 수 있는 툴입니다. 여기서는 연필 툴을 사용하여 자유롭게 선을 그립니다. 또한 그린 선을 수정하는 방법도 배웁니다.

1 화면 확대하기

조작하기 편하도록 화면을 확대합니다. ❶ [Zoom (돋보기)] 툴 🔍 을 클릭하고 ❷ 직사각형을 둘러싸듯이 드래그합니다. 그러면 드래그한 범위가 확대되어 표시됩니다.

memo

드래그 중간에 [Esc]를 누르면 확대할 범위를 다시 선택할 수 있습니다. 화면 표시 크기를 변경하는 방법에 대해서는 P.20을 참조합니다.

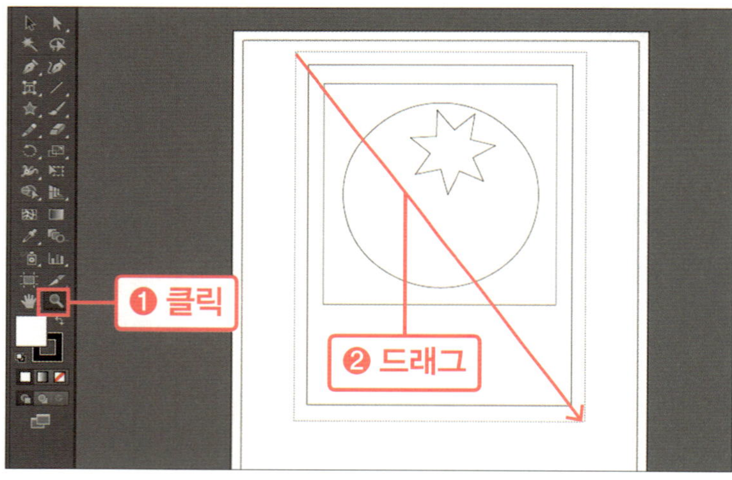

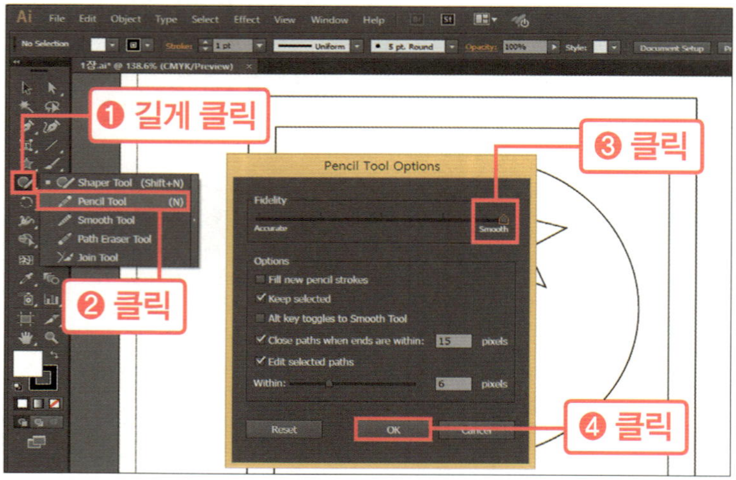

2 연필 툴 설정하기

먼저 부드러운 선을 그릴 수 있도록 설정합니다. ❶ [Shaper] 툴을 길게 클릭하여 ❷ [Pencil(연필)] 툴 ✏ 을 클릭합니다. 도구상자가 [Pencil] 툴로 바뀌면 [Pencil] 툴을 더블클릭하여 [Pencil Tool Options(연필 도구 옵션)] 대화상자를 표시합니다. 그 다음 ❸ [Fidelity(정확도)] 슬라이더의 [Smooth (매끄럽게)]를 클릭하고 ❹ [OK] 버튼을 클릭합니다.

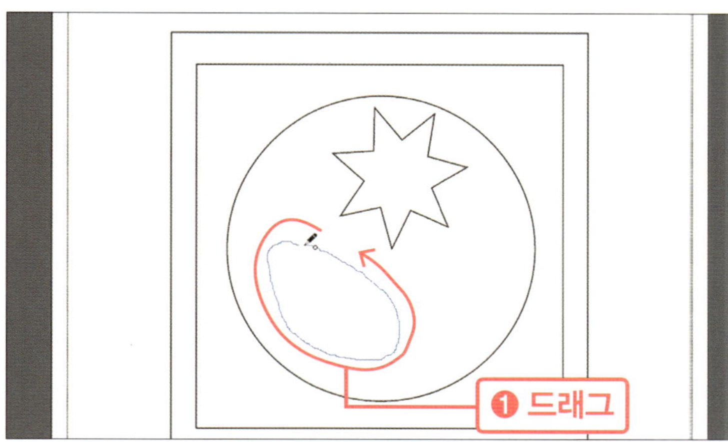

3 원 그리기

그림과 같이 비스듬한 원을 그리듯이 드래그한 후, 시작점 부근에서 마우스 커서가 [✎]로 바뀌면 마우스를 뗍니다.

memo

[✎]가 표시된 상태에서 마우스를 떼면 선이 연결됩니다. 잘 그리지 못한 경우에는 [Edit] 메뉴 → [Undo(실행 취소)]로 취소하고 다시 그립니다.

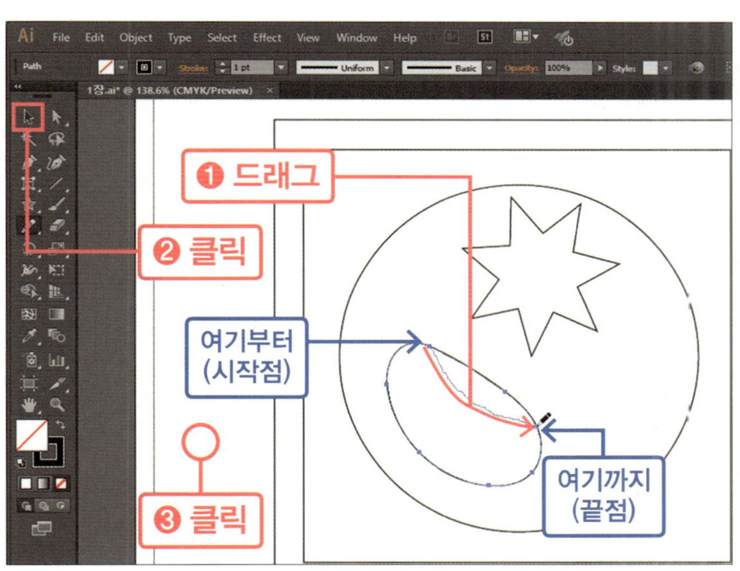

4 움푹 파인 원 그리기

❶ Step **3**에서 그린 선에 새로 그릴 선의 시작점과 끝점이 겹치도록 그림을 참고로 하여 드래그합니다. 그러면 선이 새로 그린 선으로 교체됩니다.
❷ [Selection] 툴을 클릭하고 ❸ 화면의 공백을 클릭하여 선택을 해제합니다. 오렌지의 광택 부분이 그려졌습니다.

memo

드래그의 시작점 또는 끝점이 기존의 선에서 너무 떨어지면 다른 선으로 인식되어 그려지므로 주의하기 바랍니다.

---

check!

그린 선을 수정하는 편리한 툴

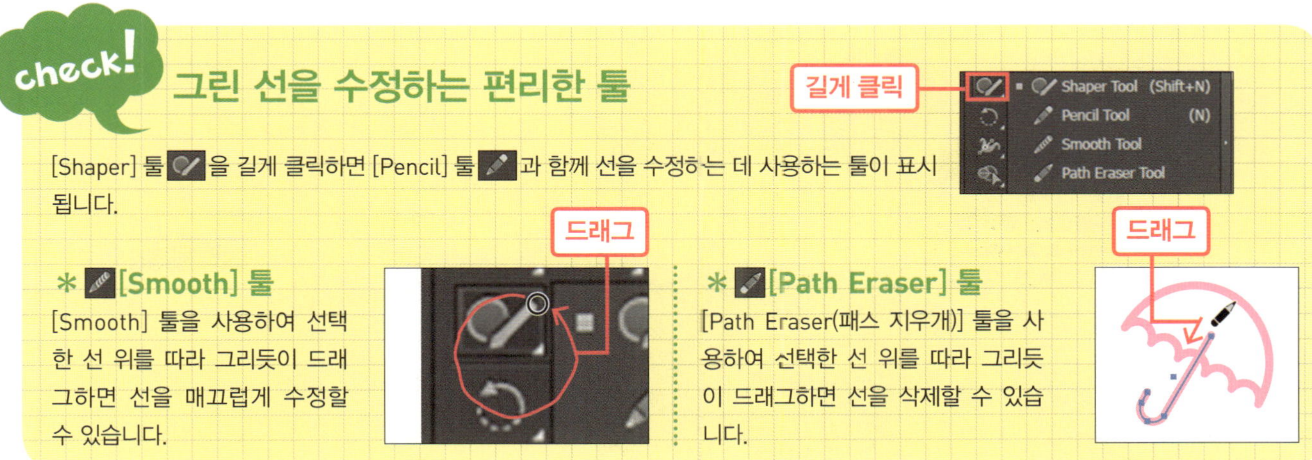

[Shaper] 툴 을 길게 클릭하면 [Pencil] 툴 과 함께 선을 수정하는 데 사용하는 툴이 표시됩니다.

＊ [Smooth] 툴
[Smooth] 툴을 사용하여 선택한 선 위를 따라 그리듯이 드래그하면 선을 매끄럽게 수정할 수 있습니다.

＊ [Path Eraser] 툴
[Path Eraser(패스 지우개)] 툴을 사용하여 선택한 선 위를 따라 그리듯이 드래그하면 선을 삭제할 수 있습니다.

05 손으로 쓴 듯한 선 그리기

예제 파일 **0105a.ai**
완성 파일 **0105b.ai**

여기서는 가격표에 손으로 쓴 듯한 선으로 가격을 그립니다. 브러쉬 툴을 사용하면 붓이나 연필로 그린 듯한 느낌의 선을 그릴 수 있습니다.

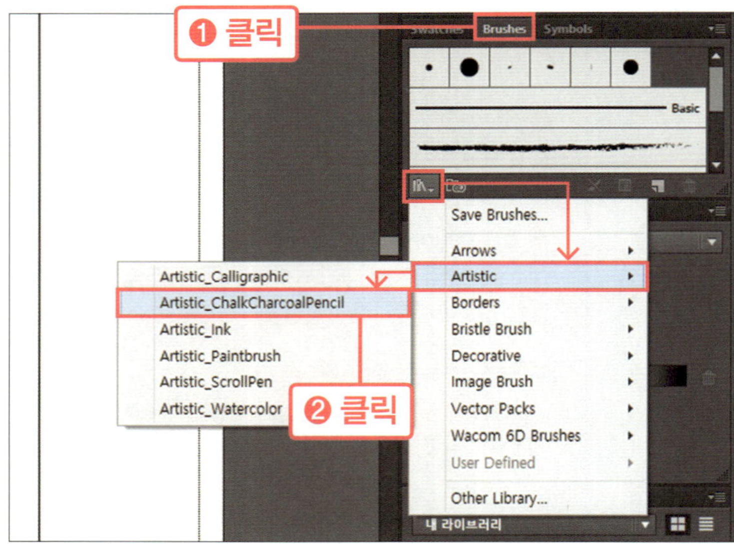

1 브러쉬 라이브러리 열기

❶ [Brushes(브러쉬)] 패널 탭을 클릭하여 패널을 전면에 표시합니다. ❷ 그 다음 [Brushes Library (브러쉬 라이브러리)] 메뉴 → [Artistic(예술)] → [Artistic_ChalkCharcoalPencil(예술_분필목탄연필)]을 순서대로 클릭합니다.

memo

[Brushes] 패널이 표시되지 않는 경우는 [Window (윈도우)] 메뉴 → [Brushes(브러쉬)]를 순서대로 클릭합니다.

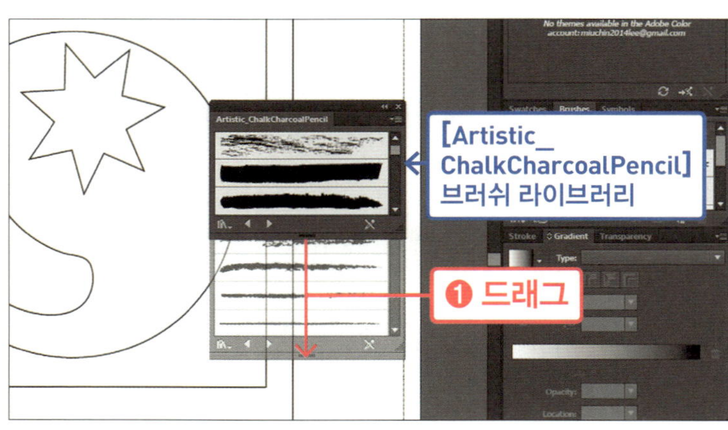

2 패널 넓히기

❶ [Artistic_ChalkCharcoalPencil] 라이브러리가 표시되면 패널 아래쪽에 있는 ▨▨▨▨▨를 아래로 드래그하여 패널을 넓힙니다.

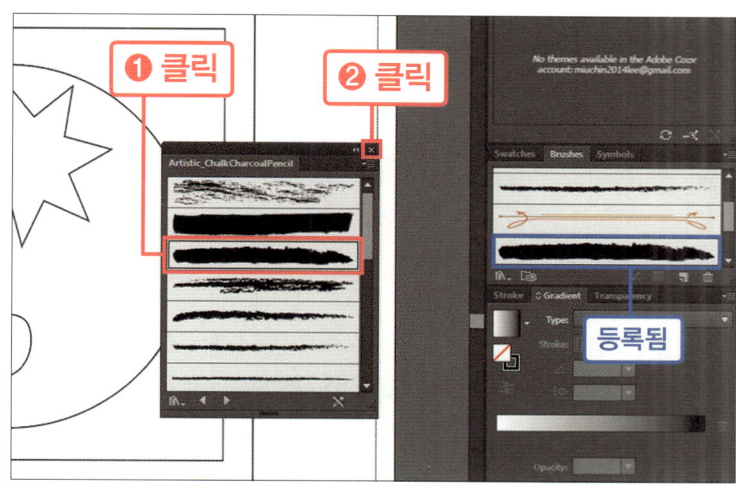

3 [Chalk — Round] 선택하기

목록 위로 마우스 커서를 대면 브러쉬명이 표시됩니다. 여기서는 ❶ [Chalk — Round(분필 — 둥글게)]를 클릭한 후 ❷ 패널의 ✕를 클릭하여 패널을 닫습니다.

브러쉬 라이브러리에서 선택한 브러쉬는 이후부터 바로 선택할 수 있도록 [Brushes] 패널에 등록됩니다.

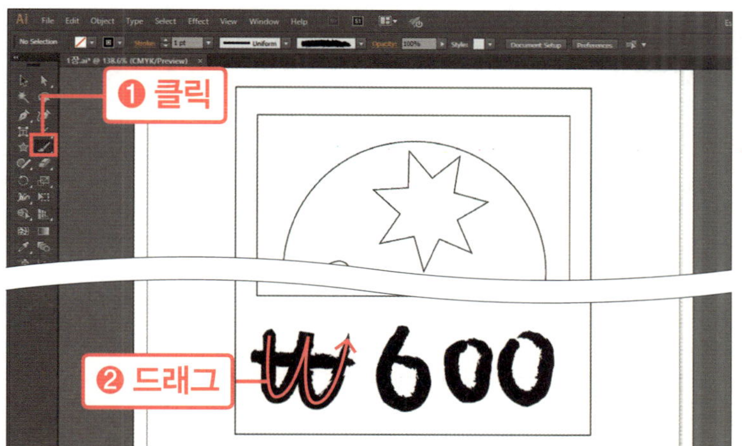

4 가격 그리기

❶ [Brushes(브러쉬)] 툴 을 클릭합니다. 그 다음 ❷ 그림과 같이 종이에 글씨를 쓰듯이 붓을 드래그하여 '₩600'이라고 가격을 그립니다.

제1장

일러스트 그리기

브러쉬 라이브러리를 확인하자

Illustrator에는 다양한 브러쉬가 마련되어 있습니다.
[Brushes Library] 메뉴 를 클릭하면 목록이 표시됩니다.

여기서는 [Decorative(장식)] → [Elegant Curl & Floral Brush Set (세련된 컬 및 꽃 브러쉬 세트)]를 열어보았습니다. 그 외에도 다양한 터치의 브러쉬가 있으므로 확인해 보기 바랍니다.

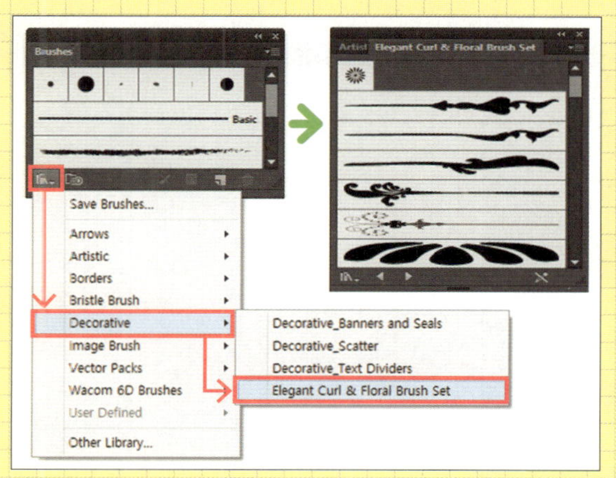

06 색칠하기

예제 파일 **0106a.ai**
완성 파일 **0106b.ai**

Illustrator에서는 그린 도형의 'Stroke(선)'와 선 안쪽에 해당하는 'Fill(칠)'에 색을 칠할 수 있습니다. 여기서는 'Fill'에 색을 칠하는 방법을 배웁니다.

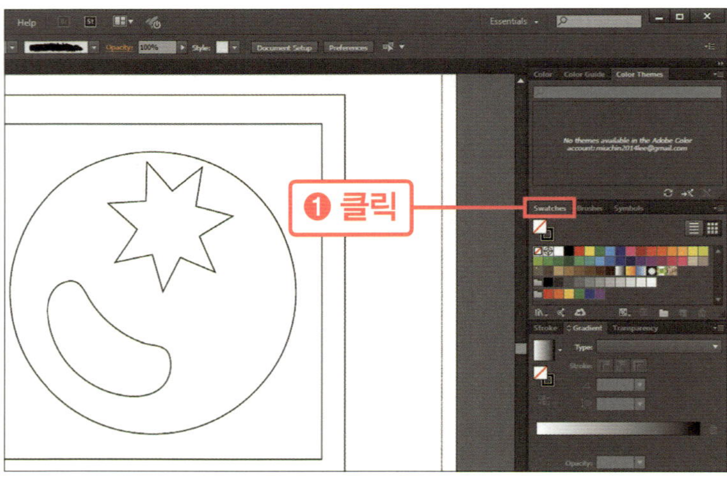

1 스워치 패널 표시하기

❶ [Swatches(견본)] 패널 탭을 클릭하여 전면에 표시합니다.

memo

[Swatches] 패널에는 일반적으로 사용하는 색이 미리 등록되어 있습니다. 패널이 표시되지 않는 경우는 [Window(윈도우)] 메뉴 → [Swatches(견본)]를 클릭합니다.

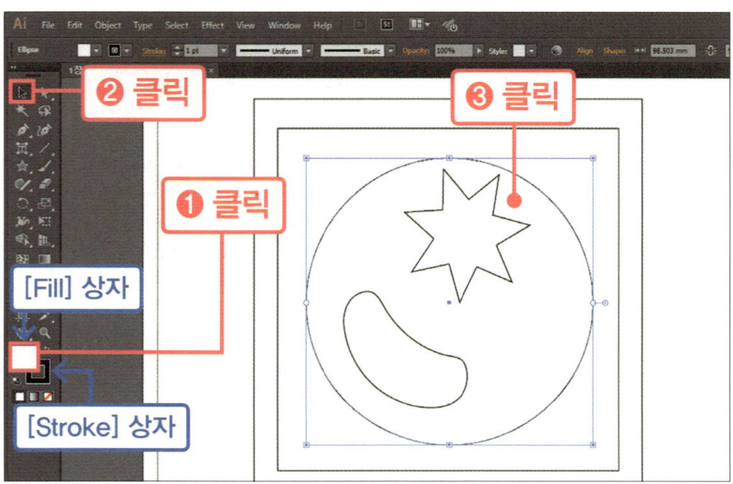

2 Fill(칠) 선택하기

[Stroke(선)] 상자와 [Fill(칠)] 상자는 겹쳐져 배치되어 있습니다. 전면에 표시된 상자가 설정 대상이 됩니다. 여기서는 ❶ [Fill] 상자를 클릭하여 전면에 배치합니다. 그 다음 ❷ [Selection(선택)] 툴을 클릭한 후 ❸ 오렌지를 클릭하여 선택합니다.

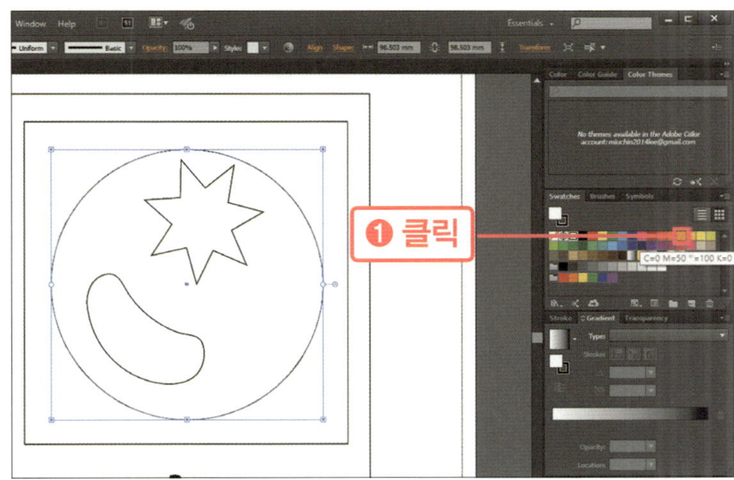

3 오렌지에 색을 칠하기

① [Swatches] 패널 상단에 있는 오렌지색 에 마우스 커서를 대어 [C=0 M=50 Y=100 K=0]이 표시되면 클릭합니다.

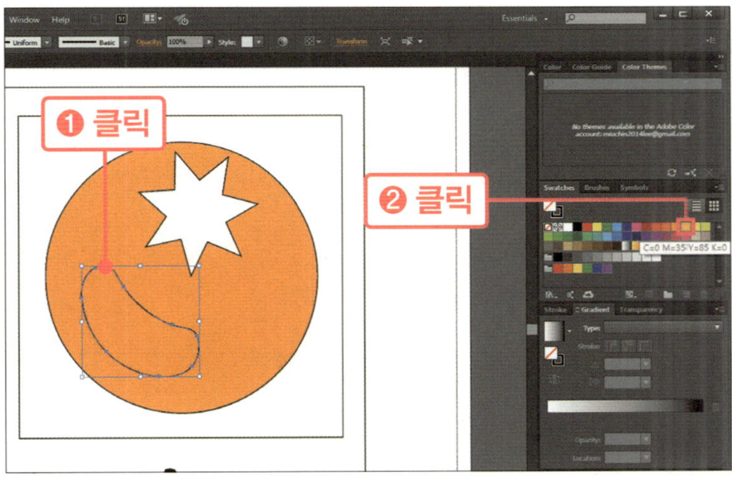

4 광택에 색을 칠하기

오렌지에 색이 칠해졌습니다. ① 광택의 선 부분을 클릭하여 선택합니다. 그 다음 ② [Swatches] 패널에서 [C=0 M=35 Y=100 K=0] 을 클릭하여 색을 설정합니다.

memo

[Pencil(연필)] 툴로 그린 도형은 초기 설정에서는 [Stroke(선)]만 표시됩니다.

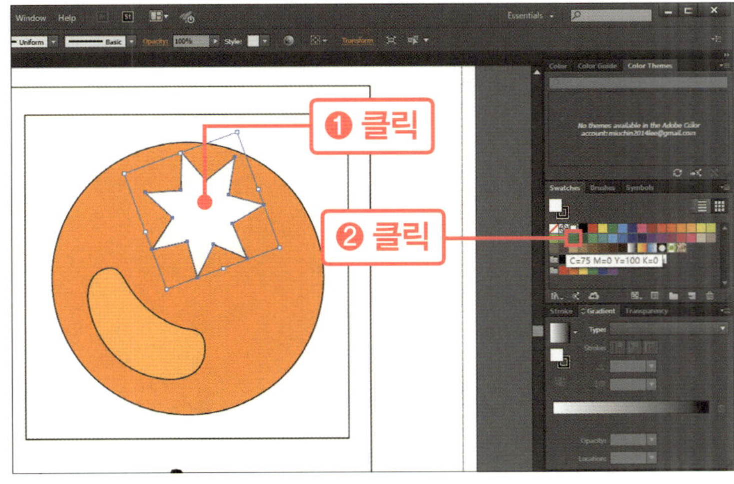

5 꼭지에 색을 칠하기

오렌지의 광택 부분은 조금 밝은 색으로 칠합니다. 이번에는 ① 꼭지를 클릭하여 선택하고, ② [Swatches] 패널에서 [C=75 M=0 Y=100 K=0] 을 클릭하여 색을 설정합니다.

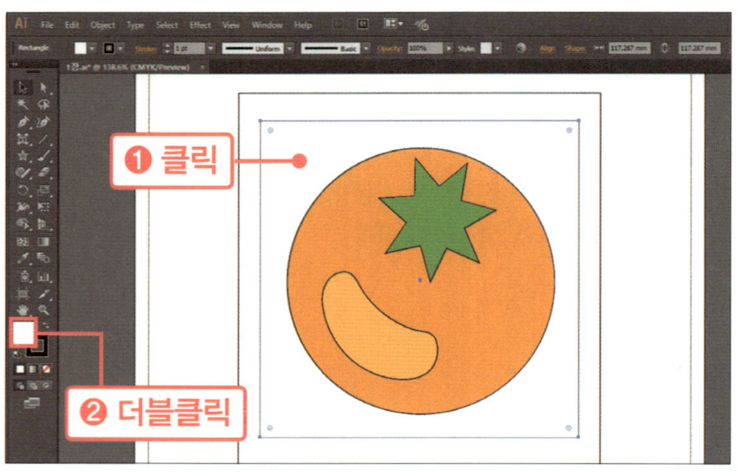

6 배경에 색을 칠하기

오렌지의 배경색으로는 [Swatches] 패널에는 등록되어 있지 않은 색을 사용할 것이므로 다른 방법으로 설정합니다. ❶ 배경을 클릭하여 선택하고, ❷ [Fill] 상자를 더블클릭합니다.

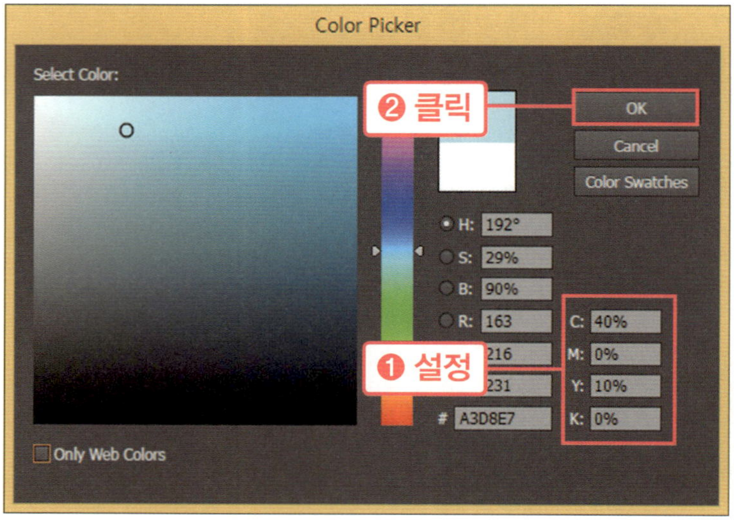

7 색을 설정하기

❶ [Color Picker(색상 피커)] 대화상자가 표시되면 아래와 같이 설정하고 ❷ [OK]를 클릭합니다. 단위는 자동으로 추가되므로 수치만 입력해도 됩니다. 또한 Tab 을 누르면 그 다음 입력 상자로 이동할 수 있습니다.

C	40%
M	0%
Y	10%
K	0%

8 색이 바뀜

배경이 설정한 색으로 바뀝니다. ❶ 화면의 공백을 클릭하여 선택을 해제해둡니다.

memo

CMYK는 인쇄물에 주로 사용되는 색의 표현 방법입니다. 자세한 내용은 P.90을 참조합니다.

일러스트의 구조와 선과 칠

Illustrator로 그리는 선을 'Path(패스)'라고 합니다. 이 장에서도 도형이나 선을 그리는 툴을 사용하여 패스를 그렸습니다. 패스에는 'Stroke(선)'과 'Fill(칠)', 두 가지 요소를 설정할 수가 있으며, 이를 사용해서 다양한 일러스트를 그릴 수 있습니다. 패스는 일러스트의 골조와 같은 것이라 할 수 있습니다. 그림에서는 [Ellipse(원형)] 툴 ◯ 을 사용하여 그린 패스에 대해 '선', '칠', 그리고 '선과 칠'을 설정하고 있습니다.

설정에는 단색뿐만 아니라 그라데이션, 패턴, 선의 두께 등 다양한 속성을 설정할 수 있는데, 이 책에서 하나씩 학습해 갑니다. 먼저 여기서는 '골조가 되는 패스를 그리고, 선과 칠을 설정'한다는 Illustrator의 일러스트 구조를 기억하기 바랍니다.

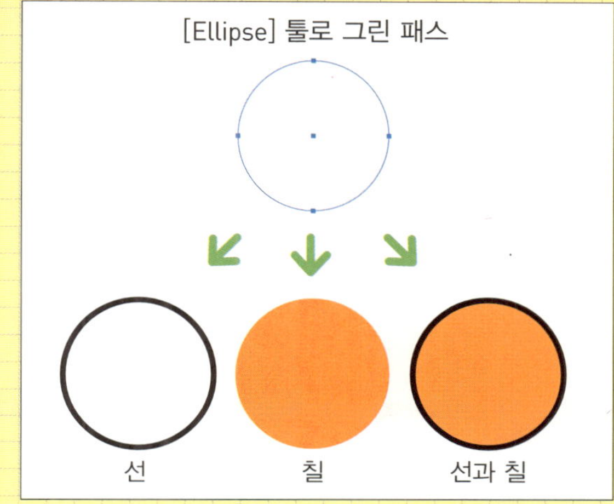

* 선과 칠에 색을 설정하려면?

색을 설정하려면 먼저 '선'과 '칠' 중 어느 쪽에 설정할지 선택해야 합니다.

[Stroke(선)] 상자와 [Fill(칠)] 상자는 겹쳐져 배치되어 있으며, 전면에 표시된 상자가 설정 대상이 됩니다. 설정을 할 상자를 클릭하여 전면에 표시하고 나서 색을 지정합니다. 그림은 칠(Fill)이 설정 대상으로 선택된 모습입니다.

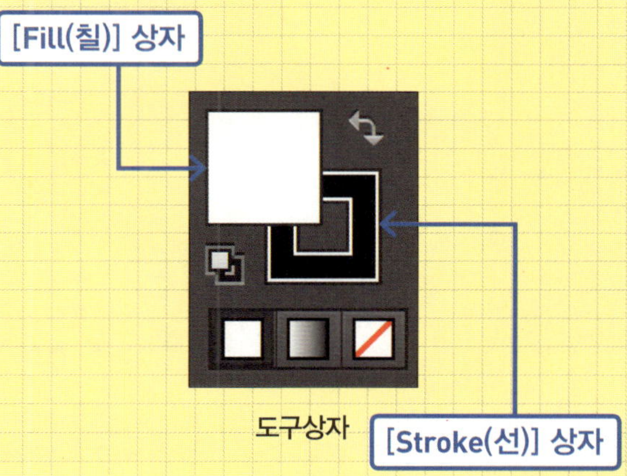

* 도구상자의 선과 칠을 설정하는 버튼을 살펴보자

[Default Fill and Stroke(초기값 칠과 선)] 버튼
선과 면을 초기 설정(선은 'Black', 면은 'White')으로 되돌릴 수 있습니다.

[Swap Fill and Stroke(칠과 선 교체)] 버튼
선과 면 설정을 바꿀 수 있습니다.

[Color(색상)] 버튼
마지막으로 사용한 색이 표시됩니다. 선 또는 면에 동일한 색을 설정할 수 있습니다.

[Gradient(그레이디언트)] 버튼
마지막으로 사용한 그라데이션이 표시됩니다. 선 또는 면에 동일한 그르-데이션을 설정할 수 있습니다.

[None(없음)] 버튼
선 또는 면의 색을 '없음'으로 설정할 수 있습니다.

07 선 설정하기

예제 파일 **0107a.ai**
완성 파일 **0107b.ai**

여기서는 '선(Stroke)'을 설정하는 방법을 배웁니다. 선의 폭을 변경함으로써 선의 두께를 조정합니다.

1 여러 개의 도형 선택하기

① [Selection(선택)] 툴 이 선택된 상태에서 오렌지의 광택 부분을 클릭하여 선택합니다. 그 다음 ② Shift 를 누르면서 배경을 클릭합니다.

memo

[Selection] 툴을 사용하여 Shift 를 누른 채로 클릭을 하면 여러 개의 도형을 선택할 수 있습니다. Shift 를 누른 상태에서 선택된 도형을 클릭하면 그 도형만 선택을 해제할 수 있습니다.

2 선 없애기

① [Stroke(선)] 상자를 클릭하여 전면에 표시합니다. 그 다음 ② [None(없음)] 버튼 을 클릭하여 선을 '없음'으로 설정합니다.

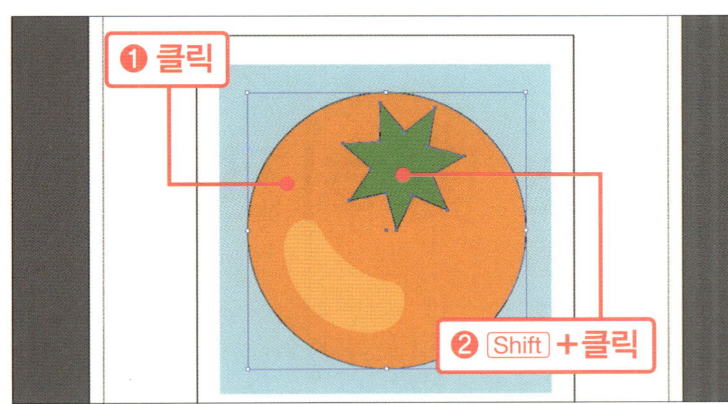

3 여러 개의 도형 선택하기

❶ 오렌지를 클릭합니다. 그 다음 ❷ Shift 를 누른 채로 오렌지 꼭지를 클릭합니다.

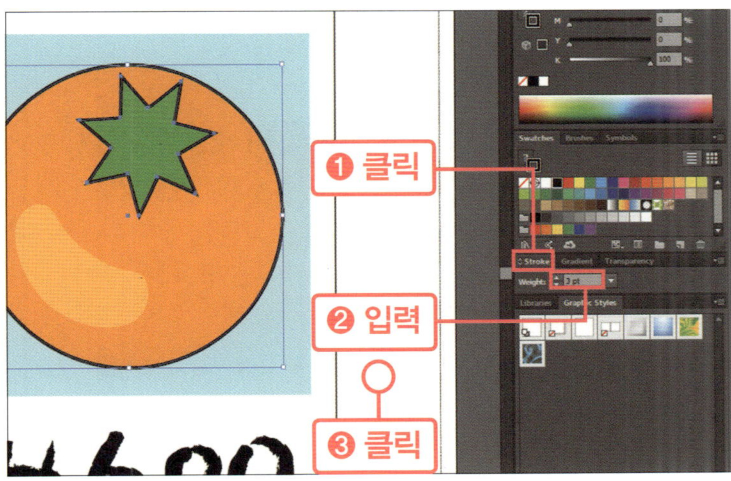

4 선을 굵게 만들기

❶ [Stroke(선)] 패널 탭을 클릭하여 전면에 표시합니다. 그 다음 ❷ [Weight(두께)]에 '3'을 입력하고 Enter (Mac: return)를 누릅니다. ❸ 선이 굵어지면 화면의 공백을 클릭하여 선택을 해제합니다.

memo

[Weight] 설정은 ▲▼을 클릭하거나 ▼의 풀다운 메뉴에서 수치를 선택할 수도 있습니다.

check!

화면이 이렇게 되었을 땐?

도형을 [Selection] 툴 ▶을 사용하여 클릭을 해야 하는데 실수로 더블클릭을 하게 되면 문서 창의 위쪽에 그림과 같은 표시가 나타나는 경우가 있습니다. 이는 패스의 편집 모드로 전환되었기 때문입니다. 패스 편집 모드에서는 선택한 패스 이외는 옅은 색으로 표시되어 편집을 할 수 없습니다. 원래 화면으로 되돌리려면 회색 바를 클릭하거나 화면에서 선택된 패스 이외의 부분을 더블클릭합니다.

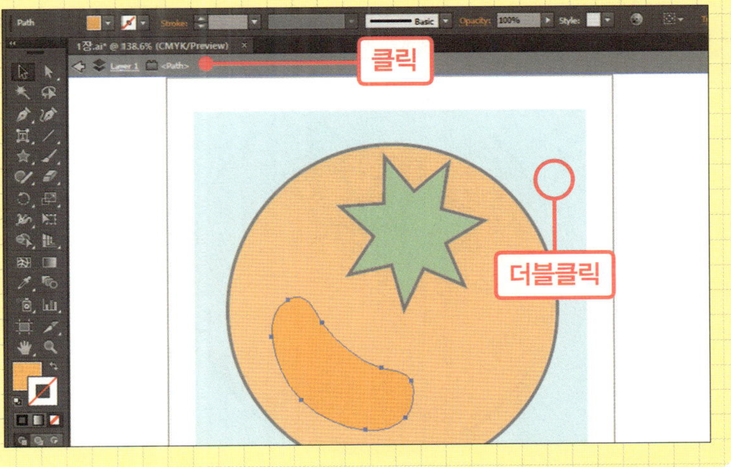

08 도형을 축소 및 회전하기

예제 파일 **0108a.ai**
완성 파일 **0108b.ai**

선택 툴로 도형을 선택하면 바운딩 박스가 표시됩니다. 여기서는 바운딩 박스를 조작하여 도형을 축소 및 회전시키는 방법을 배웁니다.

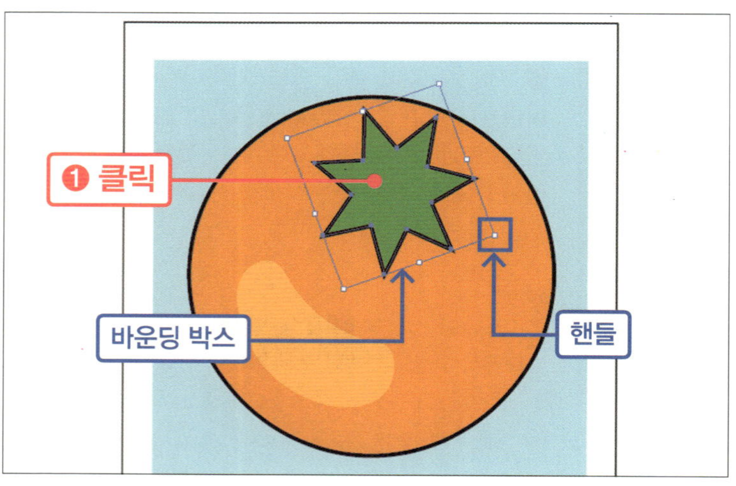

1 오렌지 꼭지 선택하기

❶ [Selection] 툴 을 선택한 상태에서 오렌지의 꼭지를 클릭합니다. 꼭지 주변에 '바운딩 박스'라고 하는 틀이 표시되고 '핸들'이라 부르는 하얀 사각형이 8개 배치됩니다.

2 축소시키기

오른쪽 아래의 핸들에 마우스 커서를 대면 로 바뀝니다. ❶ 이 상태에서 Shift 를 누른 상태에서 왼쪽 위 방향으로 드래그하여 오렌지 꼭지를 축소시킵니다.

memo

Shift 를 누른 상태에서 드래그하면 가로세로비를 고정시켜 축소시킬 수 있습니다.

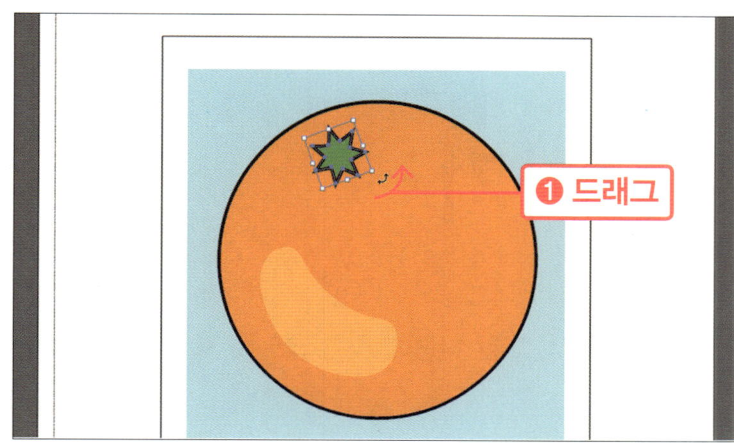

3 회전시키기

오른쪽 아래의 핸들에서 조금 바깥쪽으로 마우스 커서를 대면 ↵으로 바뀝니다. ❶ 이 상태에서 오른쪽 위 방향으로 드래그하여 보기 좋은 각도로 회전시켜 균형을 맞춥니다.

memo

Shift를 누른 채로 드래그하면 각도를 45° 간격으로 고정시켜 회전시킬 수 있습니다.

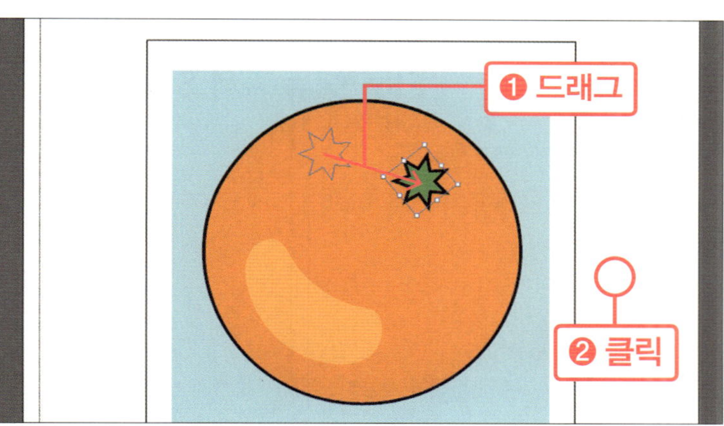

4 가격표 완성

❶ 오렌지 꼭지가 오렌지의 오른쪽 위에 오도록 드래그하여 위치를 조정했으면 가격표가 완성된 것입니다. ❷ 화면의 공백을 클릭하여 선택을 해제합니다.

---

check!

바운딩 박스와 핸들 조작

'바운딩 박스(Bounding Box)'는 [Selection(선택)] 툴 로 선택한 도형을 둘러싸듯이 표시됩니다. 바운딩 박스 주변에는 '핸들'이라는 흰 사각형이 8개 배치되고 이를 조작함으로써 ❶ 도형을 확대하거나 축소할 수 있고 ❷ 회전시킬 수도 있습니다. 바운딩 박스가 표시되지 않는 경우는 [View(보기)] 메뉴 → [Show Bounding Box(테두리 상자 표시)]를 순서대로 클릭합니다.

보충 참고로 [Rectangle(사각형)] 툴 과 [Rounded Rectangle(둥근 사각형)] 툴 로 그린 도형은 핸들 디자인이 약간 다르지만, [Selection] 툴 을 사용한 확대 및 축소, 회전 조작은 똑같습니다.

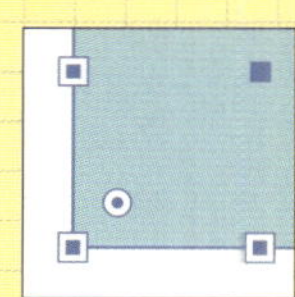

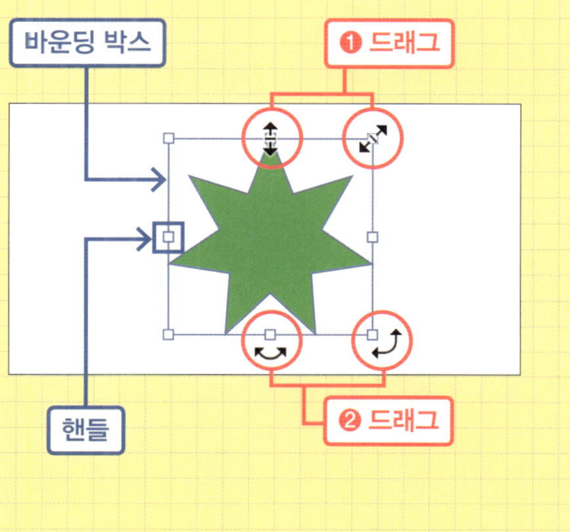

09 문서 저장하기

예제 파일 **0109a.ai**
완성 파일 **없음**

여기서는 작성한 문서를 저장합니다. 또한 나중에 찾기 쉽도록 저장 위치를 지정하는 방법도 배웁니다.

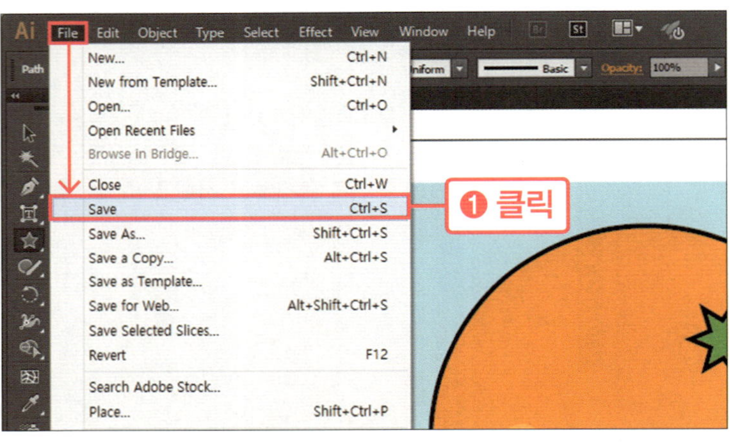

1 File 메뉴에서 Save를 선택하기

① [File(파일)] 메뉴 → [Save(저장)]를 클릭합니다.

memo

예제 파일을 사용하는 경우, 문서에 수정을 가하지 않으면 [Save]를 선택할 수 없습니다.

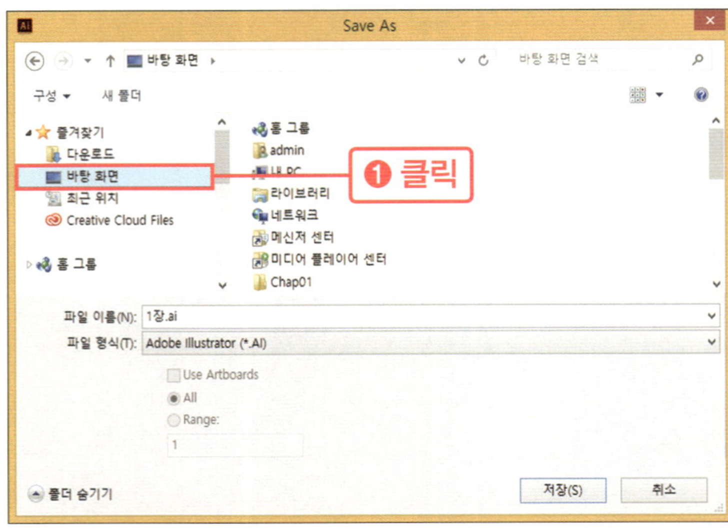

2 저장 위치 지정하기

문서를 처음 저장하는 경우는 [Save As(다른 이름으로 저장)] 대화상자가 표시됩니다. ① 저장 위치는 [바탕 화면]을 클릭하여 지정합니다.

memo

이 책에서는 탐색기의 폴더 옵션에서 파일의 확장자명을 표시하도록 설정한 상태에서 설명하고 있습니다.

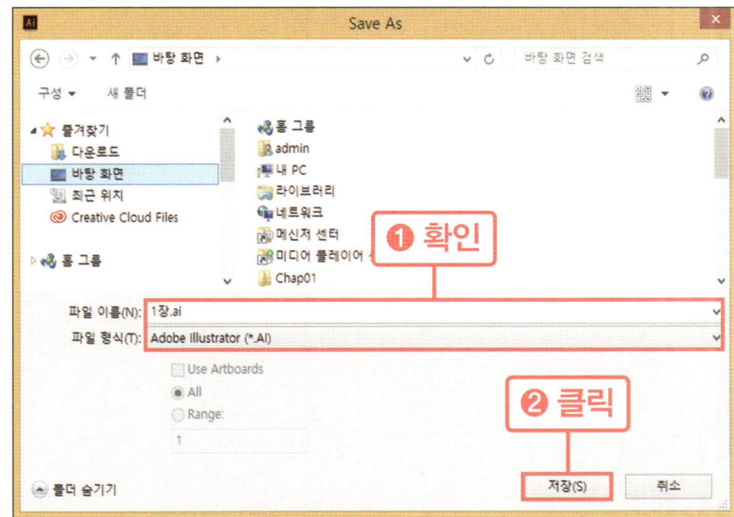

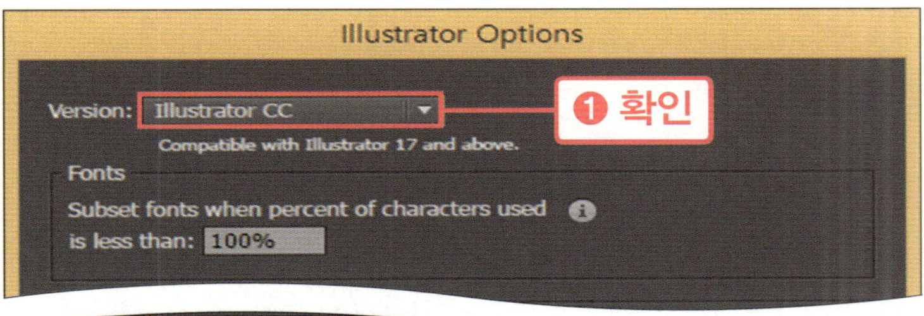

3 항목 확인하기

❶ [파일 이름]과 [파일 형식](Mac:[이름]과 [파일 형식])을 확인하고 ❷ [저장] 버튼을 클릭합니다.

memo

파일명에는 새 문서를 작성할 때 입력한 이름이 자동으로 들어가 있습니다.

4 Illustrator 옵션 설정하기

❶ [Illustrator Option(Illustrator 옵션)] 대화상자가 표시되면 버전을 확인하고 ❷ [OK] 버튼을 클릭합니다. 지정한 위치(여기서는 [바탕 화면])에 '1장.ai'라는 이름이 붙은 Illustrator 파일이 저장됩니다.

check!

오브젝트란?

Illustrator를 사용하면 '오브젝트(Object)'라는 말이 자주 나옵니다. 익숙하지 않은 말이지만 Illustrator를 다루는 데 있어서 중요한 용어이므로 기억해두기 바랍니다.

오브젝트에는 '(조작을 하는) 대상물'이라는 의미가 있습니다. 아트보드에 배치한 소재는 조작을 하는 대상이 되므로 '오브젝트'라고 부릅니다. 패스로 그린 도형이나 선, 디지털 카메라로 촬영하여 배치한 이미지 등도 오브젝트라고 합니다.

도형을 그리는 툴과 키 조작

[Rectangle(사각형)] 툴 █ 을 길게 누르면 기본적인 도형을 그리는 툴(Shape Tool)이 표시됩니다. 표시된 툴을 사용하여 드래그하기만 하면 도형을 쉽게 그릴 수 있습니다. 또한 이러한 툴은 키 조작과 함께 사용하면 도형을 더욱 효율적으로 그릴 수 있습니다. 여기서는 자주 사용하는 키 조합을 표로 정리해 두었습니다.

드래그	Shift + 드래그	드래그 + ↑	드래그 + ↓
Ellipse(원형) 툴	완전히 동그란 원을 그린다		
Rectangle(사각형) 툴	정사각형을 그린다		
Rounded Rectangle(둥근 사각형) 툴	모서리가 둥근 정사각형을 그린다	모서리를 더욱 둥글게 만든다	모서리를 각지게 만든다
Polygon(다각형) 툴	각도를 고정시킨다	다각형의 변을 늘린다	다각형의 변을 줄인다
Star(별모양) 툴	각도를 고정시킨다	별의 꼭지점을 늘린다	별의 꼭지점을 줄인다

드래그 도중에 Space bar

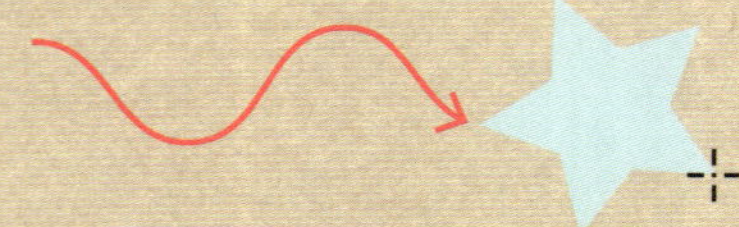

도형을 그리는 툴을 사용하여 드래그 도중에 Space bar 를 누르면 그 시간만큼 그리기 조작이 해제되어 도형을 이동시킬 수 있습니다. Space bar 를 떼면 그리기 조작이 다시 시작됩니다.

chapter **2**

| 제 2 장 |

로고 만들기

제2장에서는 도형과 문자를 조합하여 로고를 만듭니다. 먼저 기본 도형을 변형하거나 복사함으로써 로고의 모양을 만듭니다. 그리고 문자는 도형으로 변환하여 일부를 변형시킵니다. 이 장을 통해 도형과 문자의 편집 방법을 익혀 표현의 폭을 넓힙니다.

로고 만들기

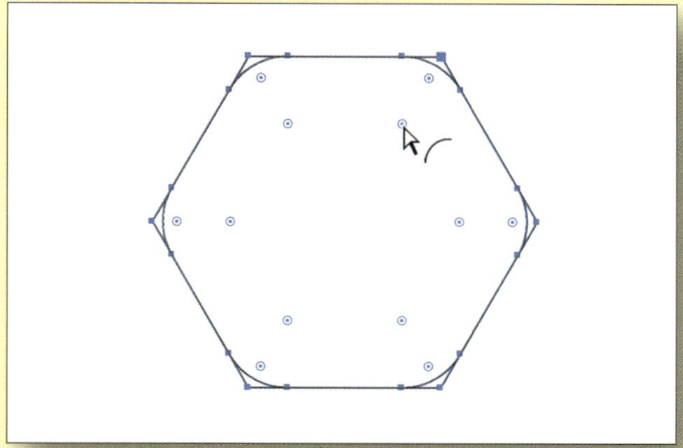

POINT

1 도형 변형시키기

라이브 코너를 사용하여 도형의 모서리를 둥글게 변형시켜 벌집의 구멍을 만듭니다.

➡ **P.50**

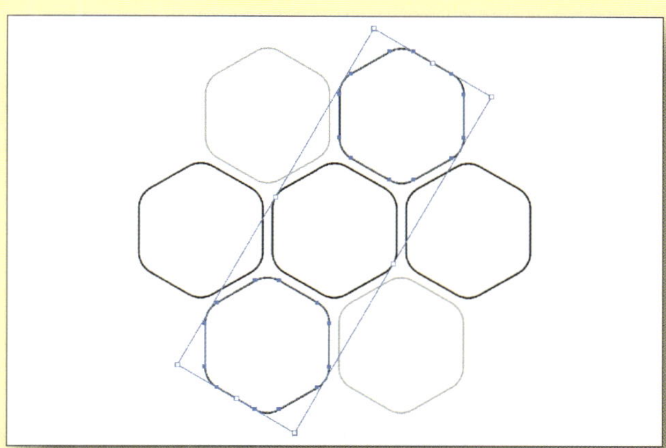

POINT

2 도형 복사하기

벌집 구멍을 복사하고 깔끔하게 배치하여 벌집 모양을 만듭니다.

➡ **P.52**

POINT

3 문자 입력하기

글꼴과 글꼴 크기를 설정하여 문자를 입력합니다. 입력한 문자는 도형으로 변환해 모양을 변형시킵니다.

➡ **P.56**

POINT

4 그라데이션 설정하기

로고에 그라데이션을 설정하여 색을 혼합하여 완성시킵니다.

➡ **P.62**

01 도형 변형시키기

예제 파일 **없음**
완성 파일 **0201b.ai**

먼저 로고의 기본이 될 정육각형을 그립니다. 그리고 그린 육각형의 모서리를
둥글게 변형시켜 벌집의 구멍을 만드는 방법을 배웁니다.

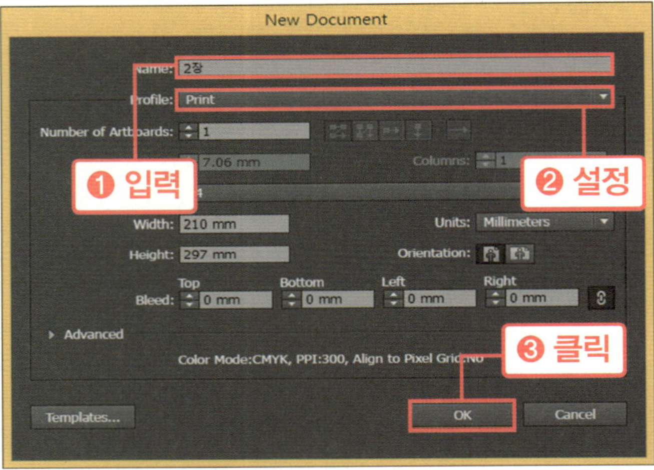

1 새 문서 작성하기

[File(파일)] 메뉴 → [New(새로 만들기)]를 클릭합
니다. ❶ [New Document(새 문서)] 대화상자가
표시되면 [Name(이름)]에 '2장'이라고 입력하고,
❷ [Profile(프로파일)]을 [Print]로 설정한 후 ❸
[OK] 버튼을 클릭합니다.

2 화면 확대하기

조작이 편하도록 화면을 확대합니다. ❶ 문서 창의
왼쪽 아래에 있는 [Zoom] 상자에 '200'을 입력하고
Enter(Mac:return)를 누릅니다.

memo

항목에 수치를 입력한 경우는 Enter(Mac:return)를
눌러 값을 설정합니다. 화면의 표시 크기를 변경하는
방법에 대해서는 P.20을 참조합니다.

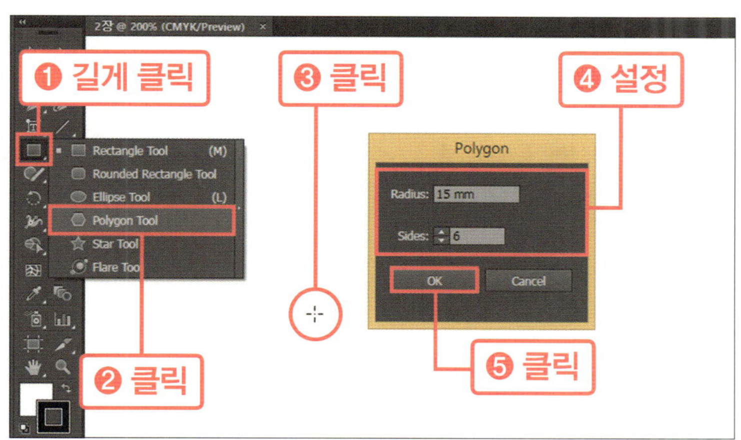

3 정육각형 그리기

❶ [Rectangle(사각형)] 툴 을 길게 클릭하고
❷ [Polygon(다각형)] 툴 을 클릭한 후 ❸ 그림과 같은 위치를 클릭합니다. ❹ [Polygon] 대화상자가 표시되면 아래와 같이 설정하고 ❺ [OK] 버튼을 클릭합니다.

Radius	15mm
Sides	6

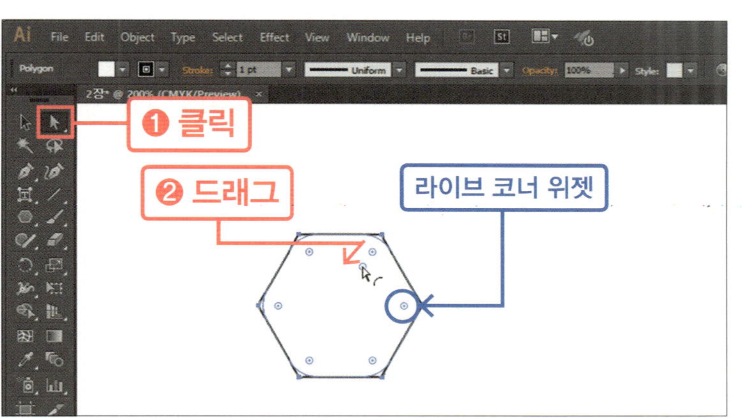

4 모서리를 둥글게 만들기

'반경 15mm'의 육각형이 그려집니다. ❶ [Direct Selection(직접 선택)] 툴 을 클릭하면 육각형의 각 모서리에 [Live Corner Widget(모퉁이 위젯)] 이 표시됩니다. ❷ 하나를 선택하여 육각형의 안쪽을 향해 드래그하여 모서리를 둥글게 합니다.

---

check! 라이브 코너로 할 수 있는 일

도형이나 선을 선택한 상태에서 [Direct Selection(직접 선택)] 툴 을 선택하면 모서리에 [Live Corner Widget] 이 표시됩니다. 를 드래그하면 모서리의 모양을 한꺼번에 편집할 수 있습니다.

일부 모서리만 편집하는 경우에는 [Direct Selection] 툴 을 사용하여 편집하고 싶은 모서리를 선택합니다. 선택한 모서리만 가 표시되므로 개별적으로 편집할 수 있습니다. 또한 를 더블클릭하면 [Corners(모퉁이)] 대화상자가 표시되므로 코너의 모양 등을 더욱 세세하게 설정할 수 있습니다.

보충 Illustrator CC 2014부터는 [Rectangle] 과 [Rounded Rectangle] 툴 로 도형을 그린 경우 툴을 바꾸지 않아도 이 표시됩니다. 또한 [Selection] 툴 에서도 이 표시되므로 모서리의 모양을 빨리 편집할 수 있습니다.

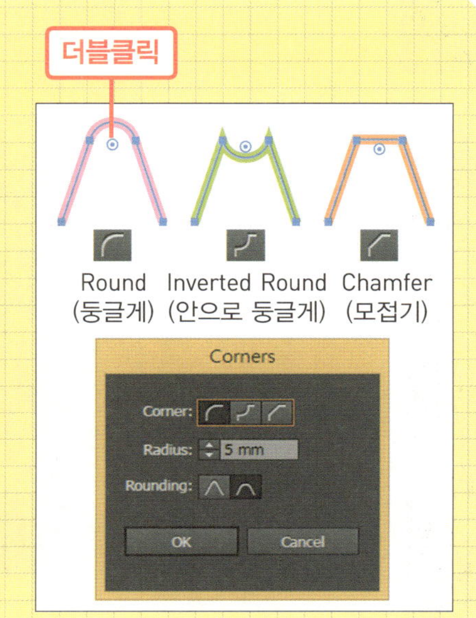

02 도형 전개하기

예제 파일 **0202a.ai**
완성 파일 **0202b.ai**

여기서는 도형을 전개하는 방법을 배웁니다. 벌집 구멍을 회전시키면서 복사하여 규칙적으로 나열합니다.

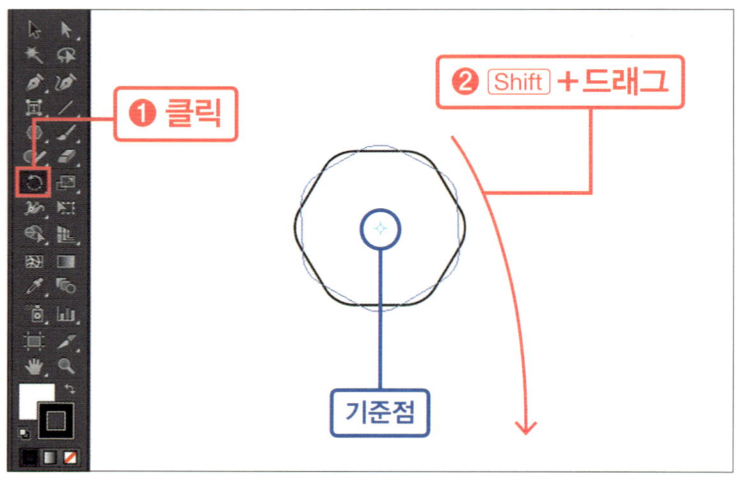

1 벌집 구멍을 90°회전시키기

❶ 벌집 구멍을 선택한 상태에서 [Rotate(회전)] 툴 을 클릭합니다. 벌집 구멍의 중심에 회전의 축이 되는 기준점이 표시됩니다. 그 다음 ❷ 그림과 같이 Shift 를 누른 상태에서 드래그하여 '90°' 회전시킵니다.

memo

Shift 를 누른 상태에서 드래그하면 각도를 45°단위로 고정시켜 회전시킬 수 있습니다.

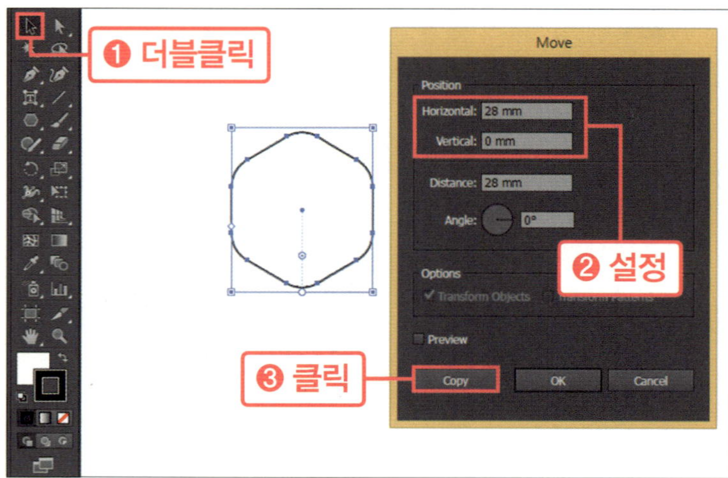

2 이동 및 복사하기

벌집 구멍을 오른쪽으로 이동시켜 복사합니다. ❶ [Selection] 툴 을 더블클릭하여 [Move(이동)] 대화상자를 표시합니다. 그 다음 ❷ 아래와 같이 설정하고 ❸ [Copy(복사)] 버튼을 클릭합니다.

Horizontal(가로)	28mm
Vertical(세로)	0mm

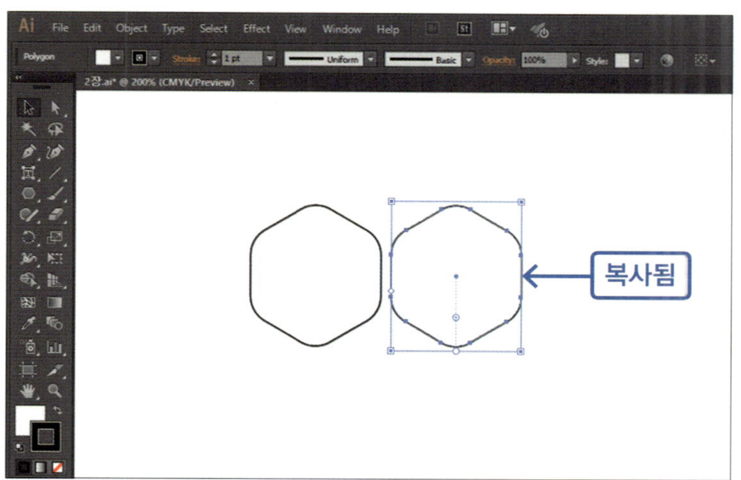

3　이동 및 복사됨

벌집 구멍이 오른쪽 방향으로 '28mm' 떨어진 위치
에 복사되어 2개가 되었습니다.

memo

[Move] 대화상자를 사용하면 거리를 지정하여 도형을
이동시킬 수 있습니다(자세한 내용은 P.55 참조). 또한
[Copy] 버튼을 사용하면 도형을 복사할 수 있습니다.

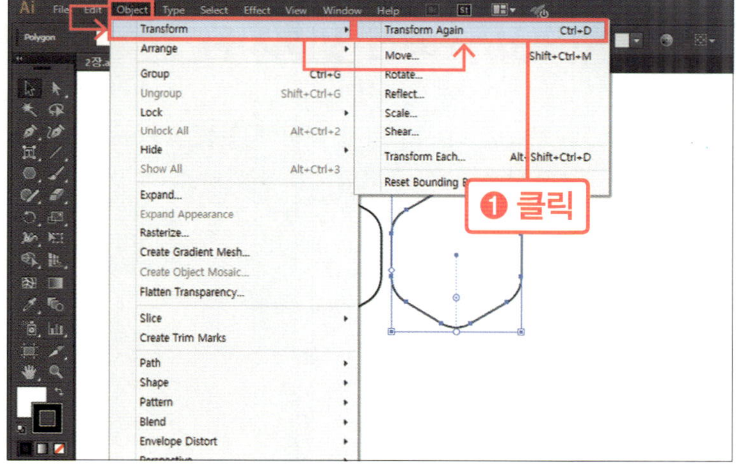

4　조작을 반복하기

다시 한 번 이동 및 복사 작업을 합니다. ① [Object
(오브젝트)] 메뉴 → [Transform(변형)] → [Transform
Again(변형 반복)]을 클릭합니다.

memo

[Transform Again]을 사용하면 한 단계 이전에 했던
작업을 반복할 수 있습니다.

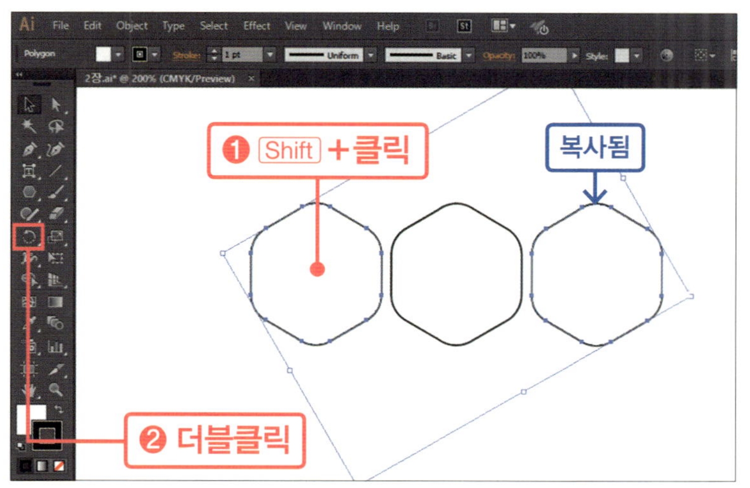

5　회전 및 복사하기

이제 벌집 구멍이 오른쪽에서 '28mm' 떨어진 위치
에 복사되어 3개가 되었습니다. ① Shift 를 누른 채
로 가장 왼쪽에 있는 벌집 구멍을 클릭하여 좌우의
벌집 구멍을 선택합니다. 그 다음 ② [Rotate(회
전)] 툴 을 더블클릭합니다.

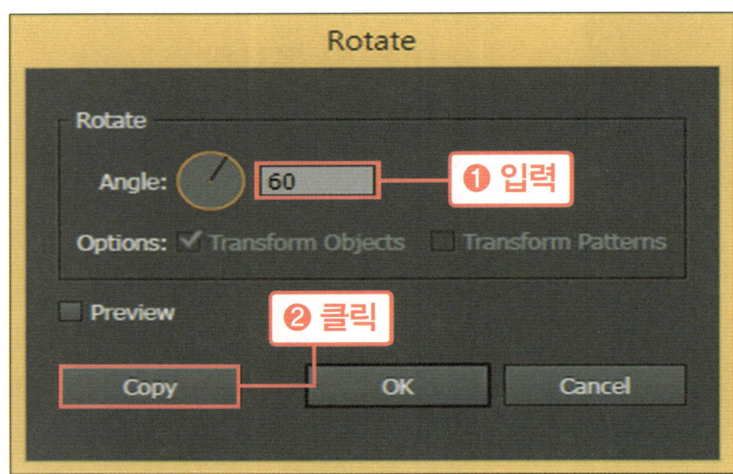

6 각도 설정하기

❶ [Rotate] 대화상자가 표시되면 [Angle(각도)]에 '60'을 입력하고 ❷ [Copy(복사)] 버튼을 클릭합니다.

memo

[Rotate] 대화상자를 사용하면 각도를 지정하여 도형을 회전시킬 수 있습니다(자세한 내용은 P.55 참조).

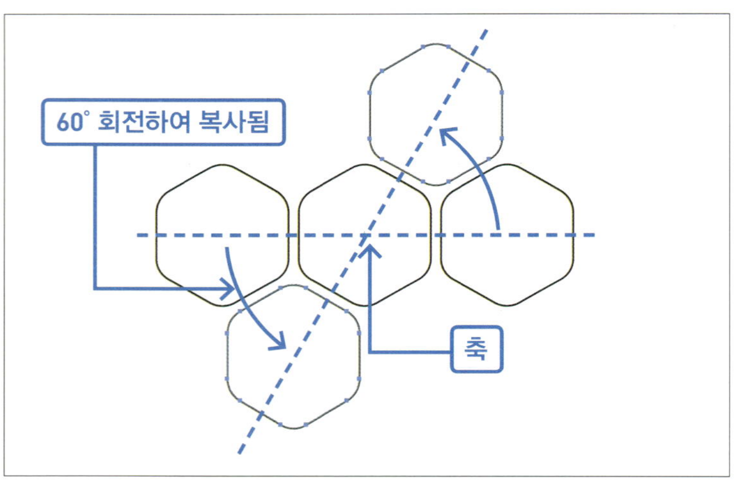

7 회전 및 복사됨

선택한 좌우의 벌집 구멍이 중심을 축으로 반시계 방향으로 60˚ 회전하여 복사됩니다.

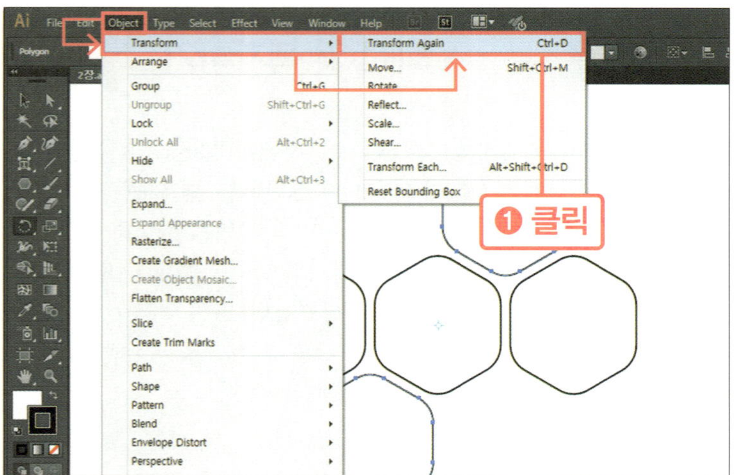

8 조작 반복하기

다시 한 번 회전 및 복사 작업을 합니다. ❶ [Object] 메뉴 → [Transform] → [Transform Again]을 클릭합니다.

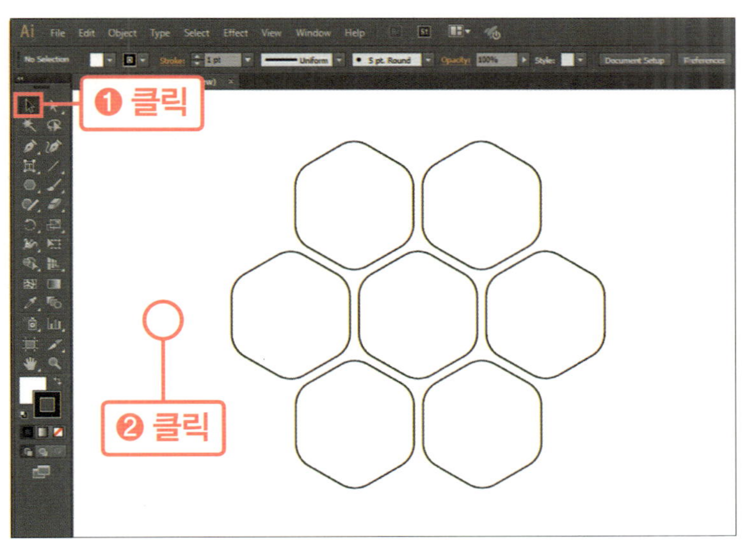

9 벌집이 만들어짐

이로써 벌집 구멍이 복사되어 벌집이 만들어집니다. ① [Selection] 툴 을 클릭하고 ② 화면의 공백을 클릭하여 선택을 해제해둡니다.

---

check! 이동과 회전

[Move]와 [Rotate]를 사용하면 선택한 도형의 위치나 각도를 정확하게 설정하여 바꿀 수 있습니다. 여기서는 각 대화상자의 설정 방법을 살펴봅시다.

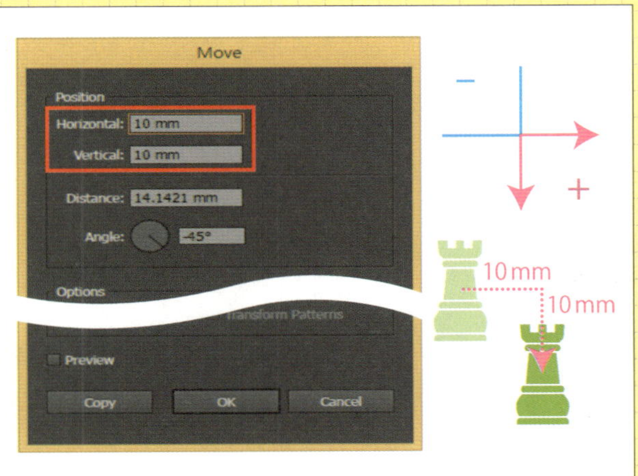

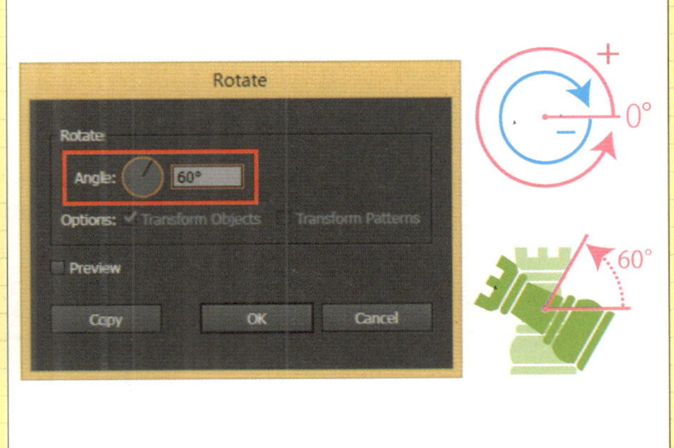

[Move(이동)] 대화상자에서는 선택한 도형을 [Horizontal(가로)]과 [Vertical(세로)]의 거리를 지정하여 이동시킬 수 있습니다. 수치가 '+'인 경우는 오른쪽 아래 방향으로, 수치가 '−'인 경우는 왼쪽 위 방향으로 이동합니다. [Copy] 버튼을 클릭하면 지정한 위치에 도형을 복사할 수 있습니다.

[Rotate(회전)] 대화상자에서는 선택한 도형을 [Angle(각도)]을 지정하여 회전시킬 수 있습니다. 수치가 '+'인 경우는 반시계 방향으로, 수치가 '−'인 경우는 시계 방향으로 회전합니다. [Copy] 버튼을 클릭하면 지정한 각도에 도형을 복사할 수 있습니다.

03 문자 입력하기

예제 파일 **0203a.ai**
완성 파일 **0203b.ai**

여기서는 카페의 이름인 'CAFE BEES'를 입력합니다. 글꼴과 글꼴 크기를 설정하고 문자를 입력하는 방법을 배웁니다.

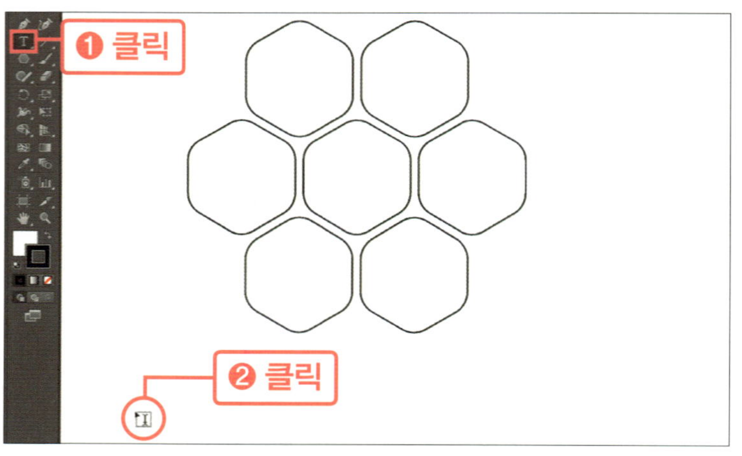

1 문자 툴 선택하기

❶ [Type(문자)] 툴 T 을 클릭하고 ❷ 그림과 같은 위치를 클릭합니다. 문자의 시작점에 깜빡이는 커서가 표시됩니다.

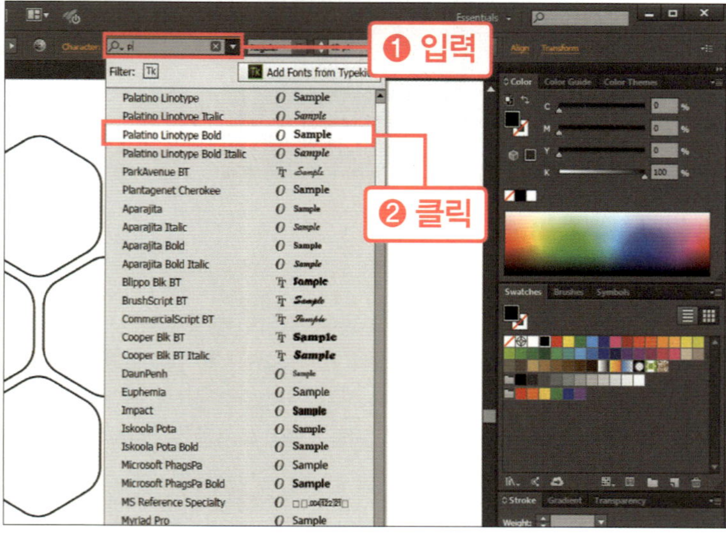

2 글꼴 설정하기

❶ 컨트롤 패널의 'Character'에 'p'라고 입력합니다. 그러면 글꼴 목록이 표시되고 위쪽에 'p'로 시작하는 글꼴이 나타납니다. 여기서 ❷ 'Palatino Linotype Bold'(Mac：'Palatino Bold')를 클릭하여 선택합니다.

memo

▼ 를 클릭해도 글꼴 목록이 표시됩니다. 사용 중인 컴퓨터에 따라 설치되어 있는 글꼴이 다를 수 있습니다. 똑같은 글꼴이 없는 경우에는 마음에 드는 다른 글꼴을 선택하기 바랍니다.

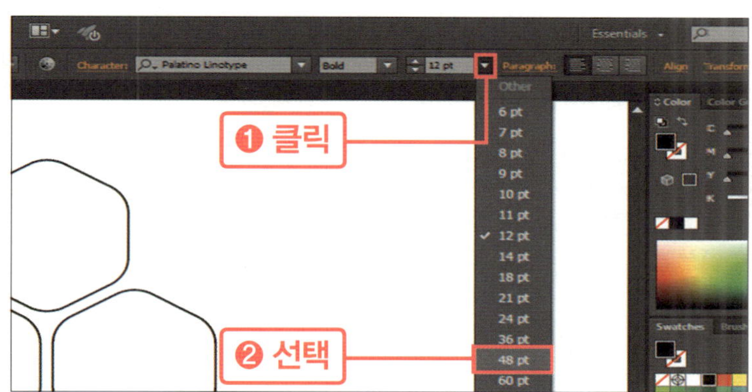

3 글꼴 크기 설정하기

❶ [Font Size]의 ▼를 클릭하고 ❷ 표시된 목록에서 '48pt'를 선택합니다. 'pt' 단위에 대한 자세한 설명은 P.85를 참조합니다.

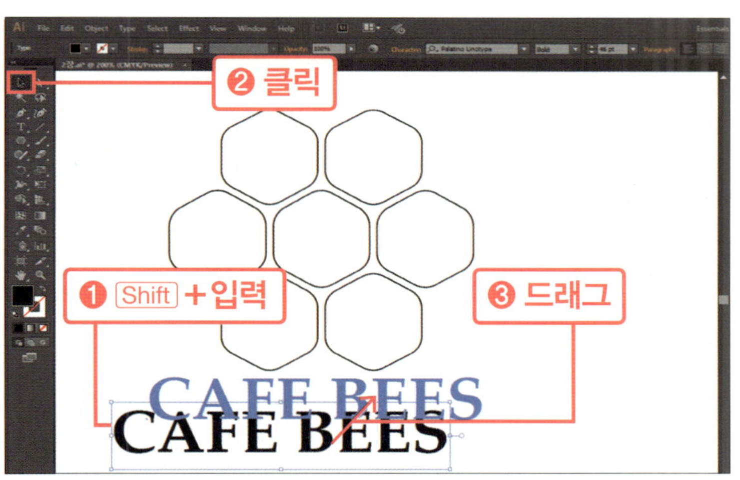

4 문자 입력하기

❶ Shift 를 누른 상태에서 모두 영어 대문자로 'CAFE BEES'라고 입력합니다. 그 다음 ❷ [Selection] 툴 을 클릭하여 문자 입력 조작을 종료합니다. ❸ 그리고 벌집과 균형이 맞도록 문자를 드래그하여 위치를 조정합니다.

---

check! 문자 입력을 끝내는 방법

문자를 입력한 후는 다음 조작을 하기 전에 입력 조작을 종료해야 합니다. 여기서는 입력 조작을 끝내는 방법을 2가지 살펴봅시다.

＊다른 툴을 선택한다

다른 툴을 선택하면 입력 조작을 끝내고 문자가 선택된 상태로 됩니다. 계속해서 문자의 설정이나 다른 툴로 조작을 수행하는 경우 편리합니다.

＊Ctrl (command)＋화면의 공백을 클릭한다

Ctrl (Mac: command) 을 누르면 일시적으로 [Selection] 툴 로 돌아갈 수 있습니다. 그 상태에서 화면의 공백을 클릭하면 입력 조작이 끝나고 문자의 선택이 해제됩니다. 계속해서 [Type] 툴 T 을 사용하여 다른 문자를 입력하는 경우 편리합니다.

| 제2장 | 로고 만들기

04 문자를 도형으로 만들기

예제 파일 **0204a.ai**
완성 파일 **0204b.ai**

문자를 도형으로 변환하는 것을 '아웃라인화'라고 합니다. 여기서는 문자를 아웃라인화하여 도형으로 변환시켜 모양을 변형하는 방법을 배웁니다.

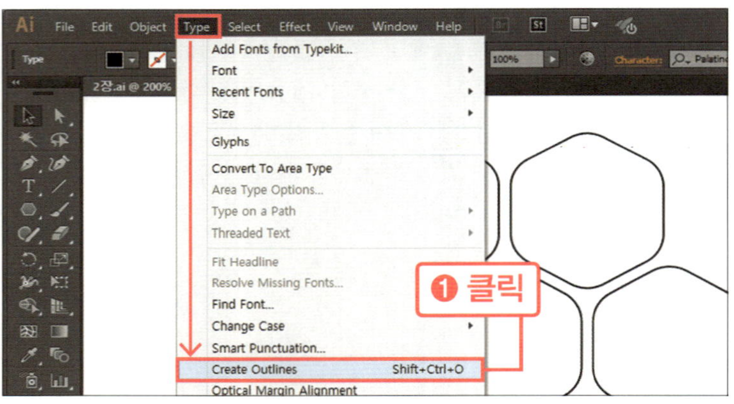

1 문자 아웃라인화하기

① 문자를 선택한 상태에서 [Type(문자)] 메뉴 → [Create Outlines(윤곽선 만들기)]를 클릭합니다.

2 문자가 도형으로 변환됨

문자 주변에 아웃라인이 만들어져서 도형으로 변환됩니다. 그 다음 ① [Direct Selection(직접 선택)] 툴을 클릭하고 ② 화면의 공백을 클릭하여 선택을 해제합니다.

memo

[Selection] 툴을 사용하여 화면의 공백을 클릭해도 선택을 해제할 수 있습니다.

3 도형의 일부를 선택하기

[Direct Selection] 툴 을 사용하면 도형의 일부를 선택할 수 있습니다. 여기서는 ① 'E'의 가운티 선을 그림과 같이 드래그하여 선택합니다.

4 변형시키기

① →를 여러 번 눌러 'E'의 가운데 선이 'B'와 겹쳐질 때까지 늘입니다.

memo

↑↓←→를 누르면 선택한 도형이나 도형의 일부를 조금씩 이동시킬 수 있습니다. 키를 조작할 때 이동할 거리를 설정하는 방법에 대해서는 P.156을 참조합니다.

check!

문자를 아웃라인화했을 때의 이점

문자를 '아웃라인화'하면 도형(패스)으로 취급할 수 있어서 모양을 바구거나 여러 가지 가공을 할 수 있습니다.

또한 아웃라인화하지 않은 문자의 경우 동일한 글꼴이 설치되어 있지 않은 컴쿠터에서 Illustrator 파일을 열면 글꼴이 다른 글꼴로 대체됩니다(Illustrator CC 2014부터는 핑크색으로 강조되어 표시됩니다).

아웃라인화함으로써 다른 환경에서도 똑같이 표시되도록 할 수 있습니다.

오른쪽 그림은 아웃라인화하지 않은 문자와 아웃라인화한 문자를 동일한 글꼴이 설치되어 있지 않은 컴퓨터에서 연 모습입니다.

주의 한 번 아웃라인화하면 문자로서는 편집할 수 없기 때문에 변환하기 전에 미리 파일을 복사해둡니다.

아웃라인화하지 않은 문자

아웃라인화한 문자

05 도형 오려내기

예제 파일 **0205a.ai**
완성 파일 **0205b.ai**

여기서는 가운데 벌집 구멍을 도형으로 변환한 'B'로 오려내는 방법을 배웁니다.

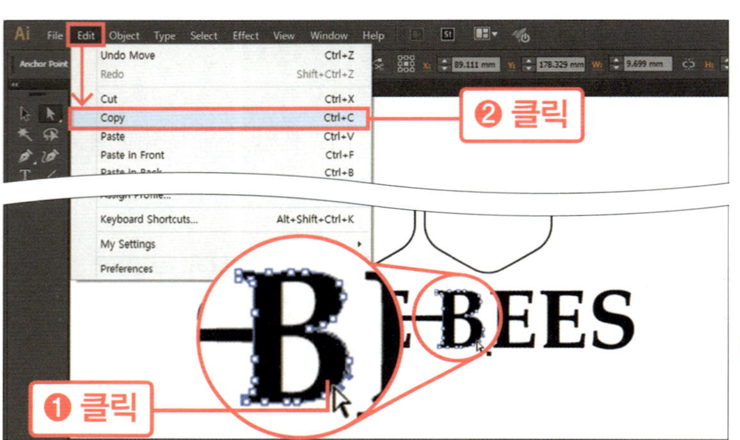

1 'B'를 복사하기

❶ [Direct Selection(직접 선택)] 툴 을 사용하여 'B'의 Fill 부분을 클릭하여 문자 전체를 선택합니다. 그 다음 ❷ [Edit] 메뉴 → [Copy]를 순서대로 클릭합니다.

memo

Fill 부분이 아니라 Stroke를 클릭하면 문자 전체가 선택되지 않으므로 주의하기 바랍니다.

2 'B'를 붙여넣기

❶ [Edit] 메뉴 → [Paste]를 순서대로 클릭합니다. 'B'가 화면 중앙에 복사됩니다. 그 다음 ❷ 그림과 같은 위치까지 드래그하여 이동합니다.

memo

[Copy]의 단축키는 Ctrl(Mac:command)+C입니다. [Paste]의 단축키는 Ctrl(Mac:command)+V입니다. 자주 사용하므로 기억해두면 편리합니다.

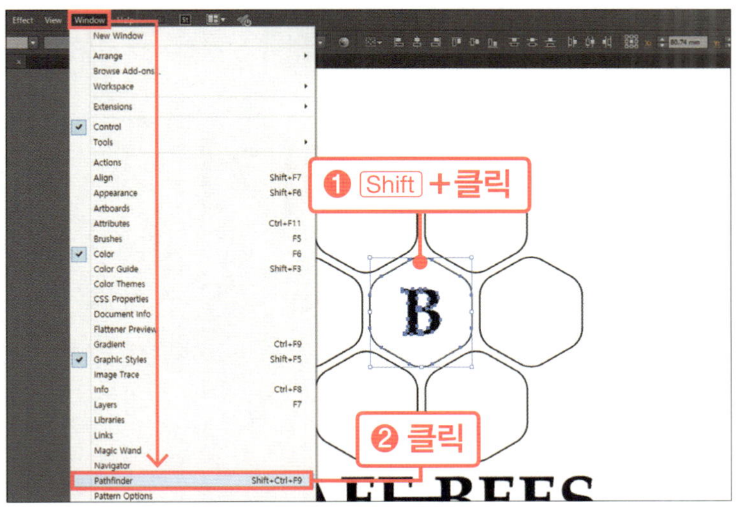

3 선택하기

❶ [Shift]를 누른 상태에서 가운데 벌집 구멍을 클릭하면 'B'와 벌집 구멍이 선택됩니다. 그 다음 ❷ [Window(윈도우)] 메뉴 → [Pathfinder(패스파인더)]를 클릭합니다.

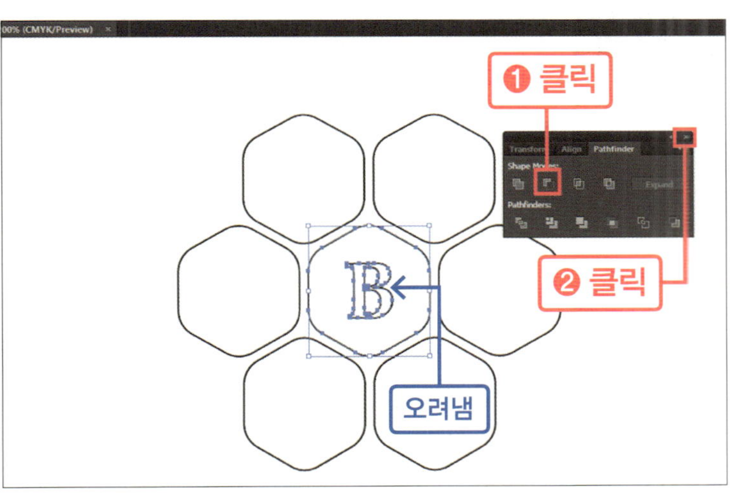

4 오려내기

❶ [Pathfinder(패스파인더)] 패널이 표시되면 [Minus Front(앞면 오브젝트 제외)] 버튼을 클릭합니다. 벌집 구멍이 'B'로 오려집니다.

❷ [Pathfinder] 패널은 ✖를 클릭하여 닫아둡니다.

---

check! 패스파인더로 할 수 있는 일

[Pathfinder] 패널을 사용하면 여러 개의 도형을 하나로 만들거나 분리시켜 복잡한 도형을 그릴 수 있습니다.

여기서는 [Minus Front] 외에 [Shape Mode(모양 모드)]를 사용하여 도형을 만들어 보았습니다.

* Unite(합치기)

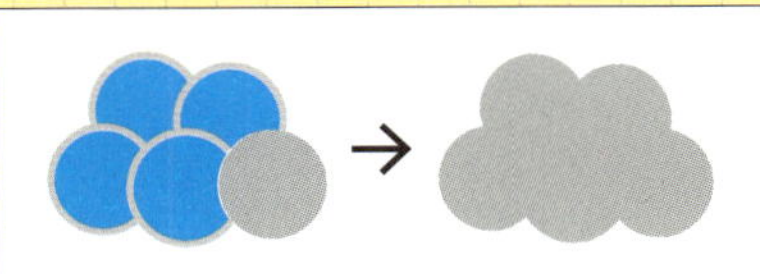

* Intersect(교차 영역)

* Exclude(교차 영역 제외)

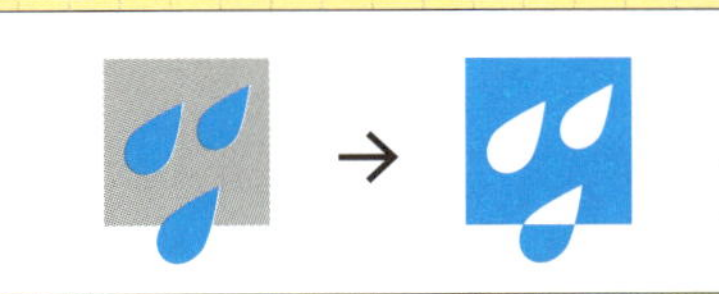

chapter 2

06 그라데이션 설정하기

예제 파일 **0206a.ai**
완성 파일 **0206b.ai**

그레이디언트 패널을 사용하면 색을 혼합하여 그라데이션을 표현할 수 있습니다. 여기서는 로고의 일부에 그라데이션을 설정하는 방법을 배웁니다.

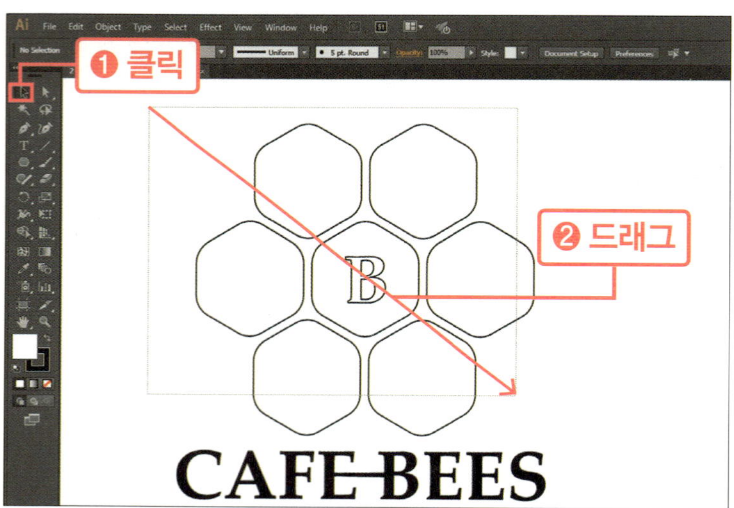

1 선택하기

❶ [Selection] 툴 을 클릭하고 ❷ 그림과 같이 벌집을 둘러싸듯이 드래그하여 선택합니다.

memo

[Selection] 툴로 드래그하면 드래그한 범위 내에 조금이라도 위치한 도형까지 선택할 수 있습니다.

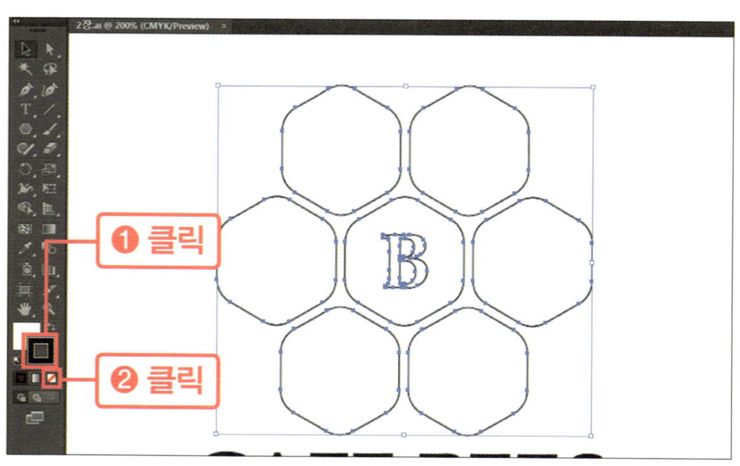

2 선 설정하기

선을 'None(없음)'으로 설정합니다. ❶ [Stroke] 상자를 클릭하여 전면에 표시하고 ❷ [None] 버튼 을 클릭합니다.

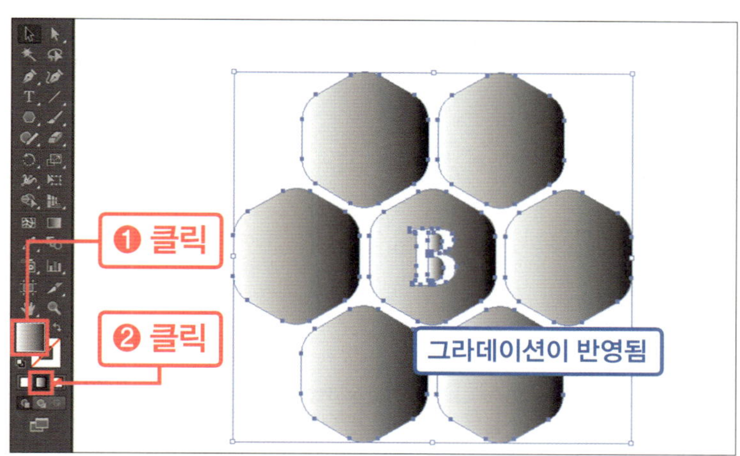

3 Fill에 그라데이션 적용하기

❶ [Fill] 상자를 클릭하여 전면에 표시하고 ❷ [Gradient(그레이디언트)] 버튼 ▨을 클릭합니다. 버튼에 설정되어 있던 흰색에서 검정색으로 바뀌는 그라데이션이 도형에 반영됩니다.

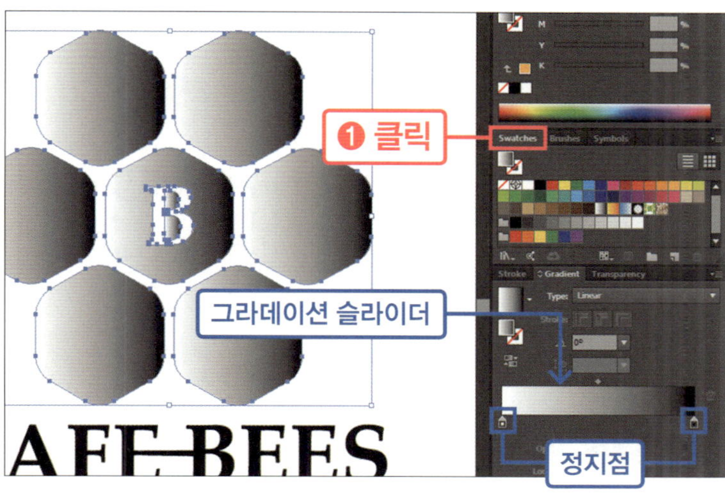

4 그라데이션 패널이 표시됨

[Gradient(그레이디언트)] 패널이 전면에 표시되는 데 [Gradient Slider(그레이디언트 슬라이더)]에는 2개의 [정지점]이 표시됩니다. ❶ [Swatches(견본)] 패널 탭을 클릭하여 전면에 표시합니다.

memo

[정지점]은 그라데이션의 색이 바뀌는 점입니다. 2개 이상 여러 개 추가할 수 있습니다.

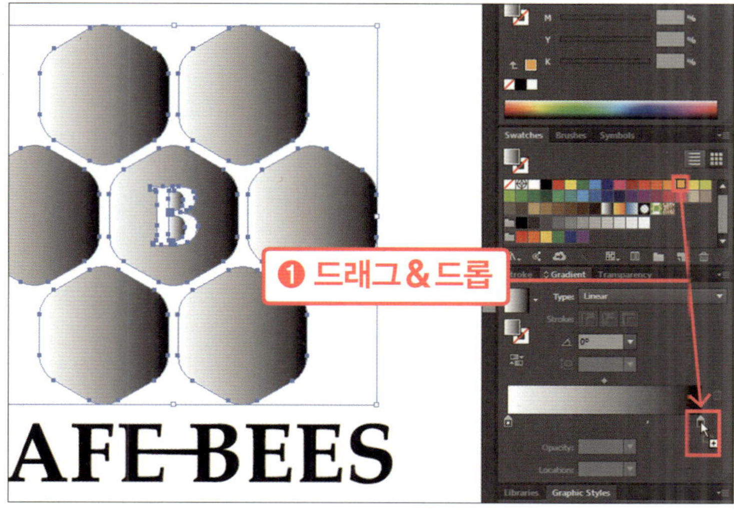

5 오른쪽 정지점에 색 설정하기

❶ [Swatches] 패널에서 [C=0 M=35 Y=85 K=0] ▨을 오른쪽 [정지점]의 위로 드래그하여 마우스 커서의 오른쪽 아래에 '+'가 표시되면 드롭합니다. 검정색 [정지점]이 노란색으로 바뀝니다.

memo

반드시 [정지점] 위에서 드롭하기 바랍니다. [정지점]에서 떨어져 버리면 새로운 [정지점]으로 간주되어 정지점이 추가됩니다.

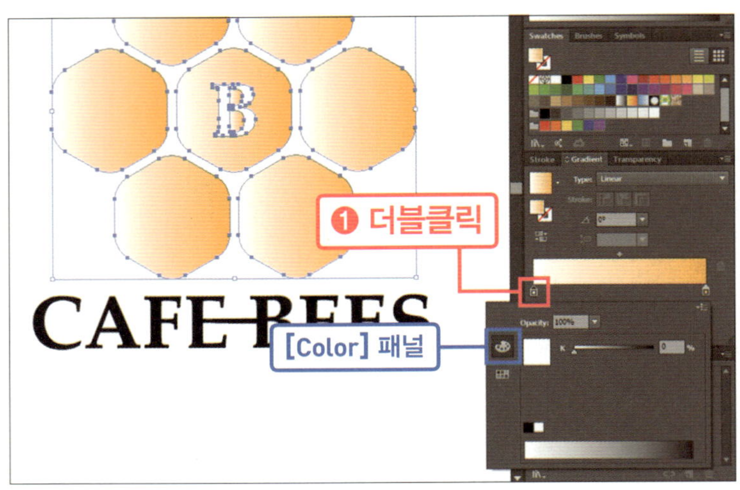

6 　왼쪽 정지점에 색 설정하기

왼쪽 [정지점]에는 [Swatches] 패널에 등록되어 있지 않은 색을 설정합니다. ❶ 왼쪽 [정지점]을 더블클릭하여 [Color] 패널을 표시합니다.

memo

[정지점]을 더블클릭했을 때 [Swatches] 패널이 표시된 경우는 패널의 왼쪽에 있는 █를 클릭하여 [Color] 패널로 전환할 수 있습니다.

7 　CMYK Color 패널 열기

❶ [Color] 패널에서 [PanelMenu] █를 클릭하여 ❷ [CMYK]를 클릭합니다.

8 　색 설정하기

[Color] 패널이 CMYK로 전환되면 ❶ 아래와 같이 설정하고 Enter(Mac：return)를 눌러서 패널을 닫습니다.

C	0%
M	20%
Y	50%
K	0%

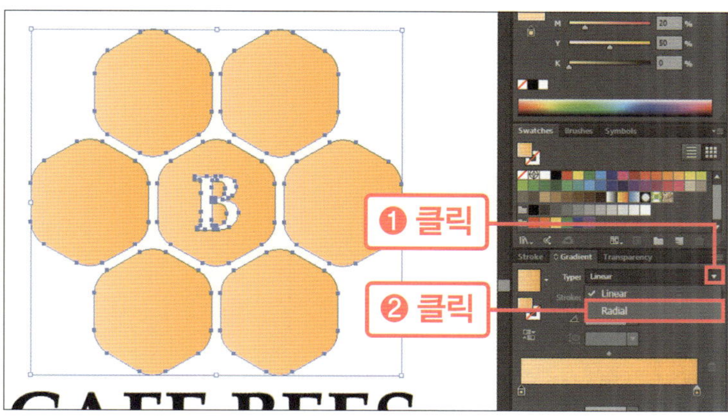

9 그라데이션의 종류 바꾸기

❶ [Type(유형)]에서 ▼ 를 클릭하고 ❷ 표시된 목록에서 [Radial(방사형)]을 클릭합니다. 그라데이션의 종류가 가운데에서 바깥쪽으로 퍼지는 방사형으로 바뀝니다.

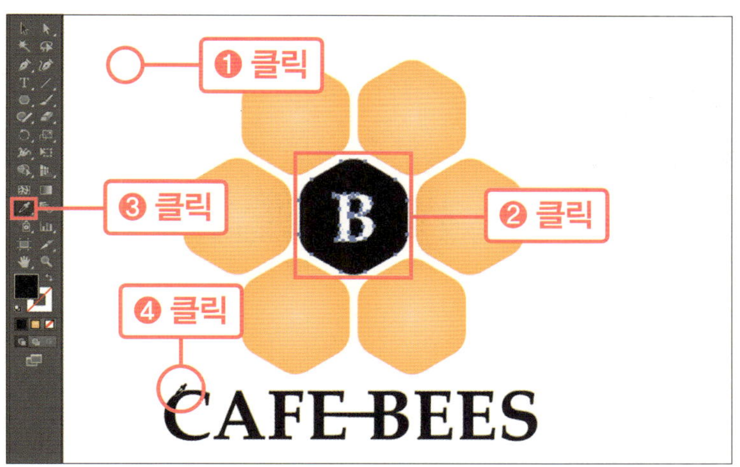

10 가운데 벌집 구멍 설정하기

❶ 화면의 공백을 클릭하여 선택을 해제합니다. 그다음 ❷ 가운데 벌집 구멍을 클릭합니다. ❸ 그 상태에서 [Eyedropper(스포이드)] 툴 을 클릭하고 ❹ 문자를 클릭합니다.

memo

[Eyedropper] 툴을 사용하면 클릭한 오브젝트의 [Fill]이나 [Stroke] 설정을 복사할 수 있습니다.

---

check!

그라데이션의 정지점 간단 조작

[Gradient Slider]는 직관적으로 사용할 수 있도록 되어 있습니다. 여기서는 정지점의 추가, 삭제, 이동 방법을 살펴봅시다.

＊추가	＊삭제	＊이동
아래쪽 변에 마우스 커서를 대고 로 바뀌었을 때 클릭하면 [정지점]을 추가할 수 있습니다.	[정지점]을 선택하고 [Delete Stop(멈춤 삭제)] 버튼 을 클릭하면 삭제할 수 있습니다.	[정지점]을 드래그하면 이동시킬 수 있습니다.

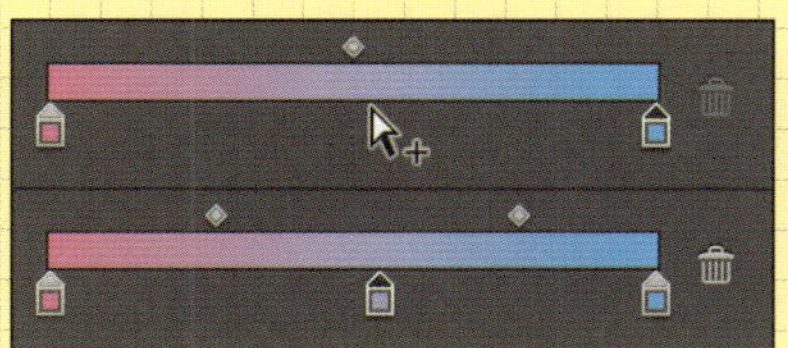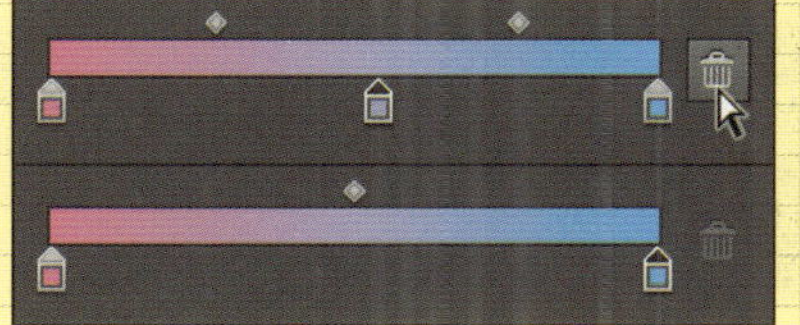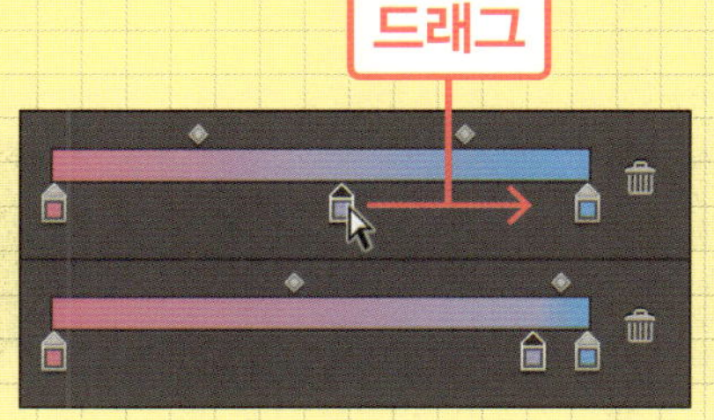

07 그룹화하기

예제 파일 **0207a.ai**
완성 파일 **0207b.ai**

여러 개의 도형을 하나의 그룹으로 묶는 것을 'Group(그룹화)'라고 합니다. 여기서는 로고 전체를 그룹화하는 방법을 배웁니다.

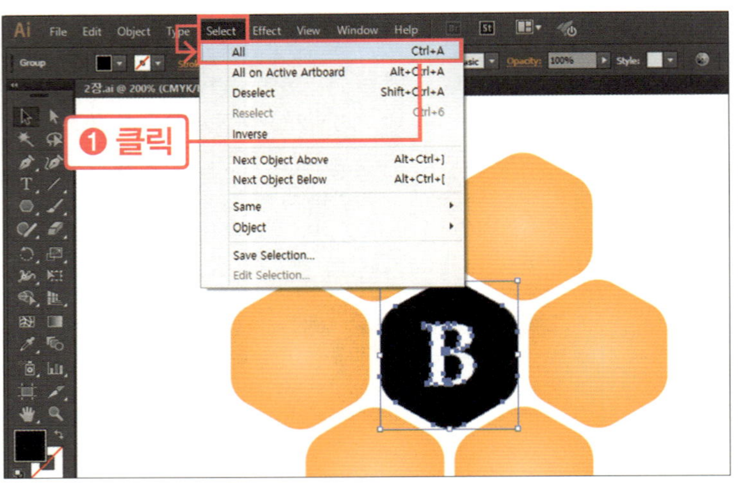

1 모두 선택하기

❶ [Select(선택)] 메뉴 → [All(모두)]을 클릭합니다.

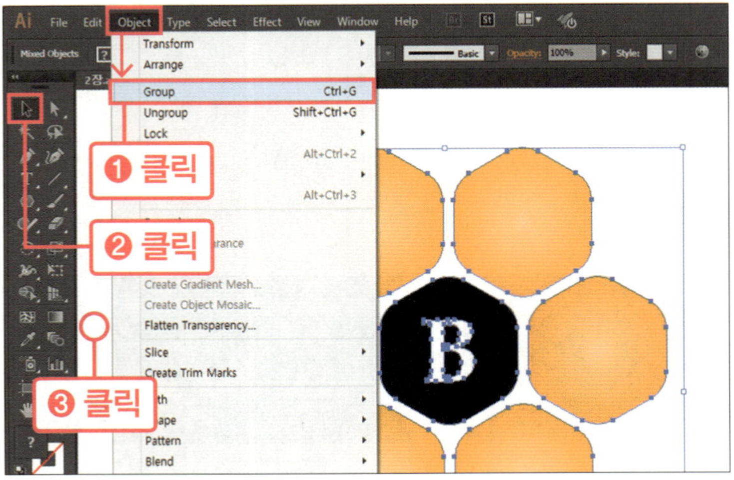

2 그룹화하기

로고 전체가 선택됩니다. ❶ [Object(오브젝트)] 메뉴 → [Group(그룹)]을 클릭합니다. ❷ [Selection] 툴 을 클릭하고 ❸ 화면의 공백을 클릭하여 선택을 해제합니다.

3 그룹화됨

로고가 그룹화되어 하나의 오브젝트로 취급할 수 있게 되었습니다. ❶ 시험 삼아 드래그하여 이동시켜보면, 로고 전체가 통째로 움직이는 것을 알 수 있습니다.

4 로고 완성

이것으로 로고가 완성되었습니다. ❶ 화면의 공백을 클릭하여 선택을 해제합니다. 마지막으로 P.44~45에서 설명한 방법대로 저장합니다.

---

check! 그룹화란?

여러 개의 도형을 '그룹화'하면 하나의 오브젝트로 취급할 수 있습니다. 특히 로고와 같이 하나로 묶어서 다루고 싶은 도형을 그룹화하면 각각 따로 떨어지는 현상을 방지하여 관리나 조작이 편해집니다.

그룹을 해제하려면 [Object] 메뉴 → [Ungroup(그룹 풀기)]을 클릭합니다.

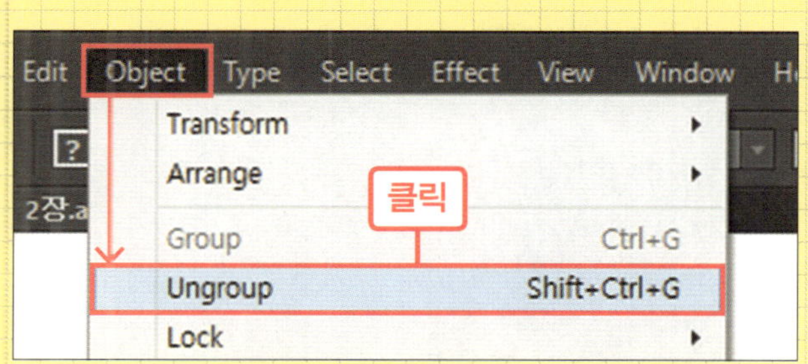

붙여넣기의 차이

Illustrator에서 가장 많이 사용하는 기능으로 [Cut(자르기)], [Copy(복사)], [Paste(붙이기)]가 있습니다. 이 장에서도 [Copy]와 [Paste]를 사용하여 도형을 복사했습니다. [Edit(편집)] 메뉴를 클릭하면 사용할 수 있는 기능 목록이 표시됩니다.

이 3가지 기능 중에서도 붙여넣기는 총 5종류로, 복사(또는 자르기)한 도형의 배치를 세세하게 지정할 수 있습니다. 원하는 장소에 재빨리 배치할 수 있으면 작업 효율도 높아지므로 여기서는 위에서부터 4개의 붙여넣기 기능의 차이에 대해 배워 봅시다.

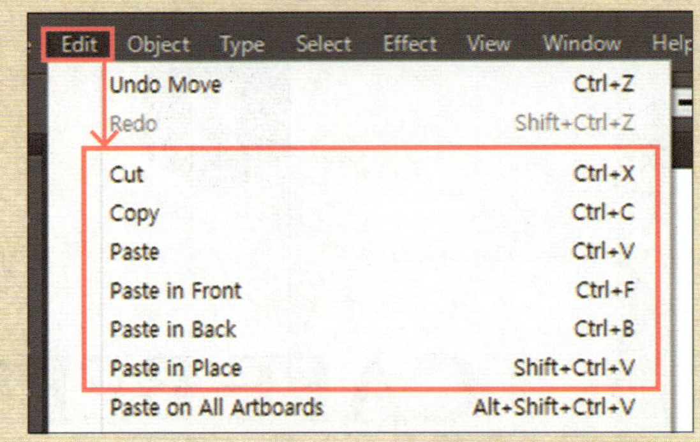

오른쪽 샘플에서는 컬러풀한 색종이가 5장 나열되어 있습니다. 핑크색 색종이를 선택하여 [Edit] 메뉴 → [Cut]을 클릭합니다. 핑크색 색종이가 잘려서 색종이는 모두 4장이 되었습니다. 이 상태에서 [Edit] 메뉴에서 아래 4가지 붙여넣기를 실행합니다.

*Paste

[Paste(붙이기)]를 실행하면 자른 색종이가 화면의 중앙 맨 앞에 배치됩니다.

*Paste in Front

오렌지색 색종이를 선택하고 [Paste in Front(앞에 붙이기)]를 실행하면 자른 색종이가 선택한 색종이의 전면에 배치됩니다(아무것도 선택하지 않은 경우는 동일한 위치의 맨 앞에 배치됩니다).

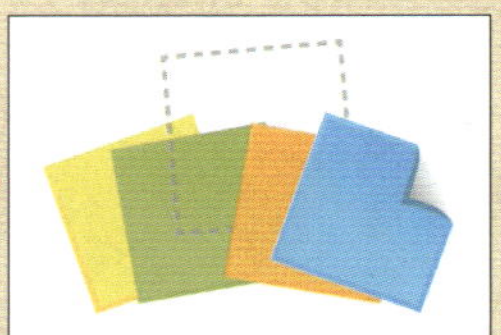

*Paste in Place

[Paste in Place(제자리에 붙이기)]를 실행하면 자른 색종이가 동일한 위치의 맨 앞에 배치됩니다.

*Paste in Back

초록색 색종이를 선택하고 [Paste in Back(뒤에 붙이기)]을 실행하면 자른 색종이가 선택한 색종이의 후면에 배치됩니다(아무것도 선택하지 않은 경우는 동일한 위치의 맨 뒤에 배치됩니다).

배치한 도형의 순서를 바꾸는 방법

배치한 도형의 순서를 나중에 바꿀 수도 있습니다. [Object] 메뉴에서 [Arrange(정돈)]에 있는 4개의 메뉴를 사용하여 순서를 바꿉니다. 붙여넣기의 차이와 같이 기억해두면 편리합니다.

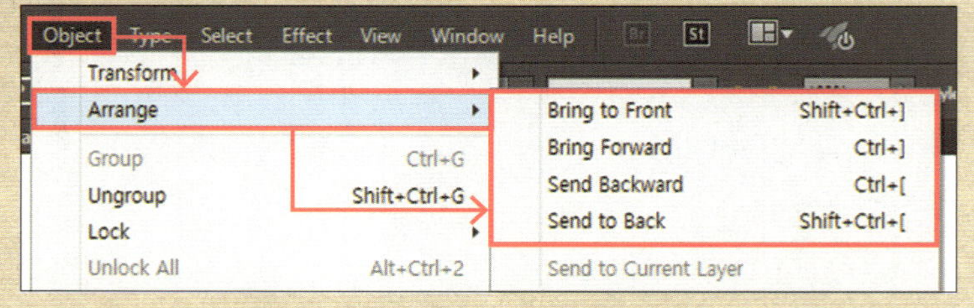

| 제 3 장 |

명함 만들기

제3장에서는 인쇄소에 데이터를 넘기는 것을 전제로 한 오리지널 명함을 만듭니다. 이 장을 통해 인쇄 데이터의 작성 방법과 로고의 배치 방법, 문자를 정렬하는 방법을 익힙니다.

명함 만들기

완성 이미지

B
CAFE BEES
매니저
김 하니
110-809 서울시 종로구 대학로 1012
02-9999-1234
cafebees@example.com
POINT 1
POINT 2
POINT 3
POINT 4

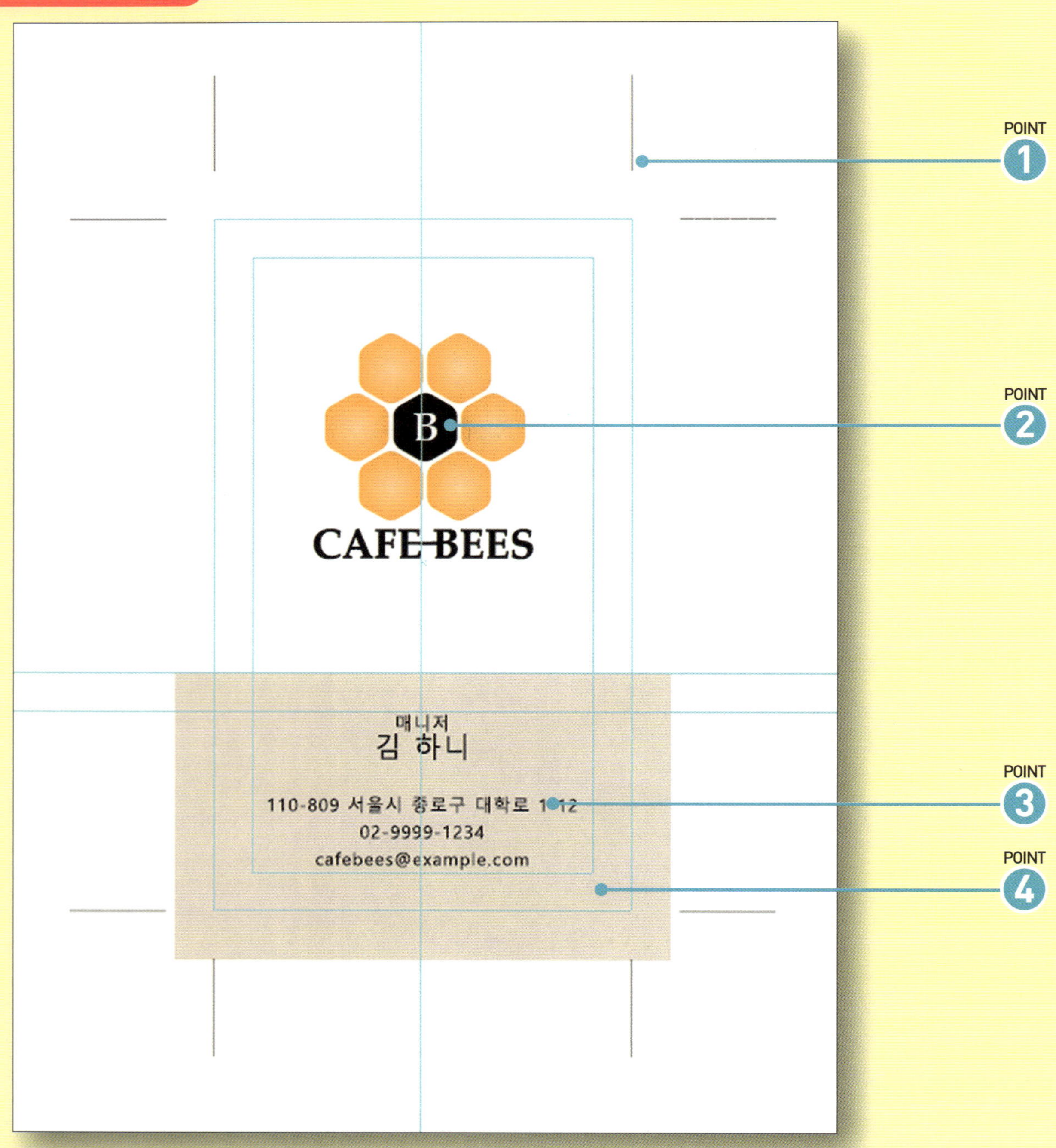

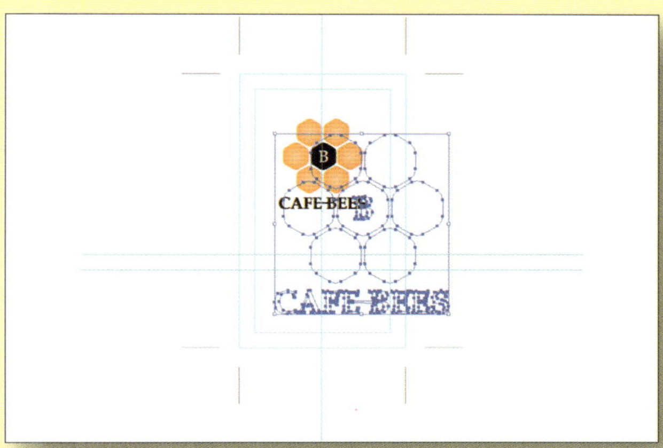

POINT

1 트림 마크와 안내선 작성하기

인쇄물을 재단할 때 사용하는 트림 마크와 레이아웃의 기준
이 되는 안내선을 작성합니다.

➡ **P.72**

POINT

2 로고 배치하기

다른 Illustrator 파일로부터 로고를 복사하여 작업 파일에
붙여 넣습니다. 변형 패널을 사용하여 로고의 크기와 위치
를 조정합니다.

➡ **P.78**

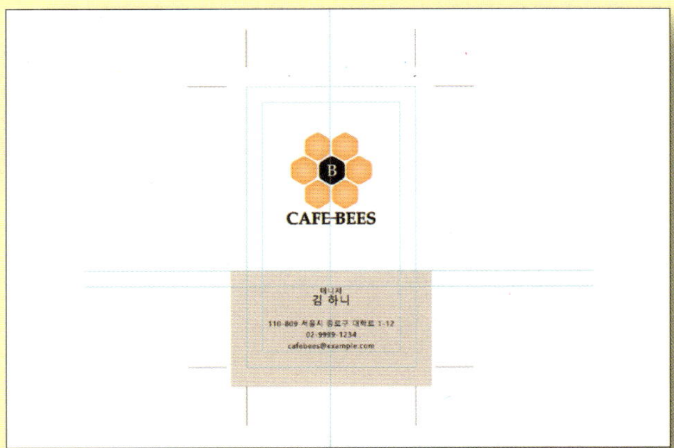

POINT

3 문자 입력하고 정렬시키기

명함에 들어갈 내용(문자 정보)을 입력합니다. 또한 정렬 패
널을 사용하여 로고와 문자 정보를 정렬시킵니다.

➡ **P.82**

POINT

4 띠 그리기

명함에 띠를 그립니다. '겹치기 순서'를 바꿈으로써 전면에
그린 띠를 문자의 배경으로 이동시켜 명함을 완성시킵니다.

➡ **P.88**

예제 파일 **없음**
완성 파일 **0301b.ai**

명함 틀 만들기

먼저 인쇄소에 넘길 때 필요한 '트림 마크'의 작성 방법과 레이아웃의 기준이 되는 '안내선'의 설정 방법을 배웁니다.

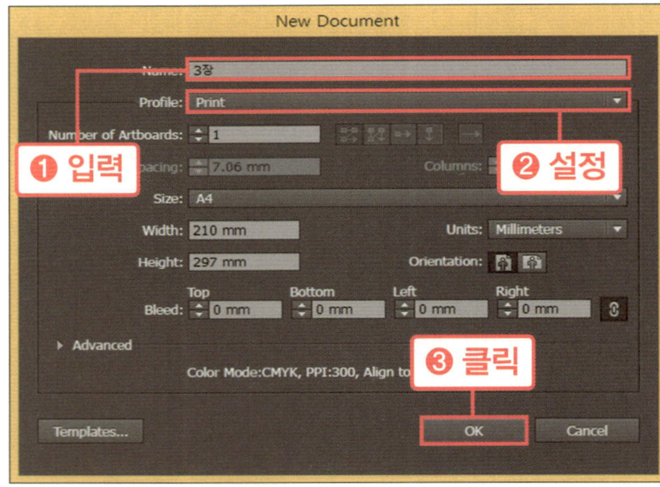

1 새 문서 작성하기

[File(파일)] 메뉴 → [New(새 문서)]를 클릭합니다. ❶ [New Document(새 문서)] 대화상자가 나타나면 [Name]에 '3장'이라고 입력하고, ❷ [Profile]을 [Print]로 설정한 후 ❸ [OK] 버튼을 클릭합니다.

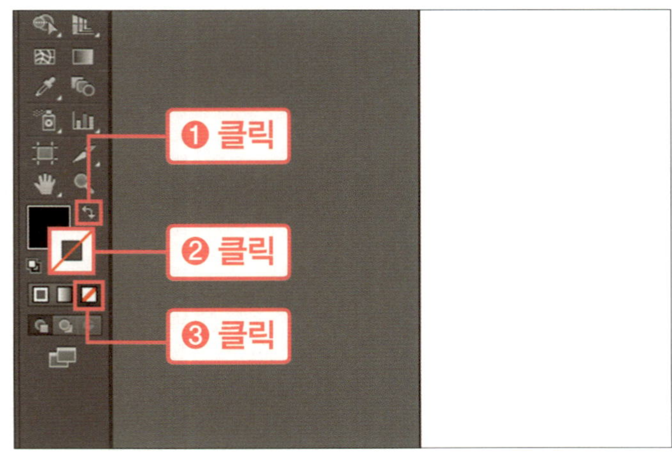

2 선과 칠 설정하기

❶ [Swap Fill and Stroke(칠과 선 교체)] 버튼을 클릭하여 면을 'Black', 선을 'White'로 설정합니다. 그 다음 ❷ [Stroke] 상자를 클릭하고, ❸ [None(없음)] 버튼을 클릭합니다.

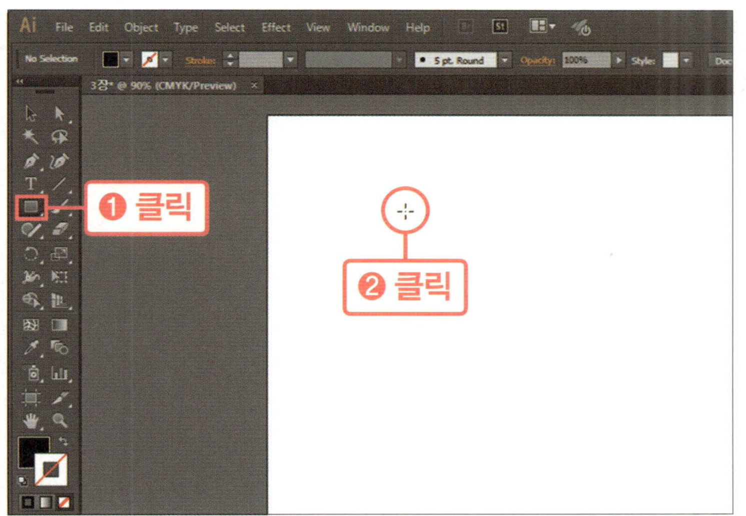

3 직사각형 그리기

명함 크기의 직사각형을 그립니다. ❶ [Rectangle (사각형)] 툴 을 클릭하고 ❷ 아트보드를 클릭합니다.

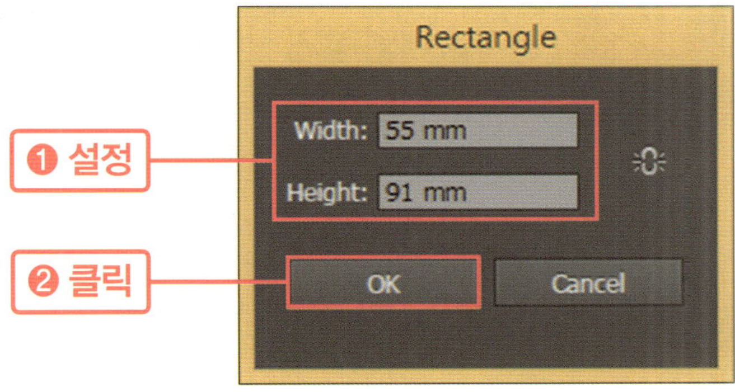

4 명함 크기 설정하기

[Rectangle(사각형)] 대화상자가 표시되면 ❶ 아래와 같이 명함의 크기를 설정하고 ❷ [OK] 버튼을 클릭합니다.

Width	55mm
Height	91mm

5 트림 마크 작성하기

명함 크기로 된 직사각형을 그렸으면 이 직사각형을 기준으로 해서 트림 마크를 작성합니다. ❶ [Object (오브젝트)] 메뉴 → [Create Trim Marks(재단 보기 만들기)]를 클릭합니다.

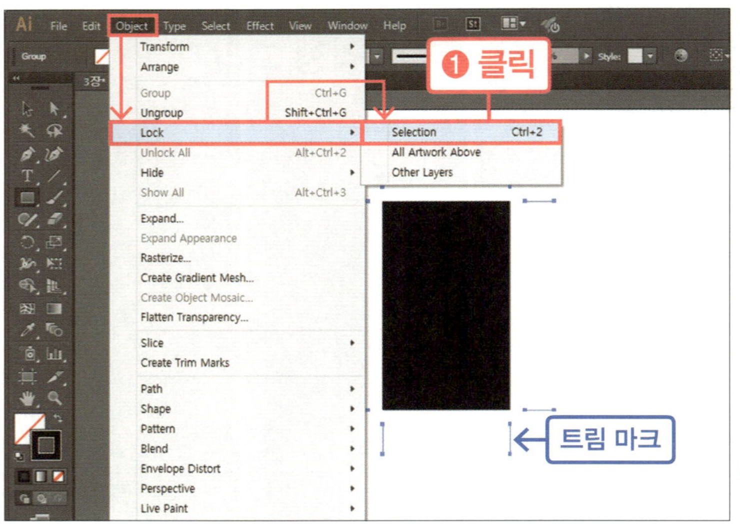

6 트림 마크 잠그기

트림 마크가 만들어지면 실수로 이동시키지 않도록
잠급니다. ❶ [Object] 메뉴 → [Lock(잠금)] →
[Selection(선택)]을 클릭합니다.

memo

'트림 마크'는 인쇄물을 재단할 때 기준이 되는 선입니다.

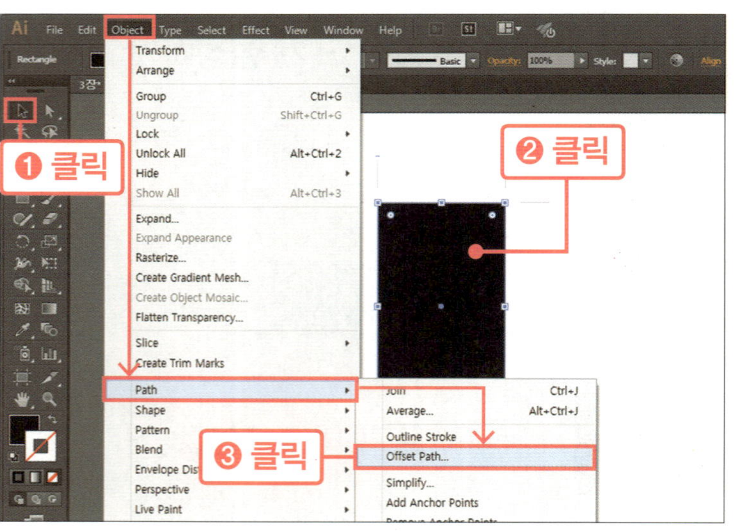

7 명함의 안쪽에 직사각형 그리기

명함에서 '5mm' 안쪽에 로고나 글자 배치 시 기준
이 되는 직사각형을 그립니다. ❶ [Selection] 툴
을 클릭하고 ❷ 직사각형을 클릭합니다. 그 다
음 ❸ [Object] 메뉴 → [Path(패스)] → [Offset
Path(패스 이동)]를 클릭합니다.

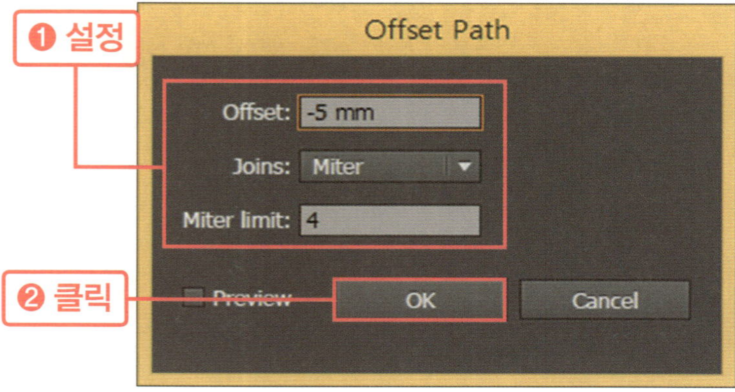

8 항목 설정하기

❶ [Offset Path] 대화상자가 표시되면 아래와 같이
설정하고 ❷ [OK] 버튼을 클릭합니다.

Offset(이동)	−5mm
Joins(연결)	Miter(각지게)
Miter limit(각의 한계)	4

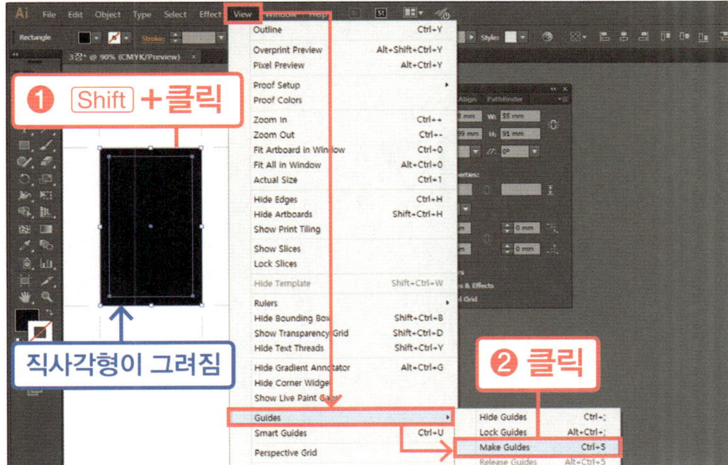

9 직사각형을 안내선으로 변환하기

'5mm' 안쪽으로 직사각형이 그려집니다. ❶ Shift 를 누른 채로 바깥쪽 직사각형을 클릭하여 2개의 직사각형을 선택합니다. 그 다음 이것을 안내선으로 변환합니다. ❷ [View(보기)] 메뉴 → [Guides(안내선)] → [Make Guides(안내선 만들기)]를 클릭합니다.

memo

'안내선(Guide)'이란 레이아웃의 기준이 되는 선으로, 실제로 인쇄되지는 않습니다.

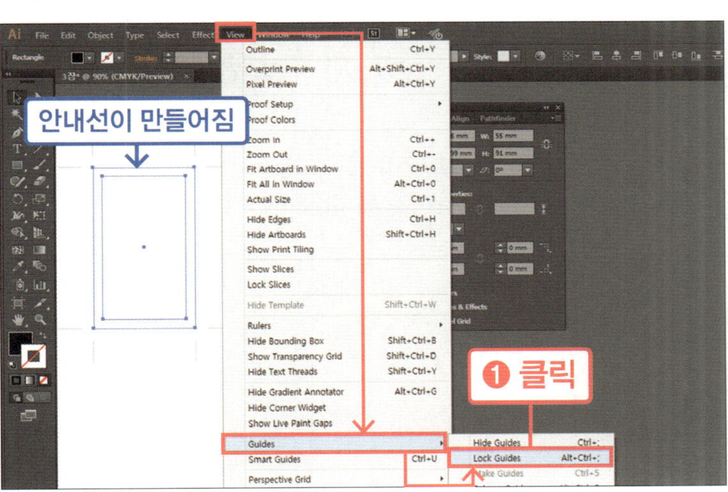

10 안내선 잠그기

안내선이 만들어졌으면 실수로 이동시키지 않도록 잠급니다. ❶ [View] 메뉴 → [Guides] → [Lock Guides(안내선 잠그기)]를 순서대로 클릭하여 체크 표시를 합니다.

memo

'Lock Guides'에 체크 ✔를 하면 이 후 작성하는 안내선도 모두 잠금 상태가 됩니다. 체크를 해제하면 잠금이 해제됩니다. 이미 체크 ✔가 붙어 있는 경우는 그대로 두기 바랍니다.

check! 패스 이동이란?

[Offset Path(패스 이동)]를 사용하면 선택한 패스(도형)의 안쪽 또는 바깥쪽에 또 하나의 패스를 작성할 수 있습니다. [Offset]에 '−(마이너스)' 수치를 지정하면 전면의 안쪽에, '+(플러스)' 수치를 지정하면 배경의 바깥쪽에 패스가 작성됩니다.

[Joins(연결)]도 [Miter(각지게)], [Round(둥글게)], [Bevel(경사)]과 같이 3종류를 선택할 수 있으므로 용도에 맞춰 사용하기 바랍니다.

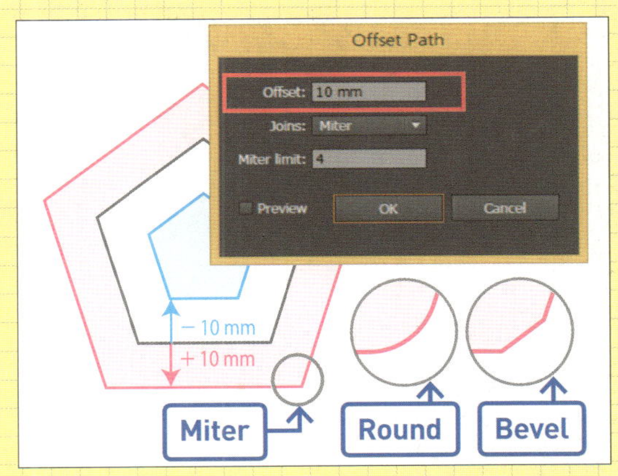

02 눈금자 설정하기

예제 파일 **0302a.ai**
완성 파일 **0302b.ai**

도형이나 문자를 정확한 위치에 레이아웃할 때는 'Ruler(눈금자)'를 사용하면 편리합니다. 먼저 Ruler를 표시하고 눈금자를 사용하여 안내선을 긋는 방법을 배웁니다.

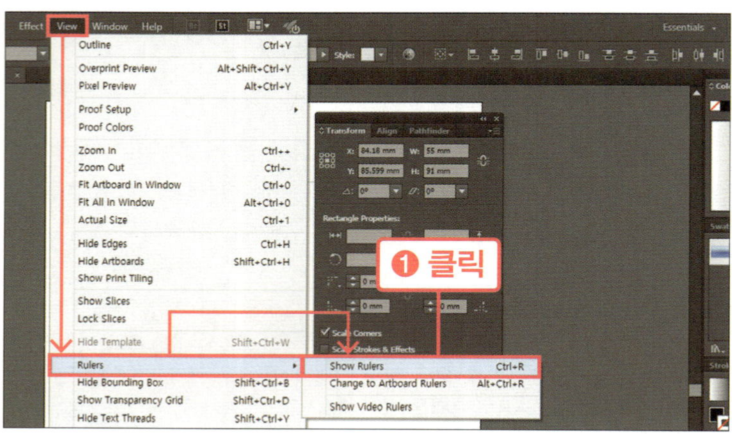

1 눈금자 표시하기

❶ [View(보기)] 메뉴 → [Rulers(눈금자)] → [Show Rulers(눈금자 표시)]를 클릭합니다.

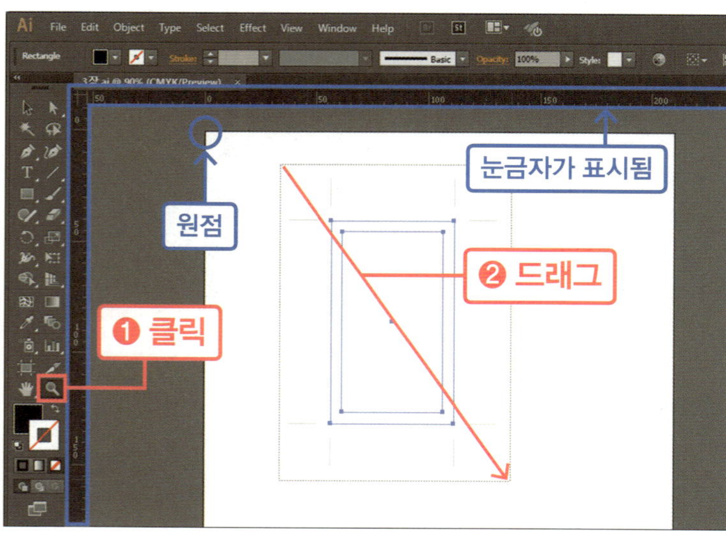

2 눈금자가 표시됨

문서 창의 왼쪽과 위쪽에 눈금자가 표시됩니다. 아트보드의 왼쪽 위가 눈금자의 '원점(눈금이 0mm인 위치)'으로 설정되어 있습니다. ❶ [Zoom] 툴을 클릭하고 ❷ 트림 마크를 둘러싸듯이 드래그하여 화면을 확대합니다.

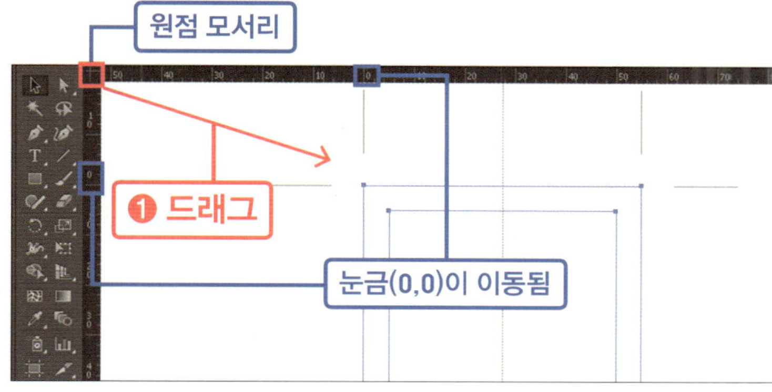

3 원점 설정하기

❶ 그림과 같이 눈금자의 왼쪽 위 모서리에서 명함의 왼쪽 위 모서리까지 드래그합니다. 자의 눈금이 이동하여 원점이 명함의 왼쪽 위로 설정됩니다. 이로써 명함의 크기를 쉽게 알 수 있습니다.

4 안내선 긋기

레이아웃의 기준이 되는 안내선을 긋습니다. ❶ 그림과 같이 왼쪽 눈금에서 사각형의 중심점까지 드래그합니다. 그 다음 ❷ 자의 눈금 '60mm'와 '65mm' 위치를 순서대로 더블클릭합니다. 3개의 안내선이 그어졌으면 설정이 끝난 것입니다.

memo

확대 비율에 따라 자의 눈금자의 표시(정밀도)가 다를 수 있습니다.

---

check! 눈금자의 기본 조작

눈금자는 아트보트의 왼쪽 위를 '원점(눈금이 0mm인 위치)'으로 하여 새 문서를 작성할 때 설정한 단위(여기서는 '밀리미터')로 표시됩니다. 이로써 실제 크기를 확인하면서 도형을 그리거나 배치를 할 수 있습니다.

＊원점을 초기 설정으로 되돌리기

이동시킨 원점을 초기 설정으로 되돌리려면 눈금자의 왼쪽 위 모서리를 더블클릭합니다.

＊눈금자 숨기기

눈금자를 숨기려면 [View] 메뉴 → [Rulers(눈금자)] → [Hide Rulers(눈금자 숨기기)]를 클릭합니다.

03 로고를 다른 파일로부터 복사하기

예제 파일 **0303a.ai**
완성 파일 **0303b.ai**

로고는 다른 Illustrator 파일로 저장되어 있습니다. 여기서는 로고를 다른 Illustrator 파일로부터 복사하여 작업 중인 파일에 붙여 넣는 방법을 배웁니다.

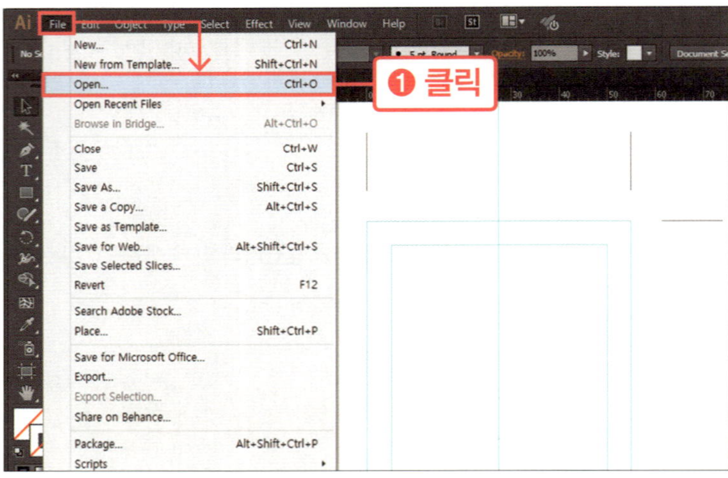

1 로고가 저장되어 있는 파일 열기

❶ [File(파일)] 메뉴 → [Open(열기)]을 클릭합니다.

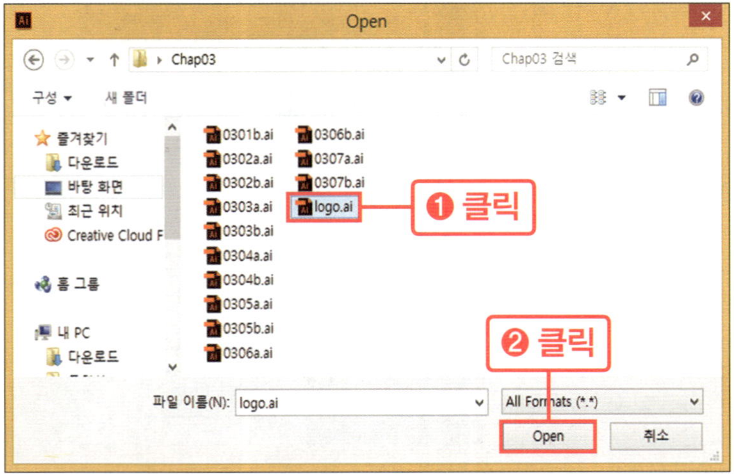

2 파일 선택하기

❶ [Open] 대화상자가 표시되면 [바탕 화면]의 [Chap03] 폴더에서 'logo.ai'를 클릭하고 ❷ [Open] 버튼을 클릭합니다.

memo

P.14를 참고하여 미리 [Chap03] 폴더를 바탕 화면에 복사해놓습니다.

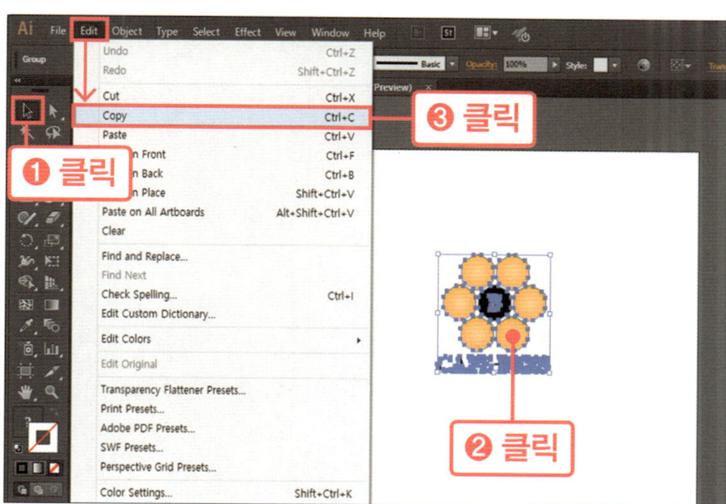

3 로고 복사하기

문서 창에 탭이 늘어나 Illustrator 파일이 하나 더 열립니다. ❶ [Selection] 툴 을 클릭하고 ❷ 로고를 클릭합니다. 그 다음 ❸ [Edit(편집)] 메뉴 → [Copy(복사)]를 순서대로 클릭합니다.

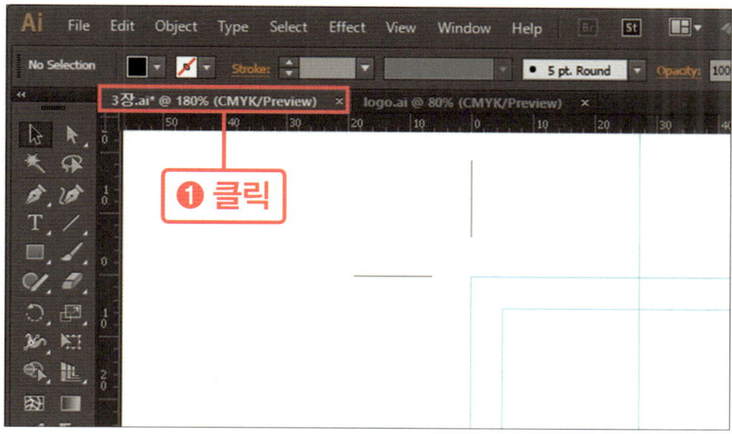

4 문서 전환하기

❶ [3장] 탭을 클릭하여 문서를 전환합니다.

memo

예제 파일을 사용하여 작업을 하고 있는 경우에는 [0303a.ai] 탭을 클릭합니다.

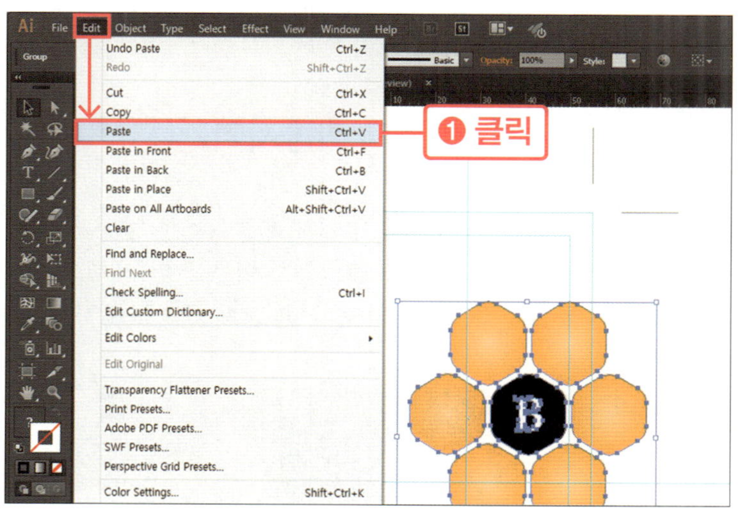

5 로고 붙여넣기

❶ [Edit(편집)] 메뉴 → [Paste(붙이기)]를 클릭하여 좀 전에 복사한 로고를 아트보드에 복사합니다.

04 로고 배치하기

예제 파일 **0304a.ai**
완성 파일 **0304b.ai**

변형 패널을 사용하면 수치를 지정하여 도형을 확대 및 축소, 이동할 수 있습니다. 여기서는 로고를 축소하여 지정한 위치에 배치하는 방법을 배웁니다.

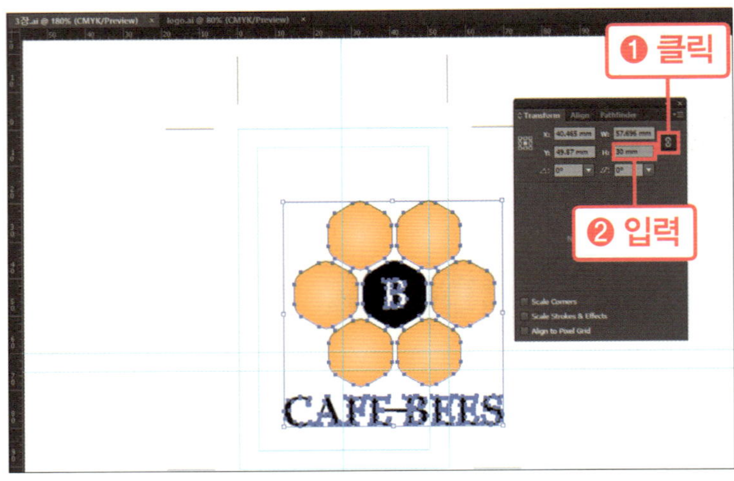

1 로고의 크기 바꾸기

❶ 로고를 선택한 상태에서 [Transform(변형)] 패널의 [Constrain Width and Height Proportions (폭 및 높이 비율을 제한합니다)] 아이콘 의 링크가 떨어져 있는 모양이면 클릭하여 링크를 연결시킵니다 . ❷ [H(높이)]에 '30'을 입력하고 Enter (Mac: return)를 누릅니다.

memo

[Transform] 패널은 P.73의 Step **3**에서 직사각형을 그릴 때 자동으로 열립니다. 자동으로 열리지 않는 경우는 [Window(윈도우)] 메뉴 → [Transform(변형)]을 클릭합니다.

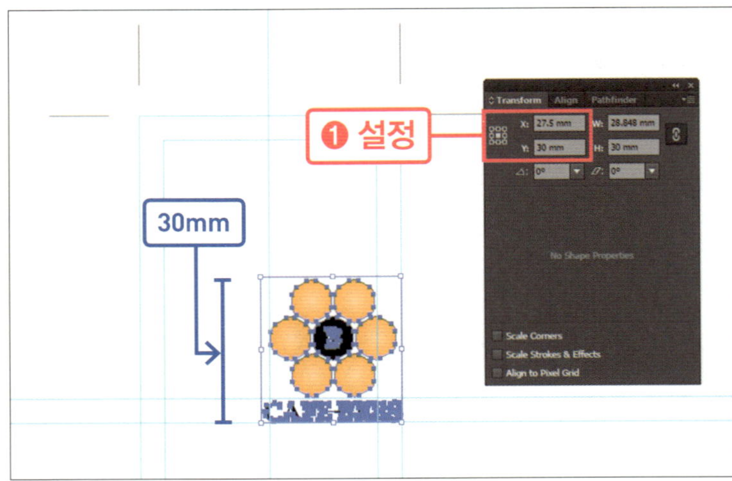

2 로고 이동시키기

가로세로 비율을 유지한 채로 높이가 '30mm'로 바뀝니다. 그 다음 ❶ 로고를 이동시키기 위해 아래와 같이 설정하고 Enter (Mac: return)를 누릅니다.

Reference Point(기준점)	중심
X 좌표값	27.5mm(명함의 중심)
Y 좌표값	30mm

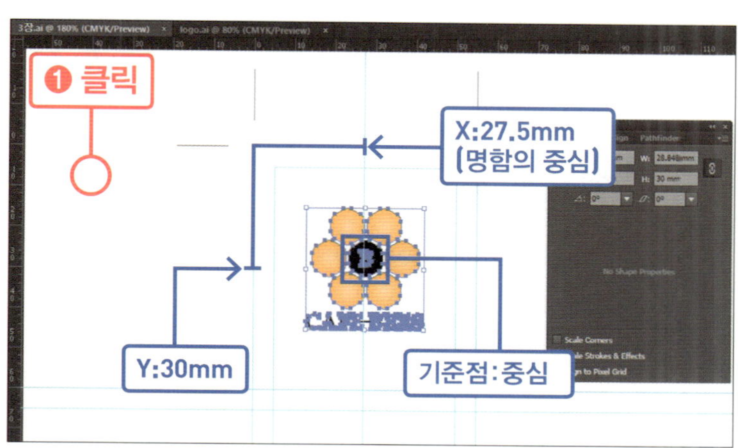

3 배치됨

① 로고가 지정한 위치에 배치되면 [Selection] 툴 로 화면의 공백을 클릭하여 선택을 해제해둡니다.

check! 변형 패널은 만능 패널

[Transform] 패널은 다양한 조작을 할 수 있는 만능 패널입니다. 여기서는 5가지 설정을 살펴봅시다.

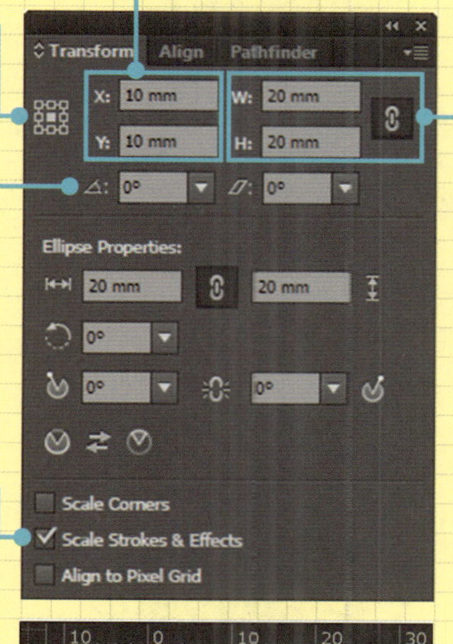

*기준점

[Reference Point(참조점)]를 설정하면 바운딩 박스의 어느 위치를 기준으로 하여 변형 및 이동 조작을 할 것인지 지정할 수 있습니다.

*회전

회전에 수치를 지정하면 도형을 정확한 각도로 회전시킬 수 있습니다. 회전의 축은 기준점에서 지정한 위치가 됩니다.

*선 두께와 효과의 확대 및 축소

선이 있는 도형이나 효과가 설정되어 있는 도형을 확대 및 축소하는 경우, 체크를 하면 선 두께와 효과의 크기도 함께 바꿀 수 있습니다. 체크를 하지 않고 확대나 축소를 하면 도형의 크기만 바뀌고, 선의 두께나 효과의 값은 변경되지 않습니다. 도형을 확대나 축소할 때의 주의사항에 대해서는 P.22를 참조합니다.

*이동

눈금자를 기준으로 하여 이동할 X 좌표값(수평 방향)과 Y 좌표값(수직 방향)에 수치를 지정함으로써 도형을 정확한 위치로 이동시킬 수 있습니다.

*크기 변경

W(너비)와 H(높이)에 수치를 지정하면 도형을 정확한 크기로 변경할 수 있습니다. [가로세로비 고정] 링크가 인 경우, 가로세로비를 고정시켜 크기를 변경할 수 있습니다. 링크가 인 경우는 W(너비)와 H(높이)를 개별적으로 변경할 수 있습니다.

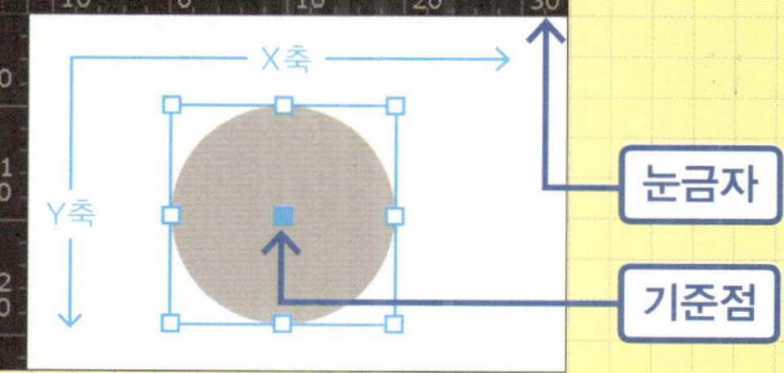

05 문자 입력하기

예제 파일 **0305a.ai**
완성 파일 **0305b.ai**

명함에 이름과 주소, 메일 주소 등과 같은 문자 정보를 입력합니다. 또한 문자 패널을 사용하여 입력한 문자를 설정하는 방법도 배웁니다.

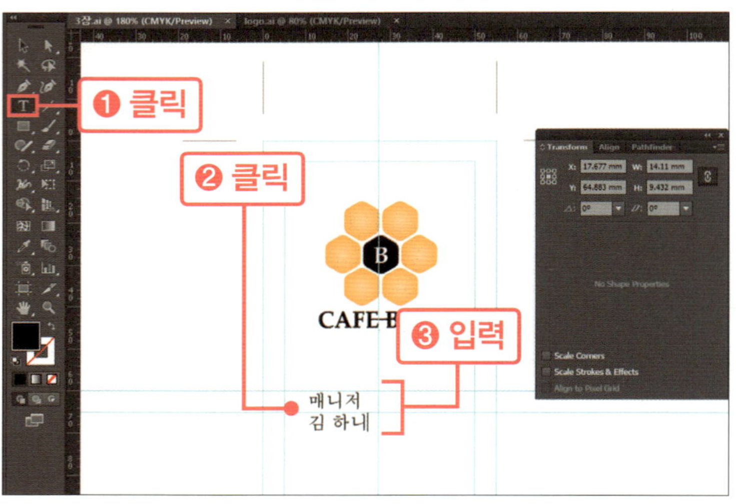

1 이름 입력하기

❶ [Type(문자)] 툴 **T** 을 클릭하고 ❷ 그림과 같은 위치를 클릭합니다. 그 다음 직함으로 '매니저'를 입력하고 ❸ Enter (Mac: return)를 눌러서 줄을 바꾸고 계속해서 이름을 입력합니다.

memo

여기서는 자신의 정보를 입력해봅시다.

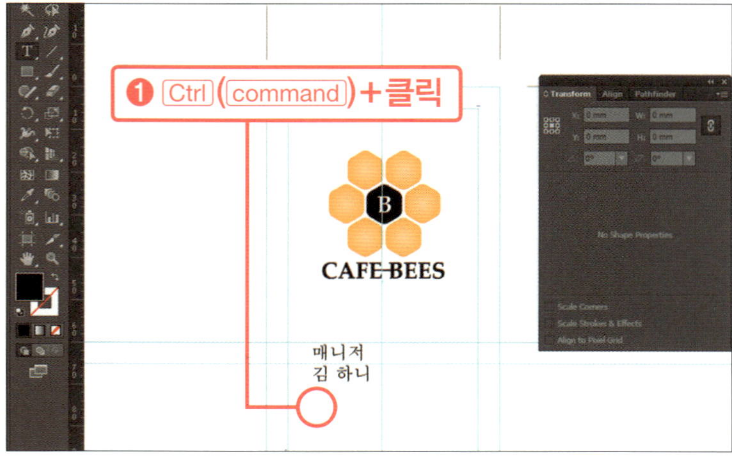

2 문자의 입력 조작 끝내기

❶ Ctrl (Mac: command)을 누른 상태에서 화면의 공백을 클릭하여 입력 조작을 끝냅니다.

memo

문자의 입력 조작을 끝내는 방법에 대해서는 P.57을 참조합니다.

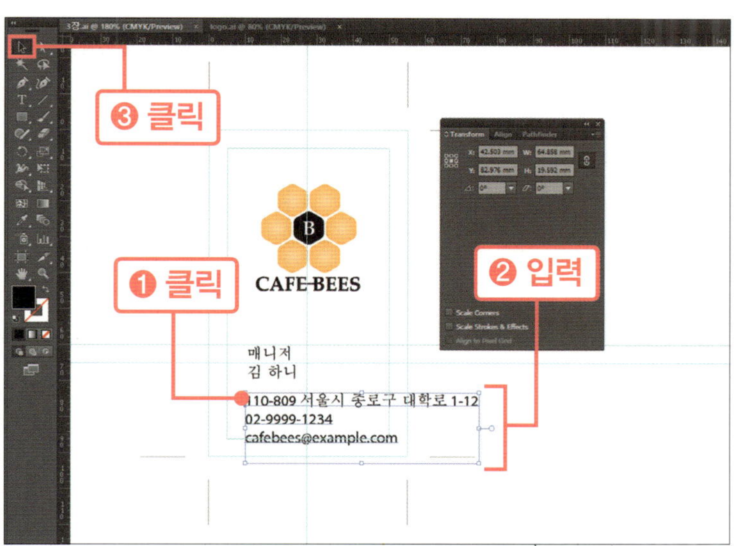

3 가게 정보 입력하기

① 그림과 같은 위치를 클릭하고 ② 주소, 전화번호, 메일 주소를 입력합니다. ③ 입력이 끝났으면 [Selection] 툴 을 클릭하여 문자를 선택 상태로 만듭니다.

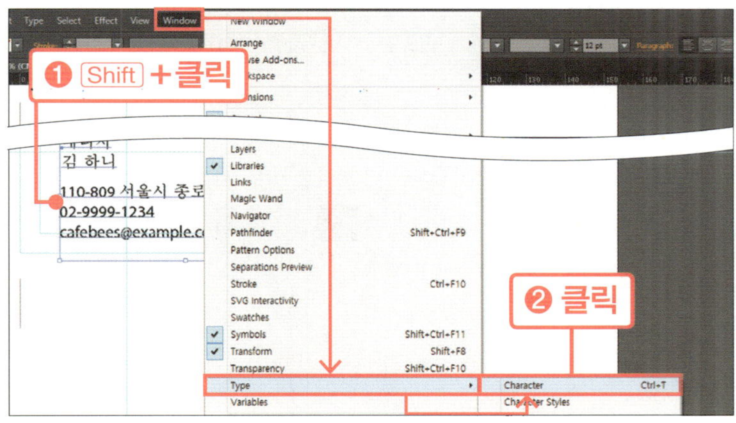

4 문자 패널 표시하기

① Shift 를 누른 상태에서 이름을 클릭하여 문자를 모두 선택합니다. ② [Window(윈도우)] 메뉴 → [Type(문자)] → [Character(문자)]를 클릭하여 [Character(문자)] 패널을 표시합니다.

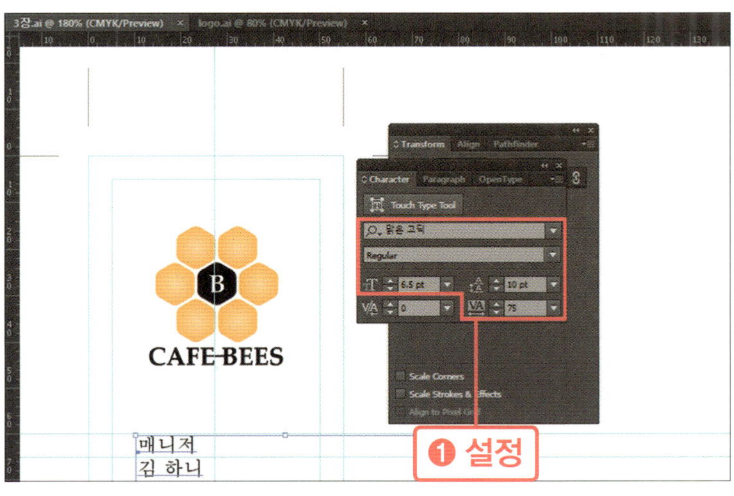

5 문자 설정하기

① [Character] 패널을 아래와 같이 설정합니다.

	Windows	Mac
글꼴	맑은 고딕	AppleGothic
글꼴 스타일	Regular	W3
글꼴 크기	6.5pt	
행간	10pt	
문자 트래킹	75	

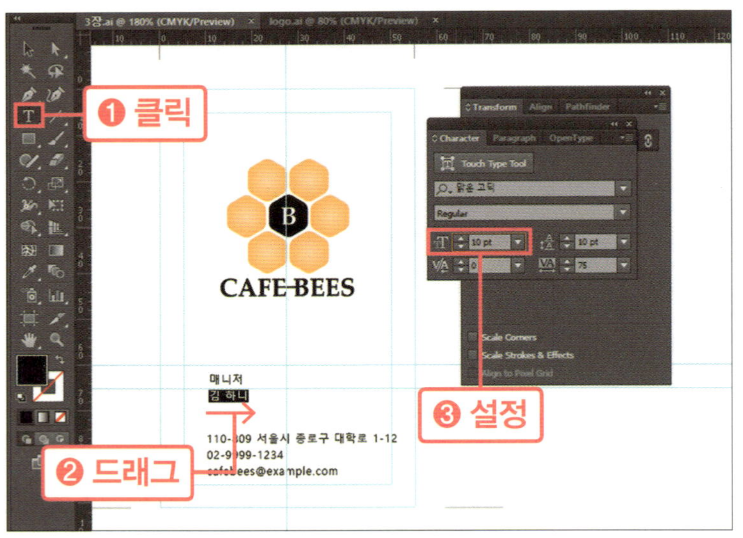

6 문자의 일부 편집하기

글자가 작아지면 이제 글자의 일부를 선택합니다.
❶ [Type] 툴 T 을 클릭하고 ❷ 이름을 드래그합
니다. ❸ 이름이 검게 하이라이트되면 [Character]
패널의 [Font Size]를 '10pt'로 설정합니다.

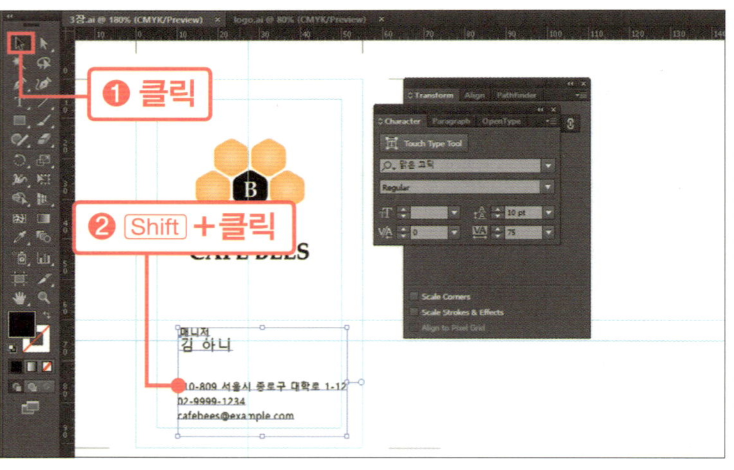

7 문자 선택하기

선택한 글자만 크게 바뀝니다. 그 다음 왼쪽으로 정
렬된 글자를 가운데 맞춤으로 바꿉니다.
❶ [Selection] 툴 을 클릭하고 ❷ Shift 를 누른
상태에서 주소를 클릭하여 글자를 모두 선택합니다.

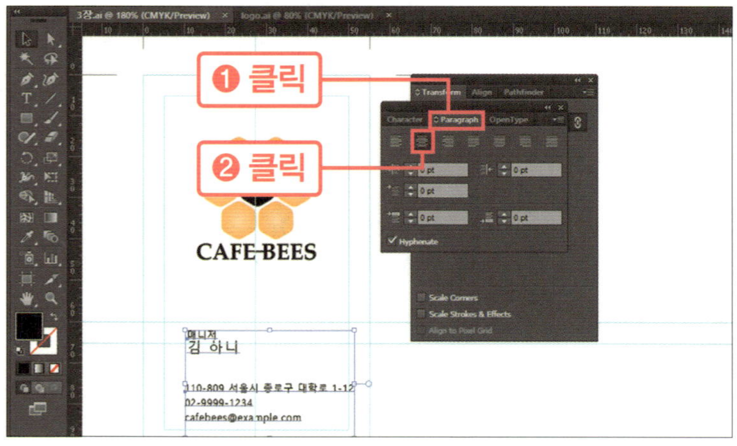

8 문자를 가운데로 맞추기

❶ [Paragraph(단락)] 패널 탭을 클릭하여 전면에
표시합니다. 그 다음 ❷ [Align center(가운데 정
렬)] 버튼 을 클릭합니다.

memo

[Paragraph] 패널이 표시되지 않는 경우는 [Window]
메뉴 → [Type] → [Paragraph]를 클릭합니다.

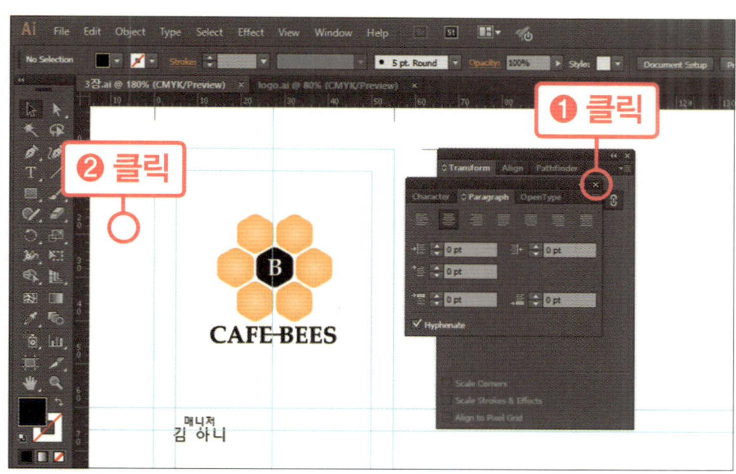

9 문자 설정 끝내기

글자가 모두 가운데로 정렬되면 문자의 설정은 끝 났습니다. ❶ [Paragraph] 패널의 ✕ 버튼을 클릭 하여 패널을 닫습니다. 또한 ❷ 화면의 공백을 클 릭하여 선택을 해제해둡니다.

문자 패널을 살펴보자

[Character] 패널을 사용하면 문자와 관련된 다양한 설정을 할 수 있습니다. 여기서는 자주 사용하는 설정 항목을 살펴봅시다.

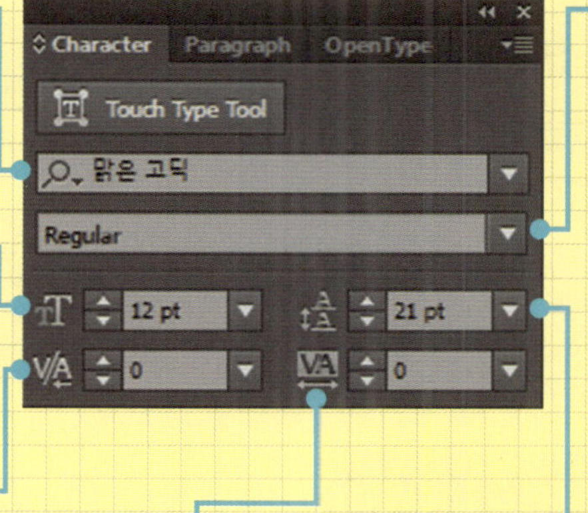

✱ 글꼴

글꼴의 종류를 선택합니다. ▼를 클릭하 면 컴퓨터에 설치되어 있는 글꼴이 표시 됩니다.

✱ 글꼴 크기

문자의 크기를 설정합니다. 'pt(포인트)'는 문자의 크기를 나타내는 단위로, '1pt'는 '약 0.35mm'입니다.

✱ 커닝(Kerning)

문자의 조합에 따라서는 좌우 간격이 비어 있는 것처럼 보이는 경우가 있습니다. 'Character' 툴 T 로 문자와 문자 사이를 클릭하여 깜빡이는 세로 선(커서)을 표시 한 후 커닝을 설정하면 부분적으로 좌우 의 간격을 조정할 수 있습니다.

✱ Font Style(스타일)

글꼴의 스타일을 설정합니다. 스타일은 글 꼴에 따라 다르지만 한글 글꼴에서는 주로 R(Regular)이나 B(Bold)와 같은 두께를 선택할 수 있습니다.

✱ Tracking(자간)

문자열을 선택하여 자간을 설정하면 문자 종류와 상관없이 모두 굿자의 좌우 간격 을 균일하게 조정할 수 있습니다.

✱ Leading(줄간)

문자열의 줄과 줄 사이의 간격을 조정합 니다. 초기 설정에서는 [Auto(자동)]로 설 정되어 있으며, 글꼴 크기의 '175%'로 자 동 조정됩니다.

chapter 3

06 정렬시키기

예제 파일 0306a.ai
완성 파일 0306b.ai

정렬 패널을 사용하면 도형이나 문자를 함께 정렬시킬 수 있습니다. 여기서는 로고에 맞춰 문자 정보를 정렬하는 방법을 배웁니다.

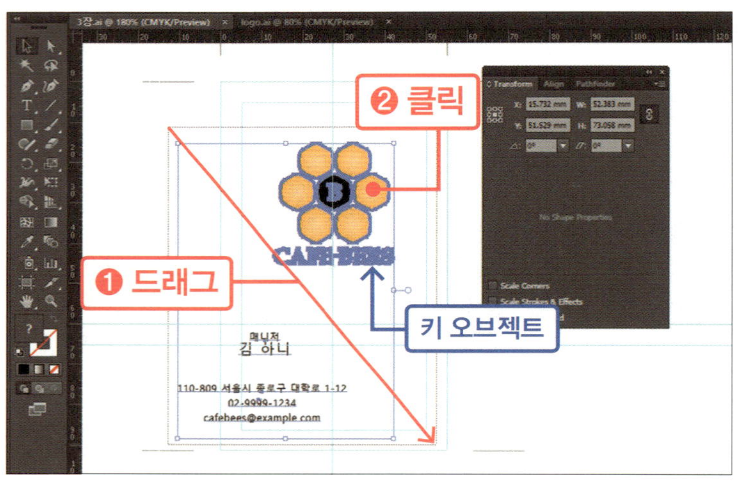

1 로고를 기준으로 설정하기

❶ [Selection] 툴 을 사용하여 로고와 문자 정보를 둘러싸듯이 드래그하여 모두 선택합니다. 그 다음 ❷ 로고를 클릭합니다. 로고의 아웃라인만 굵게 강조되어 정렬의 기준이 되는 '키 오브젝트(Key Object)'로 설정됩니다.

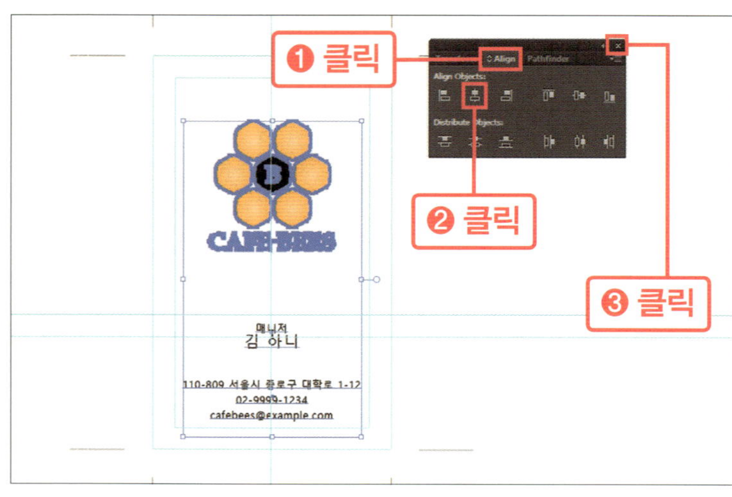

2 중앙으로 정렬하기

❶ [Align(정렬)] 패널 탭을 클릭하여 전면에 표시하고, ❷ [Horizontal Align Center(가로 가운데 정렬)] 버튼 을 클릭합니다. 키 오브젝트인 로고를 기준으로 문자가 중앙으로 정렬됩니다. ❸ [Align] 패널은 를 클릭하여 닫아둡니다.

memo

[Align] 패널이 표시되지 않는 경우는 [Window(윈도우)] 메뉴 → [Align(정렬)]을 클릭합니다.

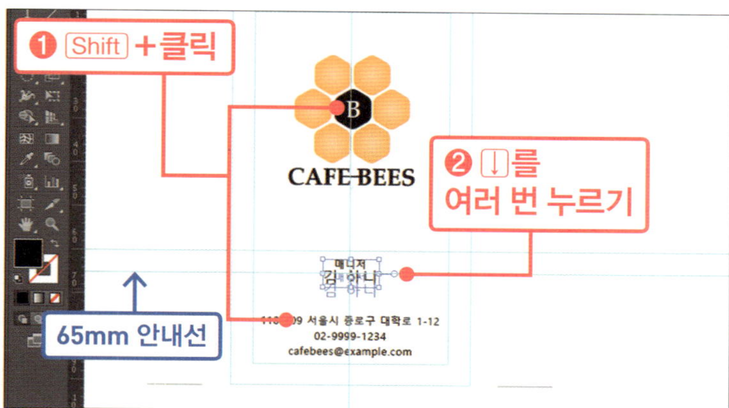

3 이름을 이동시키기

❶ [Selection] 툴 을 사용하여 Shift 를 누른 상태에서 로고, 가게 정보를 순서대로 클릭하여 이름만 선택된 상태로 만듭니다. 그 다음 ❷ ↓ 를 여러 번 눌러 이름을 '65mm' 위치에 그은 안내선 아래까지 이동시킵니다.

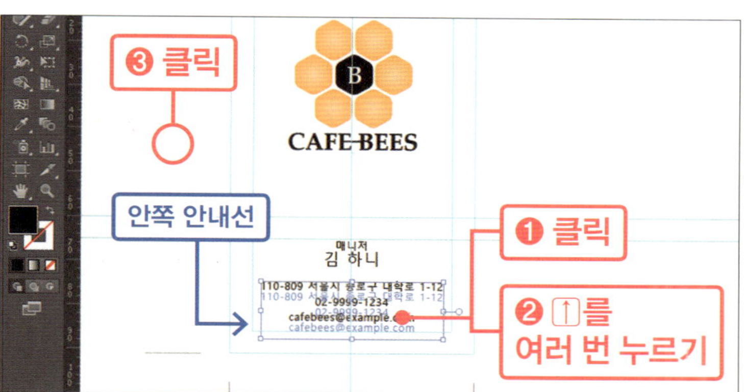

4 가게 정보를 이동시키기

❶ 가게 정보를 클릭하여 ❷ ↑(또는 ↓)를 여러 번 눌러 메일 주소 문자가 안쪽 안내선에 들어오도록 이동시킵니다. 이동이 끝났으면 문자 정보의 배치가 끝난 것입니다. ❸ [Selection] 툴 로 공백을 클릭하여 선택을 해제해둡니다.

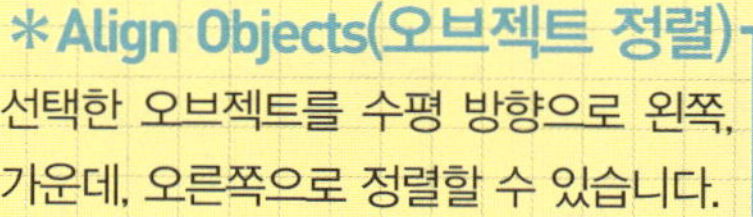

편리한 정렬 패널

[Align] 패널을 사용하면 선택한 도형이나 문자를 규칙적으로 나열하거나 동일 간격으로 분포시킬 수 있습니다.
패널에는 [Align Objects(오브젝트 정렬)]와 [Distribute Objects(오브젝트 분프)]라는 항목이 있으며 여러 가지 편리한 버튼이 나열되어 있습니다.

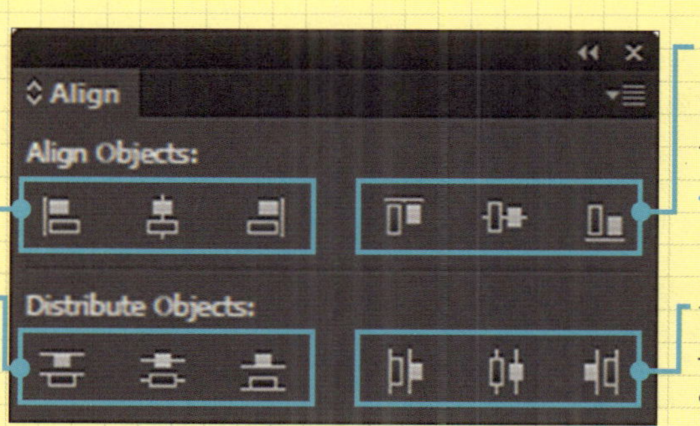

＊Align Objects(오브젝트 정렬)
선택한 오브젝트를 수평 방향으로 왼쪽, 가운데, 오른쪽으로 정렬할 수 있습니다.

선택한 오브젝트를 수직 방향으로 위쪽, 가운데, 아래쪽으로 정렬할 수 있습니다.

＊Distribute Objects (오브젝트 분포)
선택한 오브젝트의 위, 가운데, 아래를 기준으로 수직 방향으로 동일 간격으로 분포시킬 수 있습니다.

선택한 오브젝트의 왼쪽, 가운데, 오른쪽을 기준으로 수평 방향으로 동일 간격으로 분포시킬 수 있습니다.

07

띠 그리기

예제 파일 **0307a.ai**
완성 파일 **0307b.ai**

여기서는 명함에 띠를 그립니다. 나중에 그린 띠는 맨 앞에 배치되기 때문에
'Arrange'를 사용하여 배치 순서를 바꾸는 방법을 배웁니다.

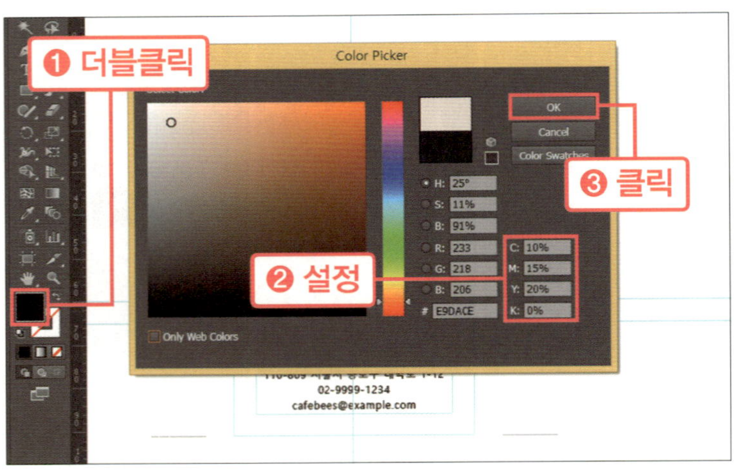

1 띠의 색 설정하기

❶ [Fill(칠)] 상자를 더블클릭하여 [Color Picker
(색상 피커)] 대화상자를 표시합니다. 그 다음 ❷
아래와 같이 설정하고 ❸ [OK] 버튼을 클릭합니다.

C	10%
M	15%
Y	20%
K	0%

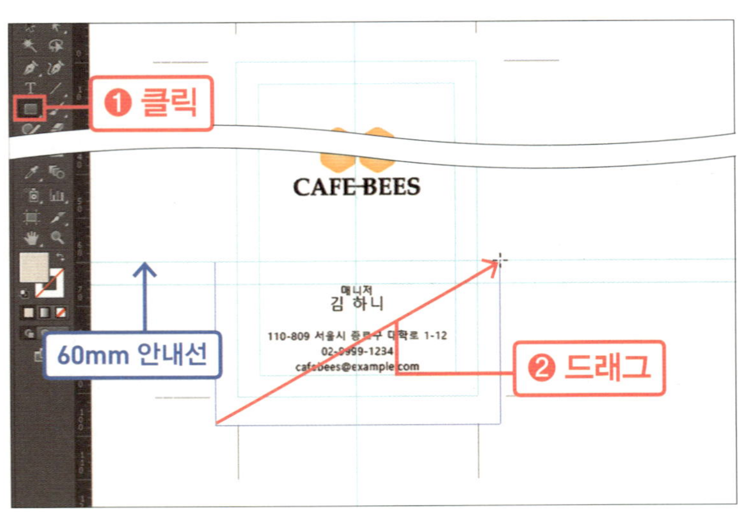

2 띠 그리기

❶ [Rectangle(사각형)] 툴을 클릭하고 ❷ 그
림과 같이 왼쪽 아래 트림 마크의 모서리부터 오른
쪽 트림 마크와 '60mm'인 위치에 그은 안내선까지
드래그하여 띠를 그립니다.

memo

띠는 명함의 틀에서 '3mm 이상' 비어져 나오게 그리
는 것이 포인트입니다. 그러면 만일 재단이 밀려도 색
이 잘리는 일을 방지할 수 있습니다.

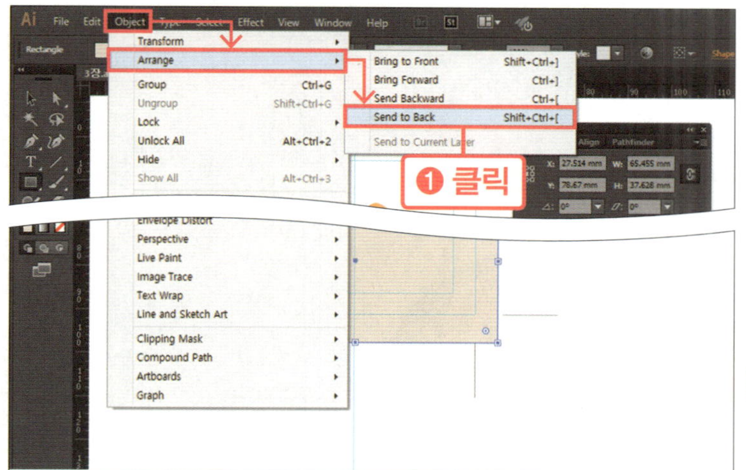

3 배치 순서를 바꾸기

문자 위에 띠가 그려지면 그 다음은 문자가 보이도록 맨 뒤로 이동합니다. ❶ [Object(오브젝트)] 메뉴 → [Arrange(정돈)] → [Send to Back(뒤로 보내기)]을 클릭합니다. 띠가 뒤로 이동하여 문자가 나타납니다.

memo

[Arrange]를 사용하면 배치한 도형의 앞뒤 위치를 바꿀 수 있습니다(P.68 참조).

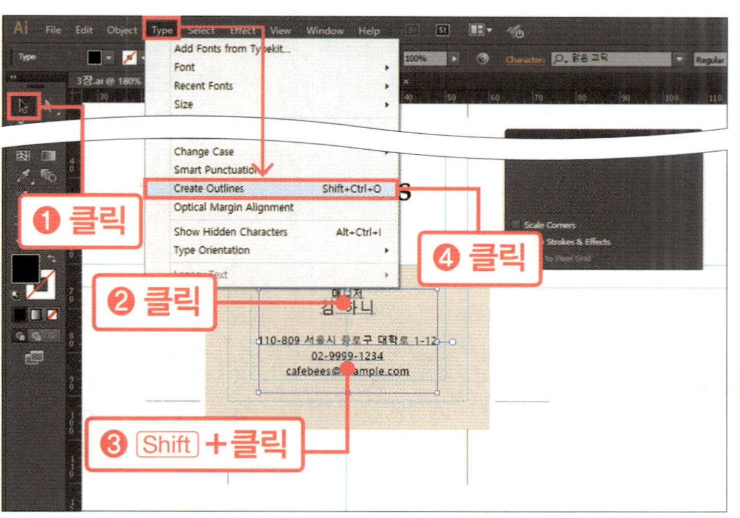

4 문자를 아웃라인화하기

❶ [Selection] 툴 을 클릭하고 ❷ 이름을 클릭합니다. 그 다음 ❸ [Shift]를 누른 채로 가게 정보를 클릭하여 선택합니다. ❹ [Type(문자)] 메뉴 → [Create Outlines(윤곽선 만들기)]를 클릭하여 문자를 아웃라인화합니다.

memo

인쇄소에 넘기기 전에 문자를 아웃라인화해두면 글꼴이나 문자의 설정이 변경되는 것을 방지할 수 있습니다(자세한 내용은 p.59 참조).

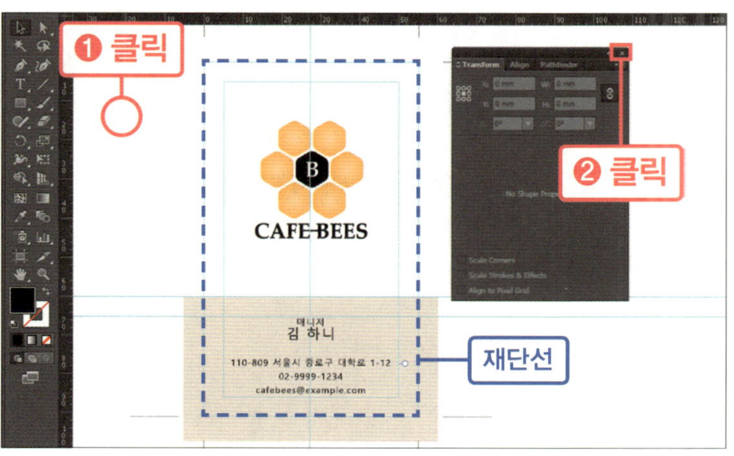

5 명함 완성

명함이 완성되었습니다. 실제로는 트림 마크를 기준으로 그림과 같이 재단됩니다. ❶ 화면의 공백을 클릭하여 선택을 해제했다면 P.44~45의 방법으로 저장합니다. ❷ [Transform] 패널도 를 클릭하여 닫습니다.

제작물에 맞는 컬러 모드를 설정하자

이 책에서는 지금까지 'CMYK' 컬러 모드를 사용하여 인쇄용 데이터를 작성했습니다. 그 외에도 'RGB'라는 컬러 모드도 있습니다. 여기서는 제작물에 따른 색의 표현의 차이와 컬러 모드의 설정 방법을 살펴봅시다.

일반적인 컬러 인쇄 등에서는 C(사이안), M(마젠타), Y(옐로), K(블랙), 이 4색의 잉크가 사용되는데, 이 색을 혼합함으로써 색을 표현하고 있습니다. 따라서 인쇄물 데이터는 'CMYK' 컬러 모드로 작성해야 합니다.

컴퓨터 모니터나 TV 등에서는 R(레드), G(그린), B(블루), 이 3가지 색을 혼합함으로써 색을 표현합니다. 따라서 컴퓨터 모니터로 표시되는 데이터는 'RGB' 컬러 모드로 작성해야 합니다.

＊컬러 모드의 설정 방법

Illustrator에서는 새 문서를 작성할 때 컬러 모드를 설정할 수 있습니다. [New Document(새 문서)] 대화상자의 [Profile(프로파일)]에서 [Print]를 선택하면 자동으로 CMYK로 설정됩니다. 또한 [Web]을 선택하면 RGB로 설정됩니다. 새 문서를 작성할 때에는 제작물에 맞춰 설정하기 바랍니다.

＊컬러 모드의 변경 방법과 주의점

작업 도중에 컬러 모드를 변경할 수도 있습니다. [File(파일)] 메뉴 → [Document Color Mode(문서 색상 모드)]를 클릭하면 2개의 컬러 모드가 표시되고, 설정된 모드에 체크 표시가 되어 있습니다. 체크를 전환하면 컬러 모드를 변경할 수 있습니다.

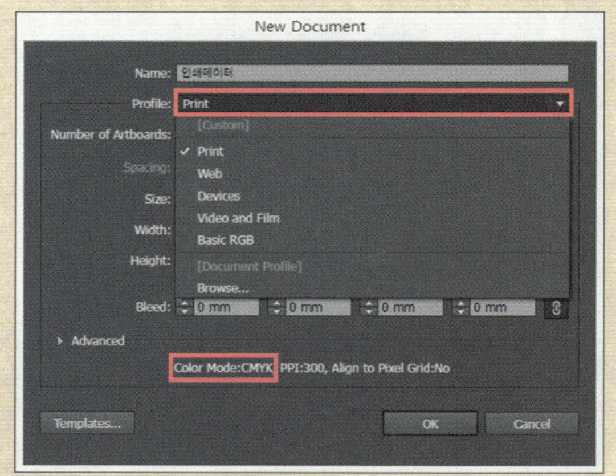

단, RGB로 작성한 데이터를 CMYK로 변환할 때는 주의해야 할 점이 있습니다. RGB에서 CMYK로 변환하면 일부 색이 칙칙하게 바뀌는 경우가 있는데, 이것은 CMYK보다 RGB가 표현할 수 있는 색의 영역이 넓고 RGB의 선명한 색을 CMYK에서는 표현하지 못해서 칙칙한 색으로 대체되기 때문입니다. 또한 다시 컬러 모드를 RGB로 되돌려도 원래 색으로는 되돌리지 못하므로 변경하기 전에 파일을 복사해두어야 합니다.

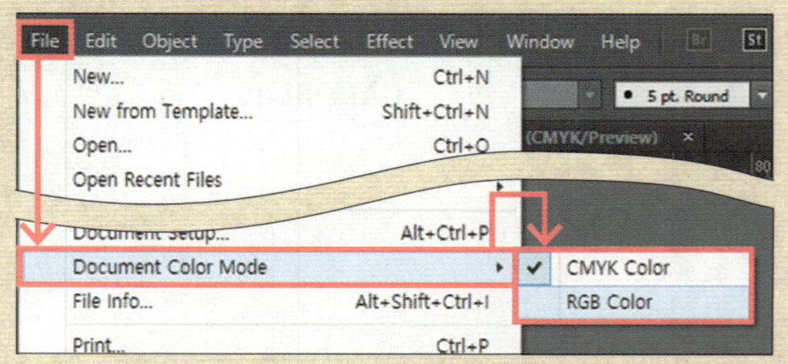

|제 4 장|

지도 그리기

제4장에서는 도로와 역이 있는 상점가 지드를 그립니다. 이 장을 통해 펜 툴로 깨끗한 직선이나 곡선을 그리는 방법과 그린 선을 수정하는 방법을 익힙니다. 또한 여러 개의 이미지를 효율적으로 배치하는 방법도 배웁ㄴ 다.

지도 그리기

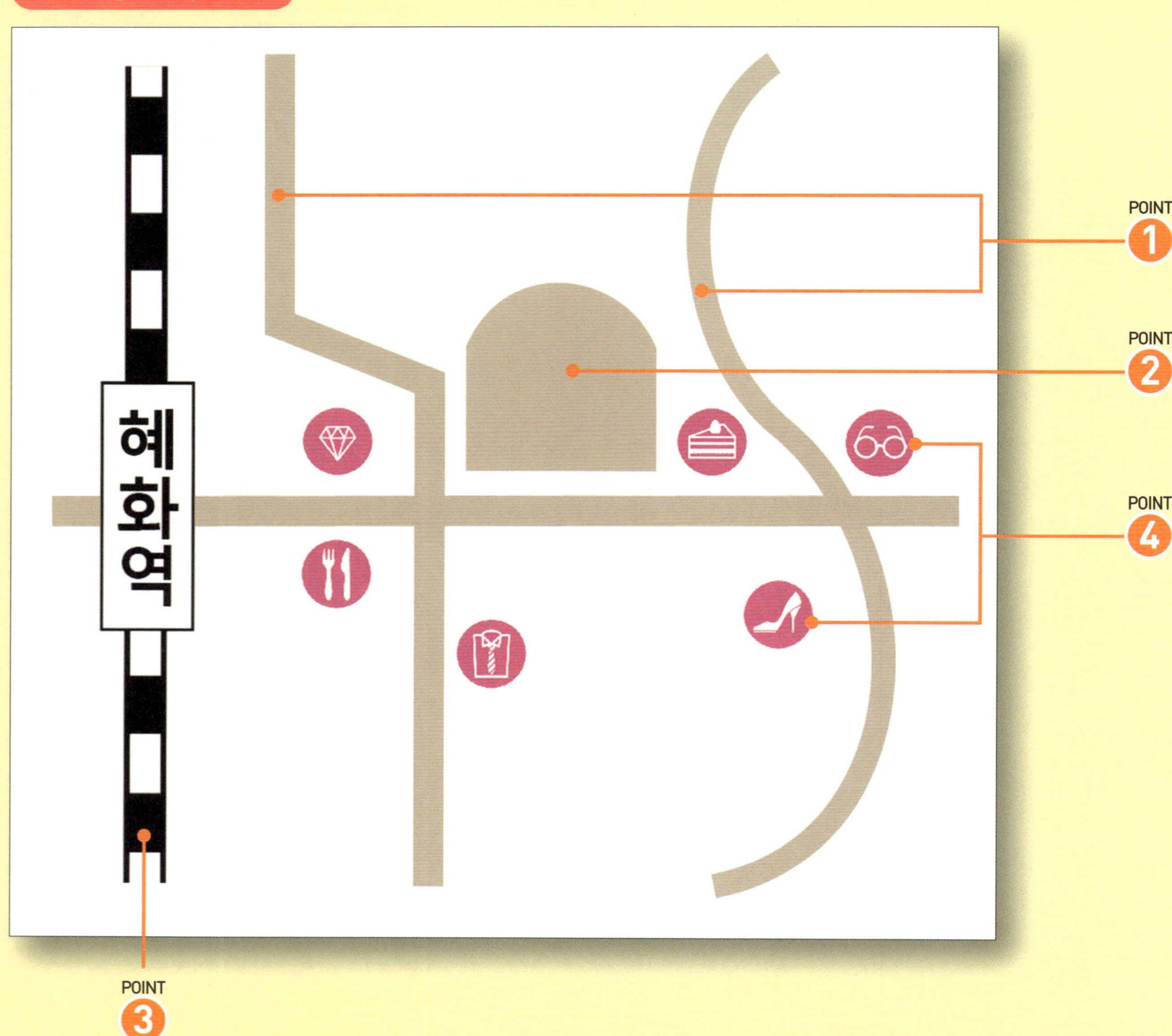

1 직선과 곡선 그리기

펜 툴로 화면을 클릭하여 점과 점을 이어서 직선을 그립니다. 곡선은 화면을 드래그하고 핸들을 조작하여 그립니다.

➡ **P.98**

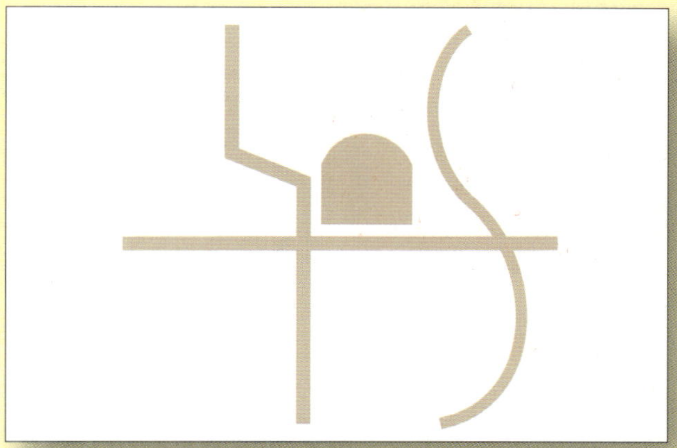

2 직선과 곡선을 조합하여 그리기

직선과 곡선을 조합한 선을 그립니다. 또한 시작점과 끝점을 이어서 도형으로 만듭니다.

➡ **P.104**

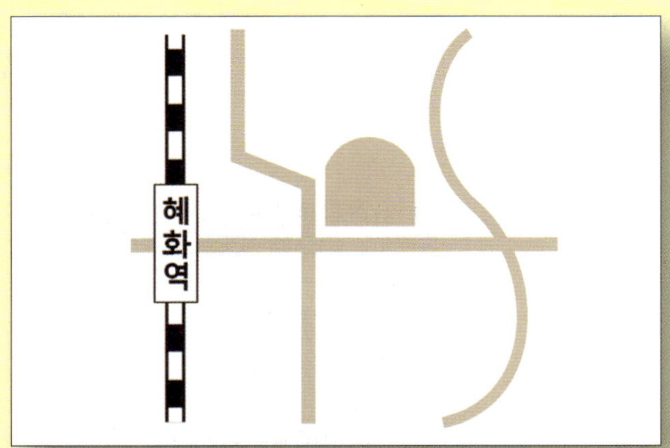

3 선로 그리기

Appearance 패널을 사용하여 서로 다른 선을 겹쳐 선로를 그립니다.

➡ **P.108**

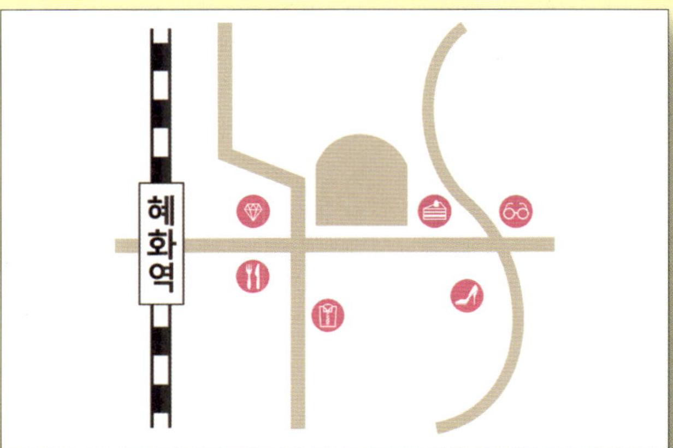

4 여러 개의 이미지 배치하기

'가져오기'를 사용하여 여러 개의 이미지를 선택하여 효율적으로 배치합니다.

➡ **P.112**

01 밑그림 배치하기

예제 파일 **없음**
완성 파일 **0401b.ai**

먼저 지도의 밑그림을 아트보드에 배치합니다. 그 다음 밑그림과 지도를 그릴 장소를 '레이어'라는 층(계층)으로 나누는 방법을 배웁니다.

check! 레이어란?

작업에 들어가기 전에 먼저 '레이어(Layer)'에 대해 살펴봅시다. 지금까지는 도형이나 문자를 앞뒤로 배치하는 '겹치기 순서'를 바꿈으로써 일러스트를 그려왔습니다. 간단한 일러스트를 그릴 때는 이 방법을 사용해도 문제가 없지만, 구조가 복잡해지면 앞뒤를 바꾸는 일도 상당히 번거로운 작업이 됩니다. 그런 경우 사용하는 것이 '레이어'입니다. 레이어는 아트보드에 겹겹이 쌓아 올린 투명한 필름 같은 것으로, '층(계층)'이라는 뜻을 갖고 있습니다.

각각의 레이어는 다른 레이어에 영향을 주지 않고 이동·편집하거나 앞뒤를 바꿀 수 있습니다. 이 레이어에 도형이나 문자를 분류하여 배치해두면 상당히 편하게 작업할 수 있습니다. 이 장에서는 밑그림을 배치할 '밑그림' 레이어와 지도를 그릴 '지도' 레이어 두 가지로 나눠서 작업을 합니다. 레이어 조작에는 [Layer(레이어)] 패널을 사용합니다. 위쪽 레이어가 아트보드의 전면에 표시됩니다.

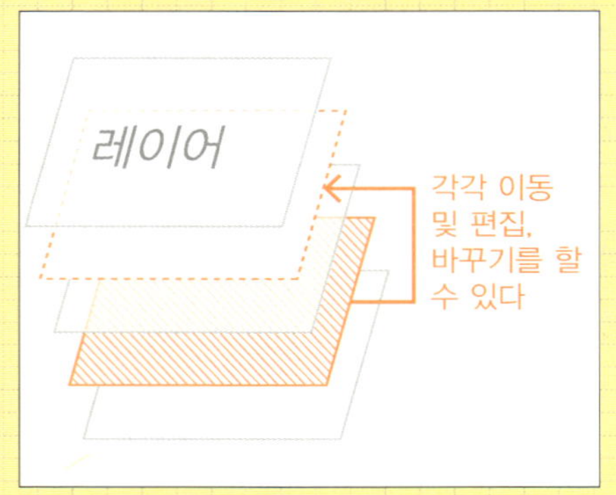

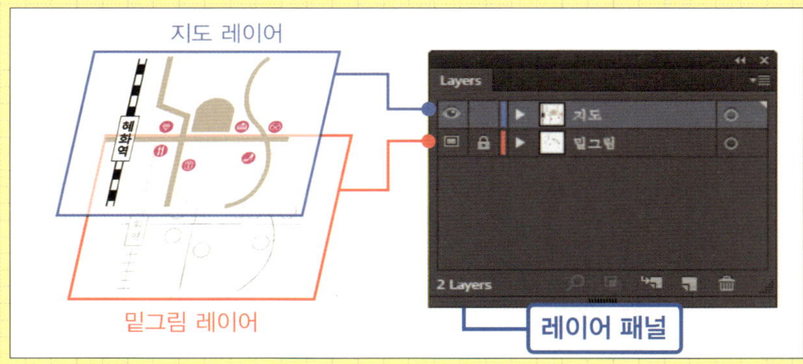

밑그림을 배치할 때는 [Template(템플릿)] 레이어를 사용하면 편리합니다. [Template] 레이어에 배치한 그림은 원래 그림보다 연하게 표시되므로 위에서 덧그리기 편합니다.

또 실수로 이동시키지 않도록 잠금 상태로 되어 있으며, 이 레이어는 인쇄되지 않습니다.

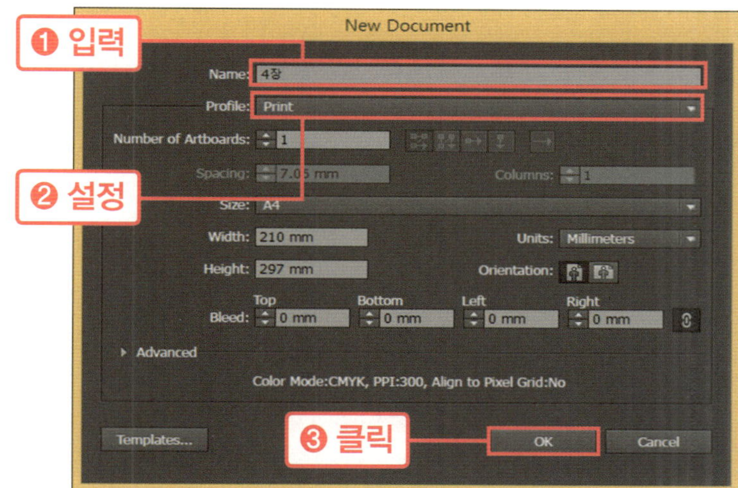

1 새 문서 작성하기

[File(파일)] 메뉴 → [New(새로 만들기)]를 순서대로 클릭합니다. ① [New Document(새 문서)] 대화상자가 표시되면 [Name]에 '4장'이라고 입력하고 ② [Profile]은 [Print]로 설정한 후 ③ [OK] 버튼을 클릭합니다.

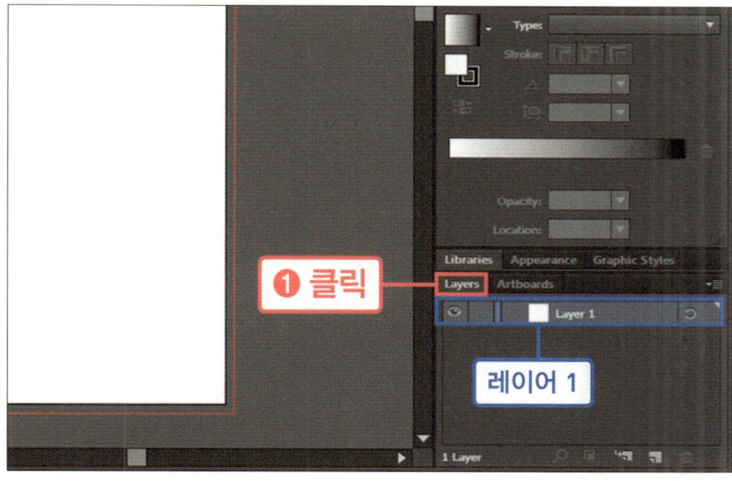

2 레이어 패널 표시하기

새 문서가 작성되면 ① 오른쪽 패널에서 가장 아래에 배치되어 있는 [Layers(레이어)] 패널 탭을 클릭하여 전면에 표시합니다. [Layer 1]이라는 이름이 붙어있는 레이어가 이미 작성되어 있습니다.

memo

[Layers] 패널이 표시되어 있지 않은 경우는 [Window] 메뉴 → [Layers]를 클릭합니다.

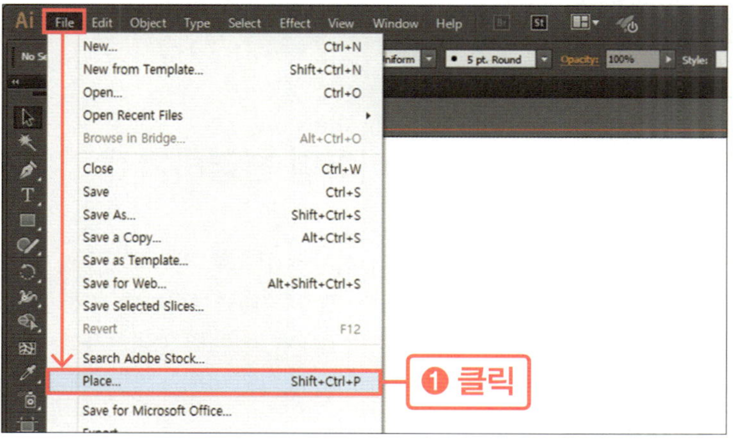

3 밑그림 배치하기

지도의 밑그림을 배치합니다. ① [File(파일)] 메뉴 → [Place(가져오기)]를 클릭하여 [Place(가져오기)] 대화상자를 표시합니다.

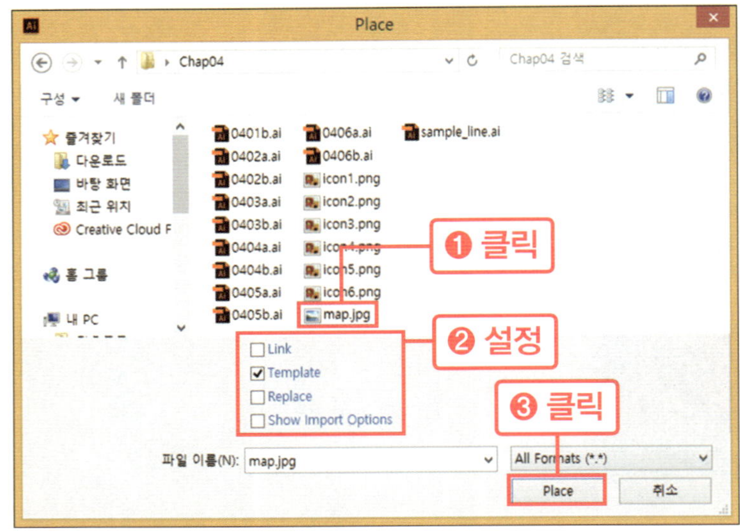

4 파일 선택하기

❶ [바탕 화면]의 [Chap04] 폴더에서 'map.jpg'를 클릭합니다. 그 다음 ❷ 아래와 같이 설정하고 ❸ [Place] 버튼을 클릭합니다.

Link	체크 해제
Template	체크
Replace	체크 해제
Show Import Options	체크 해제

memo

P.14~15를 참고하여 [Chap04] 파일을 바탕 화면에 미리 복사해놓습니다.

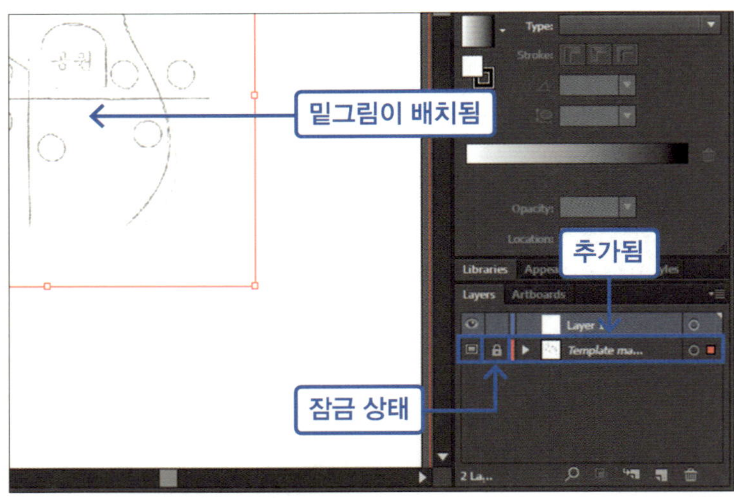

5 밑그림이 배치됨

아트보드에 밑그림이 배치되고 [Layers] 패널에는 'Template 레이어'가 추가됩니다. 🔒 가 표시되어 있는 것은 해당 레이어를 실수로 조작하지 않도록 잠금이 걸려있다는 것을 나타냅니다.

memo

밑그림이 아트보드의 중앙에 배치되지 않은 경우 🔒 을 클릭하여 잠금을 해제하고 [Selection] 툴을 사용하여 밑그림을 이동합니다. 이동한 후에는 다시 잠급니다.

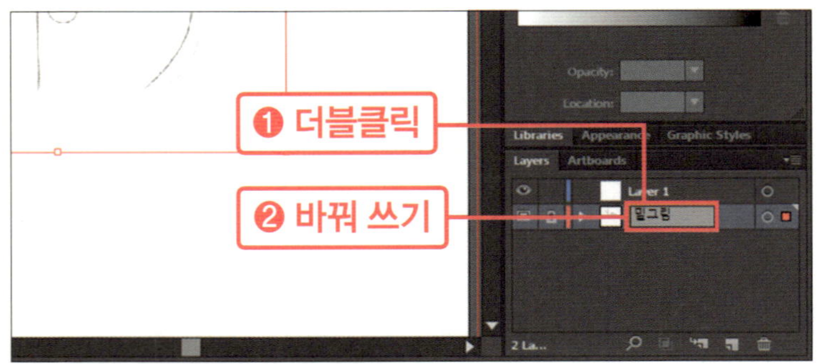

6 레이어명 변경하기 ①

레이어명을 알기 쉬운 이름으로 바꿉니다. ❶ 템플릿 레이어의 이름 부분을 더블클릭하면 이름을 편집할 수 있도록 바뀝니다. ❷ '밑그림'이라고 이름을 바꿔 쓰고 Enter (Mac: return)를 누릅니다.

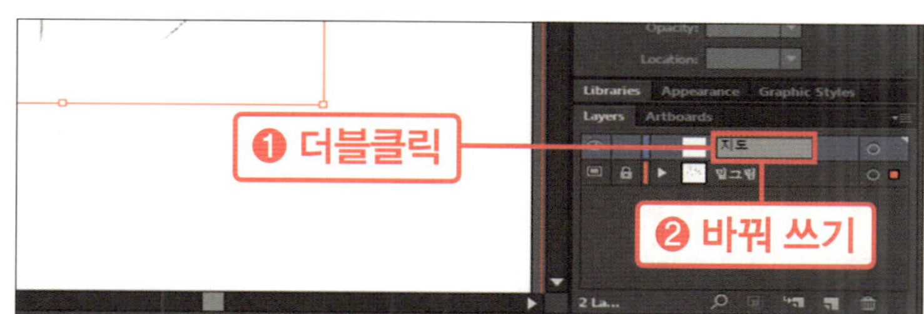

7 레이어명 변경하기 ②

마찬가지로 ❶ 'Layer 1'의 이름도 더블클릭하여 ❷ '지도'라고 바꿔 쓰고 Enter(Mac: return)를 누릅니다.

8 화면을 확대하기

편한 조작을 위해 화면을 확대합니다. ❶ [Zoom] 툴을 클릭하고 ❷ 밑그림의 가운데 부분을 천천히 두 번 클릭합니다. 그 다음 ❸ [Selection] 툴을 클릭하고 ❹ 화면의 공백을 클릭하여 선택을 해제합니다.

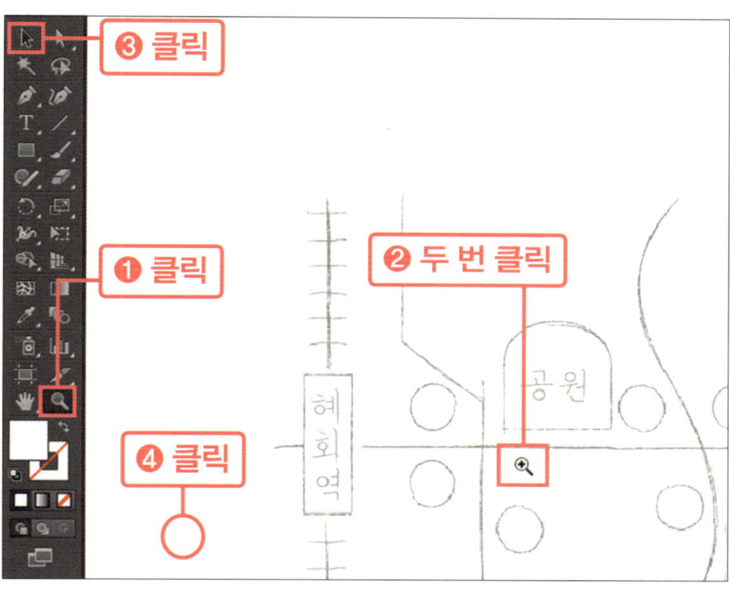

memo

Alt(Mac: option)를 누른 상태에서 [Zoom] 툴로 클릭하면 화면을 축소할 수 있습니다(P.20 참조).

---

check! 레이어 패널을 살펴보자

[Layers] 패널을 사용하면 레이어를 자유롭게 조작할 수 있습니다. 여기서는 아래 4가지 항목을 살펴봅시다.

＊표시 칼럼

클릭하면 레이어의 표시 👁 /비표시(공백)를 전환할 수 있습니다. 템플릿 레이어에는 🔲 가 표시됩니다.

＊편집 칼럼

클릭하면 레이어를 잠금 🔒 /잠금 해제(공백)를 전환할 수 있습니다.

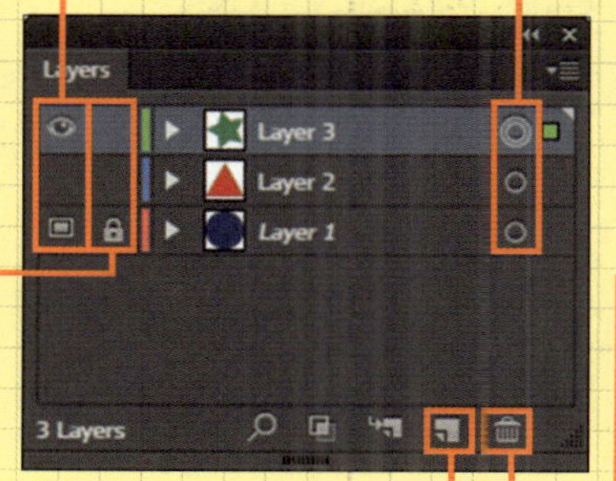

＊대상 칼럼

◯ 를 클릭하면 표시가 ◎ 로 바뀌고 레이어 안에서 잠금 상태가 아닌 오브젝트를 모두 선택할 수 있습니다.

＊새 레이어의 작성 및 선택 항목의 삭제

🗔 를 클릭하면 새로운 레이어를 작성할 수 있습니다. 레이어를 선택하고 🗑 를 클릭하면 선택한 레이어를 삭제할 수 있습니다.

chapter 4

02 직선 그리기

예제 파일 **0402a.ai**
완성 파일 **0402b.ai**

여기서는 펜 툴을 사용하여 직선 도로를 그리는 방법을 배웁니다. 꺾인 도로는 모퉁이를 순서대로 클릭하여 그립니다.

1 칠 설정하기

❶ 컨트롤 패널의 [Fill Color]를 클릭하여 [Swatches(견본)] 패널을 표시한 후 ❷ [None] ⬜을 클릭합니다. 그 다음 Enter (Mac: return)를 눌러 패널을 닫습니다.

memo

화면의 공백을 클릭해도 패널을 닫을 수 있습니다.

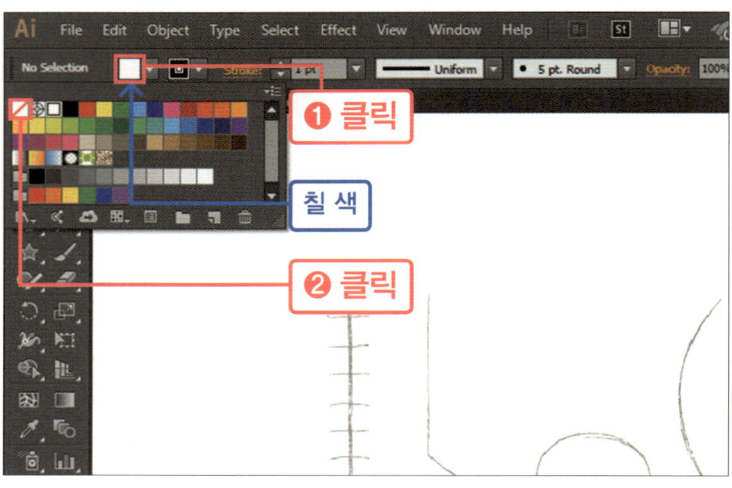

2 선 설정하기

❶ 컨트롤 패널의 [Stroke Color]를 클릭하여 [Swatch] 패널을 표시합니다. ❷ [C=25 M=25 Y=40 K=0] ⬜를 클릭하여 색을 설정합니다. 그 다음 Enter (Mac: return)를 눌러 패널을 닫습니다.

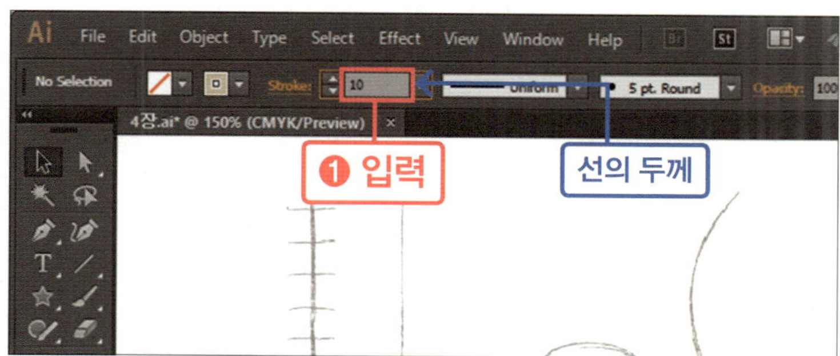

3 선의 두께 설정하기

❶ 컨트롤 패널의 [Stroke]에 '10'이라고 입력하고 Enter (Mac: return)를 누릅니다.

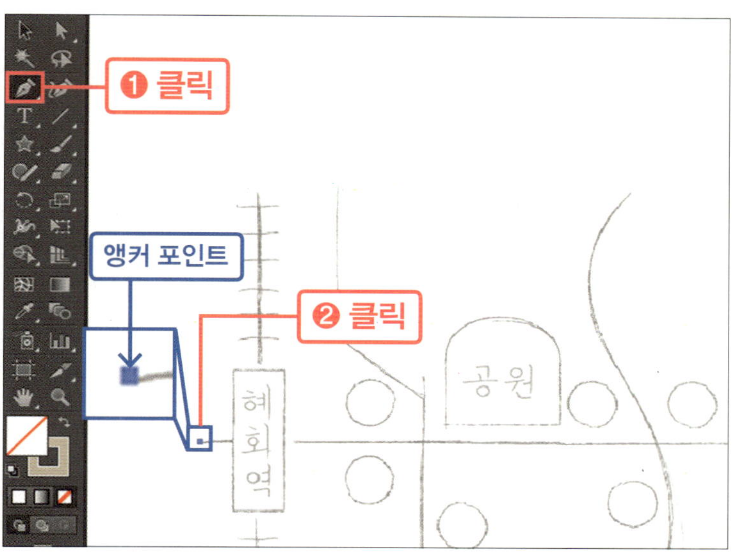

4 펜 툴로 시작점을 클릭하기

선이 설정되었으면 이제 직선 도로를 그립니다.
❶ '지도' 레이어를 선택한 상태에서 [Pen(펜)] 툴 을 클릭하고 ❷ '시작점'을 클릭합니다. '앵커 포인트'라고 하는 점이 추가됩니다.

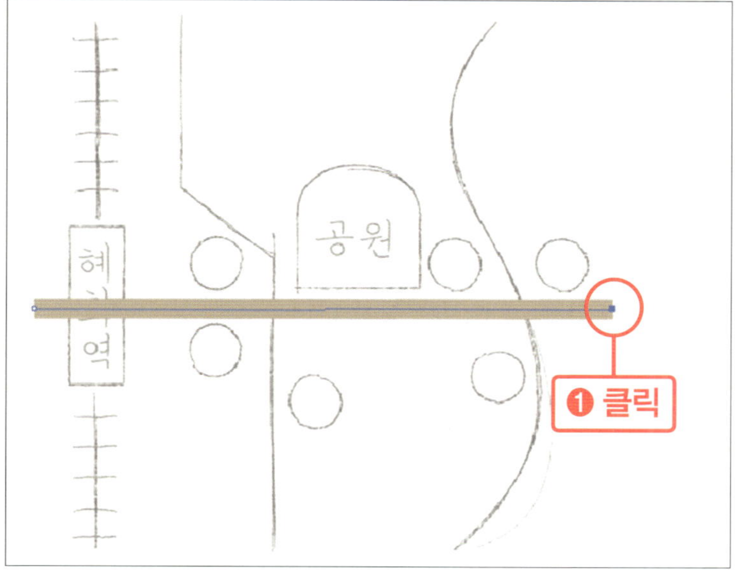

5 펜 툴로 끝점을 클릭하기

❶ '끝점'을 클릭합니다. 그러면 앵커 포인트가 또 추가되어 점과 점을 잇는 패스가 그어지고 직선 도로가 그려집니다.

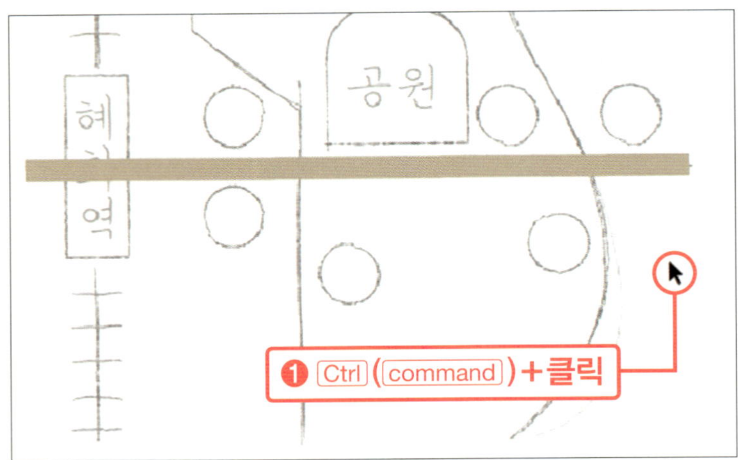

6 그리기 끝내기

이 상태로 계속 클릭하면 선이 이어져 버리므로 일단 그리기를 종료합니다. ❶ Ctrl (Mac:command)를 눌러 일시적으로 [Selection] 툴 로 바뀌면 화면의 공백을 클릭합니다.

memo

다른 툴을 클릭해도 그리기를 끝낼 수 있습니다.

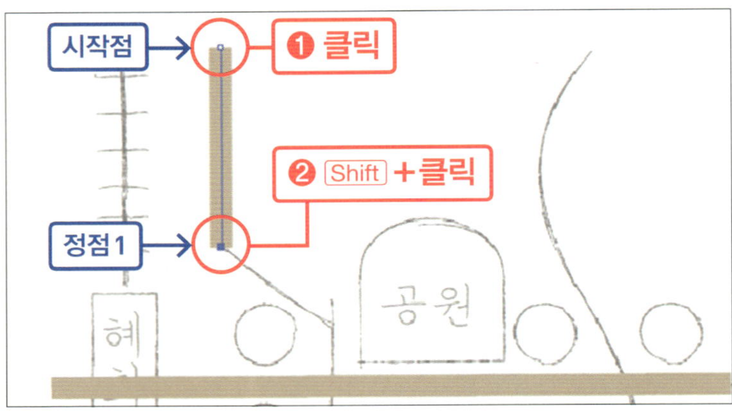

7 세로선 그리기

꺾인 도로의 세로선을 그립니다. ❶ '시작점'을 클릭하고 Shift 를 누른 상태에서 '정점 1'을 클릭합니다.

memo

Shift 를 누른 상태에서 클릭하면 각도를 45˚ 간격으로 고정시켜 선을 그릴 수 있습니다.

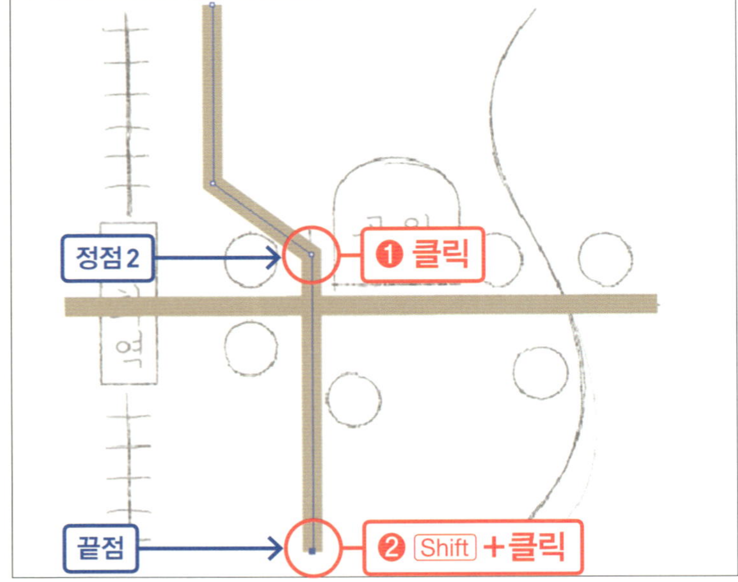

8 끝점까지 클릭하기

❶ '정점 2'를 클릭하고 ❷ 계속해서 Shift 를 누른 상태에서 '끝점'을 클릭합니다. 클릭한 정점을 잇는 꺾인 도로가 그려집니다.

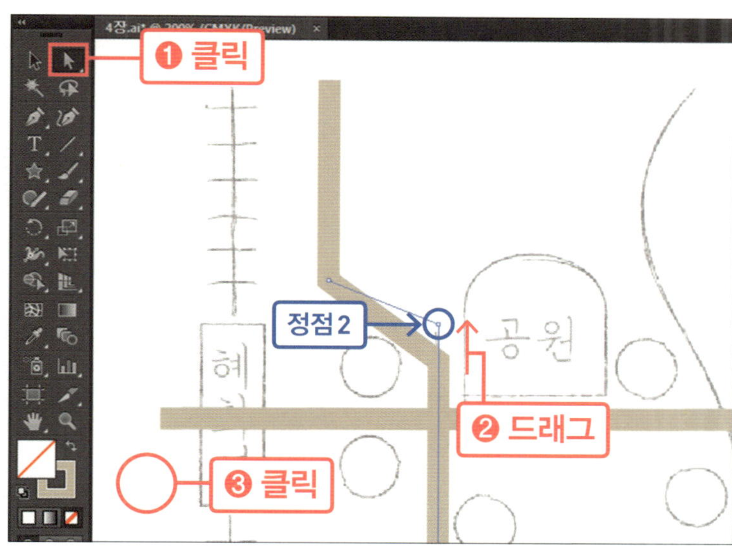

9 정점을 수정하기

'정점 2'를 이동시켜 도로의 균형을 수정합니다.
❶ [Direct Selection(직접 선택)] 툴 을 클릭하고 ❷ 그림과 같이 앵커 포인트를 드래그합니다.
❸ 정점이 이동되었으면 화면의 공백을 클릭하여 선택을 해제합니다.

memo

[Direct Selection] 툴로 드래그하면 앵커 포인트를 이동시킬 수 있습니다.

check! 패스의 기본 구조

Illustrator로 그리는 선을 '패스(Path)'라고 부른다는 것은 앞에서 배웠습니다. 여기서는 패스를 구성하는 요소를 좀 더 자세히 살펴봅니다. 패스는 크게 나눠서 '직선 패스'와 '곡선 패스'가 있습니다.

✳ 직선 패스

직선 패스는 '앵커 포인트'라는 점과, 점과 점을 잇는 '세그먼트'라는 선으로 구성되어 있습니다.

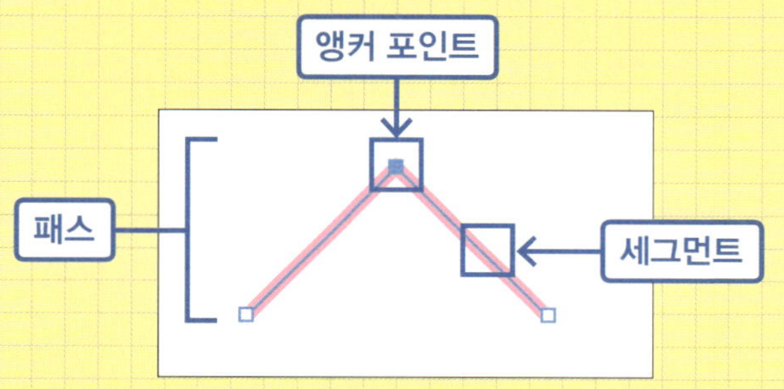

✳ 곡선 패스

곡선 패스는 앵커 포인트와 세그먼트에 더해, 곡선의 방향이나 매끄러움을 조작하기 위한 '핸들'로 구성되어 있습니다.

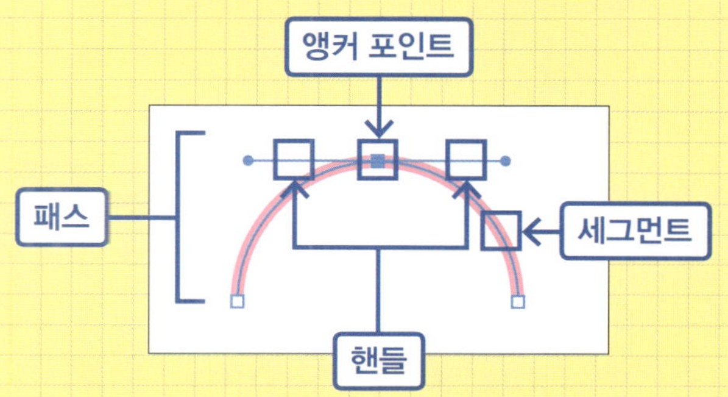

[Pen] 툴 로 직선 패스를 그리려면 아트보드를 클릭해 갑니다. 클릭한 위치에 추가되는 앵커 포인트를 이어나가는 것으로 직선 패스를 그릴 수 있습니다.

[Pen] 툴 로 곡선 패스를 그리려면 아트보드를 드래그해 갑니다. 드래그한 위치에 핸들이 늘어난 앵커 포인트가 추가되고 그것들을 이어서 곡선 패스를 그릴 수 있습니다. 다음 페이지에서는 실제로 곡선을 그려봅니다.

chapter 4

03 곡선 그리기

예제 파일 **0403a.ai**
완성 파일 **0403b.ai**

펜 툴을 사용하여 곡선 도로를 그리는 방법을 배웁니다. 마우스를 잘 드래그하고
핸들을 조작함으로써 곡선을 깨끗하게 그릴 수 있습니다.

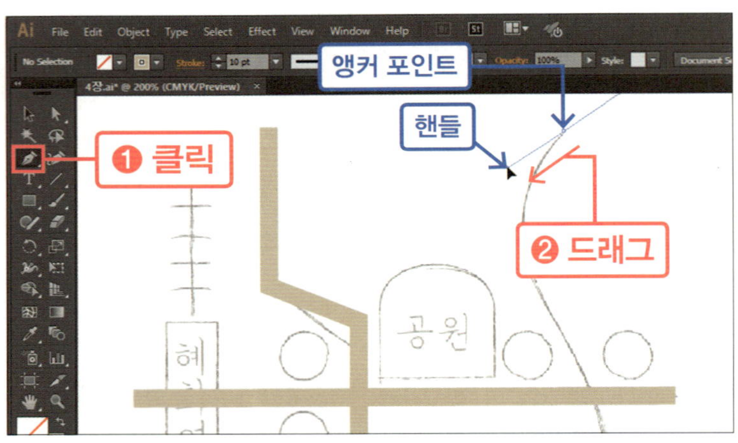

1 펜 툴로 시작점을 드래그하기

❶ [Pen] 툴 ✐ 을 클릭하고 곡선 도로의 '시작점'
부터 왼쪽 아래 방향으로 드래그합니다. ❷ 앵커
포인트가 추가되고 양 끝에 핸들이 늘어나면 마우
스를 뗍니다.

memo

예제 파일을 사용하는 경우는 P.98을 참고하여 선과
칠을 설정합니다.

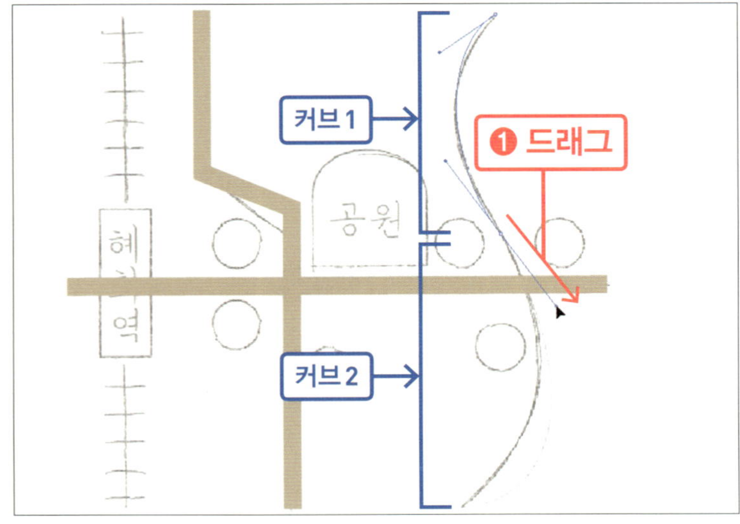

2 커브 1 그리기

❶ 그림과 같이 커브 1과 커브 2 사이를 오른쪽 아
래 방향으로 드래그합니다. 앵커 포인트와 핸들이
추가되고 커브 1이 그려집니다.

memo

곡선을 그릴 때는 선을 그리고 싶은 방향으로 마우스
를 드래그하는 것이 포인트입니다.

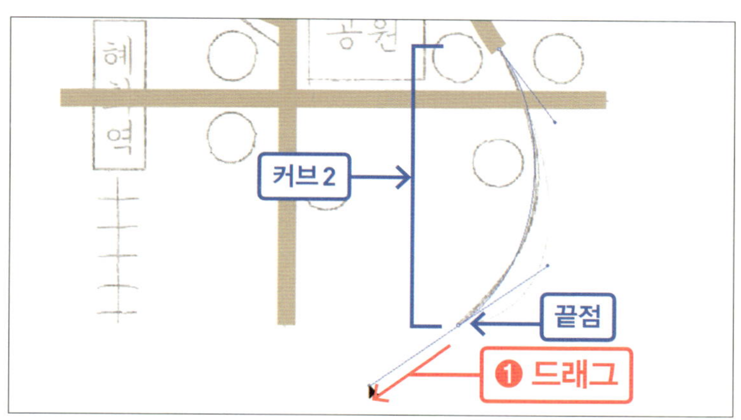

3 커브 2 그리기

❶ 그림과 같이 '끝점'을 왼쪽 아래 방향으로 드래그합니다. 앵커 포인트와 핸들이 추가되고 커브 2가 그려집니다.

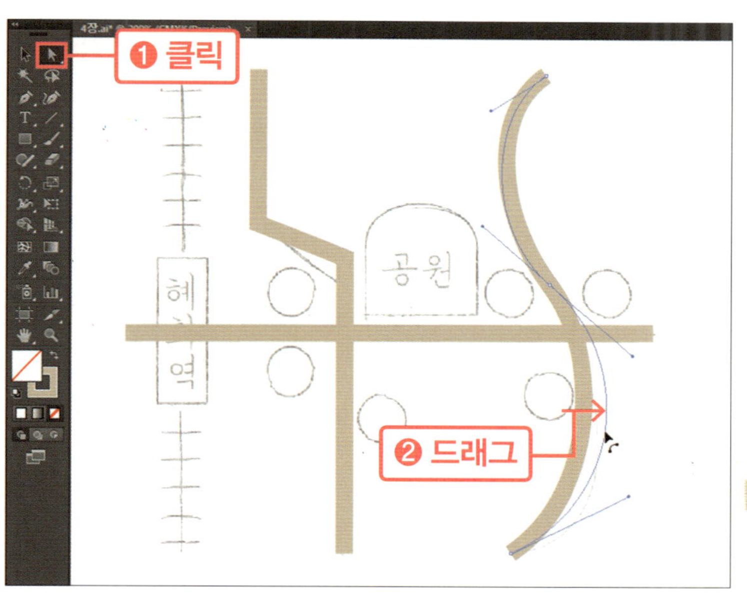

4 커브 수정하기 ①

❶ [Direct Selection(직접 선택)] 툴 ▲을 클릭하고 마우스 커서를 패스 위로 갖다 대어 ❷ 가 표시된 곳에서 오른쪽 방향으로 드래그하여 커브를 조금 크게 수정합니다. 커브가 깨끗하게 그려질 때까지 여러 번 수정을 합니다.

> **memo**
>
> [Direct Selection] 툴로 곡선 패스를 드래그하면 앞뒤의 핸들을 동시에 수정할 수 있습니다.

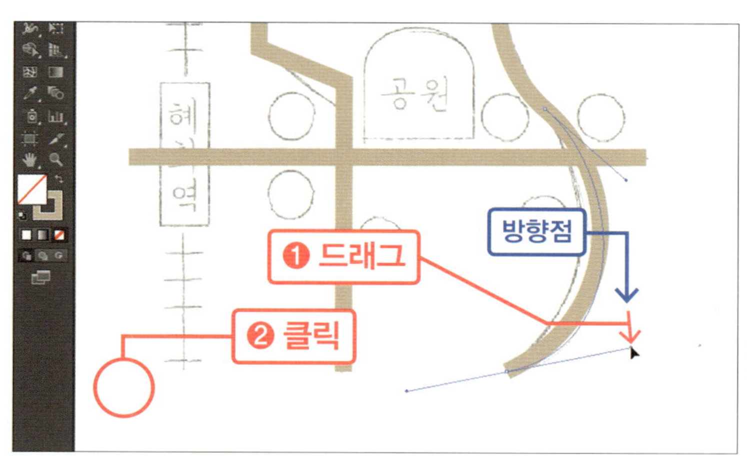

5 커브 수정하기 ②

❶ 핸들 앞에 있는 '방향점'을 아래 방향으로 드래그하여 커브의 각도를 수정합니다. 이것으로 S자 곡선 도로가 그려졌습니다. ❷ 화면의 공백을 클릭하여 선택을 해제해둡니다.

> **memo**
>
> [Direct Selection] 툴로 '방향점'을 드래그하면 특정 핸들의 방향이나 길이를 수정할 수 있습니다.

chapter 4

04 직선과 곡선 조합하기

예제 파일 **0404a.ai**
완성 파일 **0404b.ai**

여기서는 지도에 공원을 그립니다. 펜 툴을 사용하여 직선과 곡선을 조합하여 도형을 그리는 방법을 배웁니다.

1 직선으로 코너 그리기

❶ [Pen] 툴 을 클릭하고 ❷ '시작점'을 클릭합니다. ❸ Shift 를 누른 상태에서 '정점 1'을 클릭하고 계속해서 ❹ Shift 를 누른 상태에서 '정점 2'를 클릭합니다. 그러면 직각 코너가 그려집니다.

memo

예제 파일을 사용하는 경우는 P.98을 참고로 선과 칠을 설정합니다.

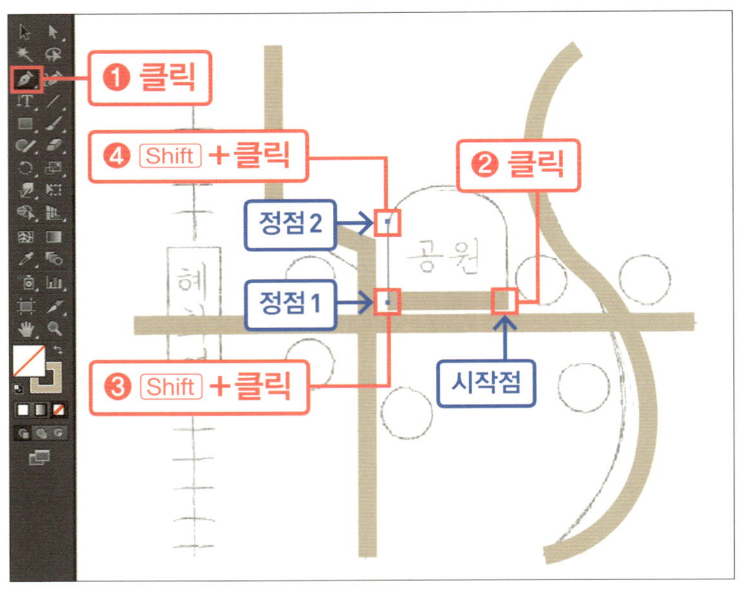

2 직선에서 곡선 그리기

❶ '정점 2'에 그린 앵커 포인트 위로 마우스 커서를 갖다 대어 가 표시되는 곳에서 오른쪽 위 방향으로 드래그합니다. 앵커 포인트의 한쪽 편에 곡선을 그리기 위한 핸들이 추가됩니다.

3 곡선 그리기

❶ '정점 3'에서 오른쪽 아래 방향으로 드래그하여
곡선을 그립니다.

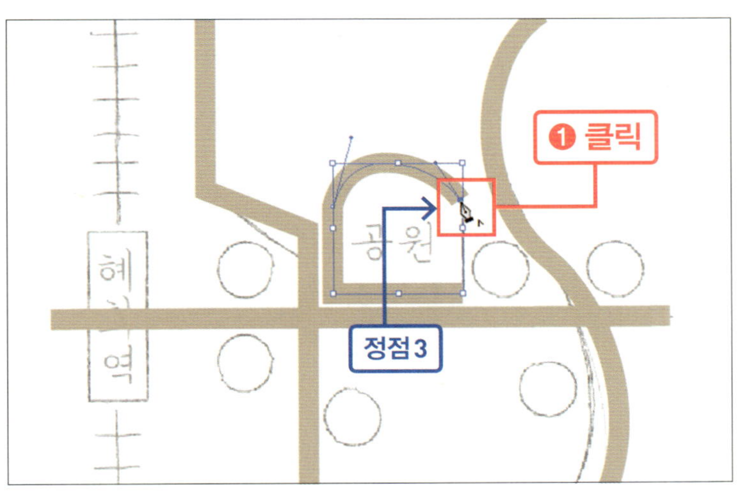

4 곡선에서 직선 그리기

❶ '정점 3'에 그린 앵커 포인트 위로 마우스 커서를
갖다 대어 가 표시되면 클릭합니다. 앵커 포인
트에서 왼쪽 방향으로 늘어난 핸들이 삭제됩니다.

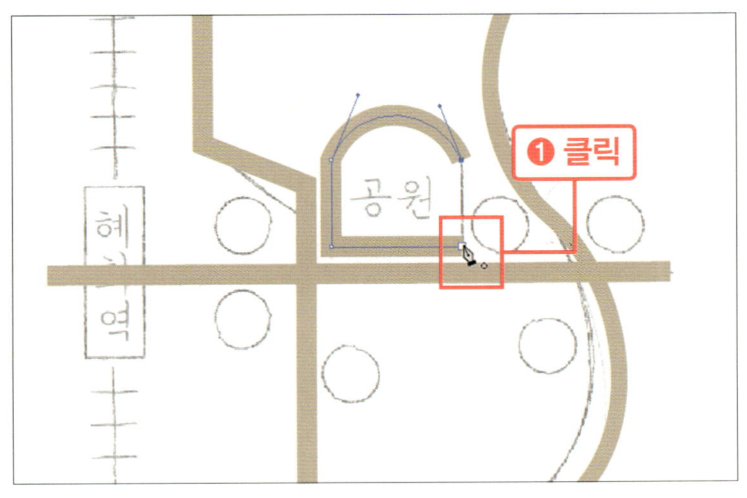

5 시작점과 끝점 연결하기

❶ 마지막에 그린 앵커 포인트 위로 마우스 커서를
대고 가 표시되면 클릭합니다. '시작점'과 '끝점'
이 연결됩니다.

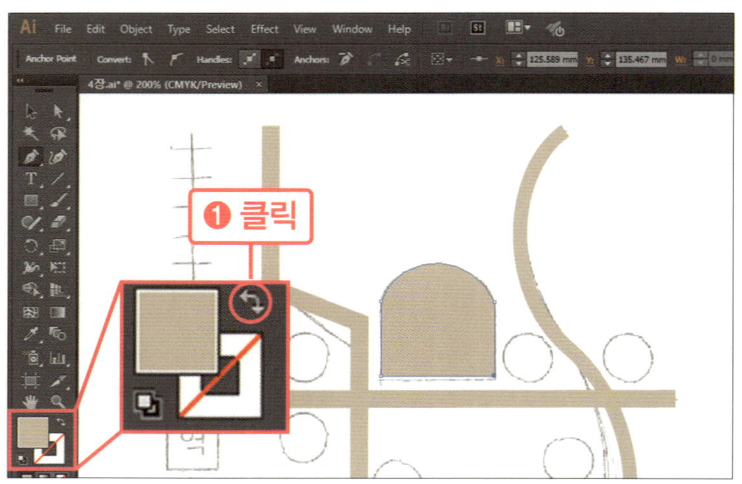

6 선과 칠의 설정 바꾸기

❶ [Swap Fill and Stroke] 버튼 을 클릭하여 선과 칠의 설정을 바꿉니다.

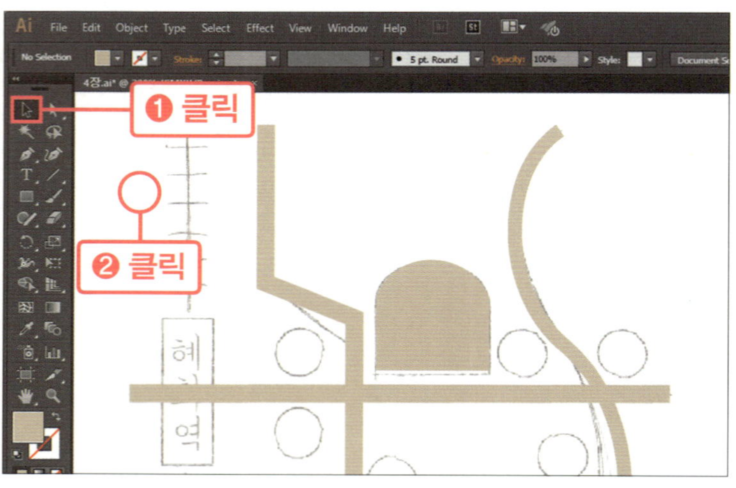

7 공원이 그려짐

직선과 곡선을 조합하여 공원을 그렸습니다.
❶ [Selection] 툴 을 클릭하고 ❷ 화면의 공백을 클릭하여 선택을 해제해둡니다.

---

check! 닫힌 패스와 열린 패스

P.105의 Step 5에서는 시작점과 끝점을 연결하여 도형을 그렸습니다. 이와 같이 시작점과 끝점이 연결된 패스를 '닫힌 패스(Closed Path)'라고 합니다. 반대로 시작점과 끝점이 연결되지 않은 패스를 '열린 패스(Open Path)'라고 합니다. 면과 색을 설정하면 둘의 차이를 알 수 있습니다. 열린 패스의 경우 면은 시작점과 끝점을 직선으로 연결한 것처럼 표시됩니다.

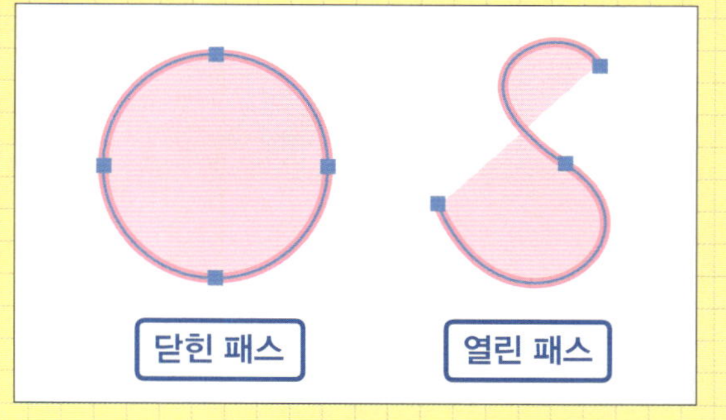

패스의 기본 조작을 익히자

[Pen] 툴 이나 [Direct Selection] 툴 을 사용하면 패스를 자유롭게 조작할 수 있습니다. 여기서는 기본적인 조작 방법을 살펴봅시다.

✱ 앵커 포인트 추가하기

[Pen] 툴을 사용하여 선택된 패스 위로 마우스 커서를 대면 [Add Anchor Point(앵커 포인트 추가)] 툴 로 바뀝니다. 그 상태에서 클릭하면 앵커 포인트를 추가할 수 있습니다.

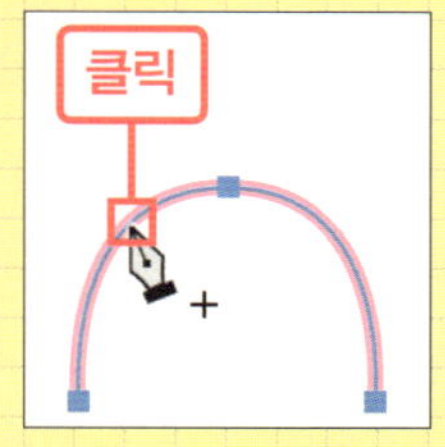

✱ 앵커 포인트 삭제하기

[Pen] 툴을 사용하여 선택된 패스의 앵커 포인트 위로 마우스 커서를 대면 [Delete Anchor Point(앵커 포인트 삭제)] 툴 로 바뀝니다. 그 상태에서 클릭하면 앵커 포인트를 삭제할 수 있습니다.

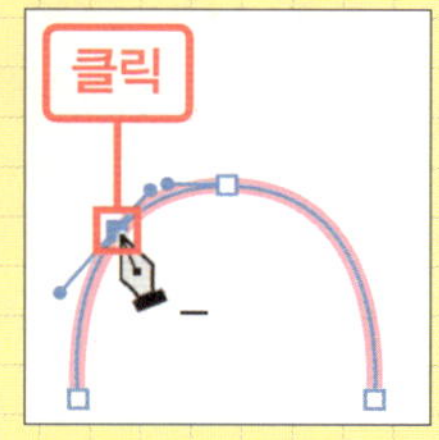

✱ 앵커 포인트 전환하기(핸들 추가)

[Pen] 툴에서 Alt(Mac: option)를 누르면 마우스 커서가 [Anchor Point(앵커 포인트)] 툴 로 바뀝니다. 그 상태에서 선택한 패스의 앵커 포인트를 드래그하면 핸들을 추가할 수 있습니다.

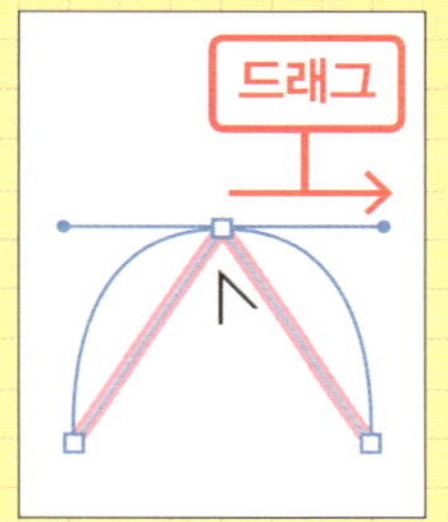

✱ 앵커 포인트 전환하기(핸들 삭제)

[Pen] 툴에서 Alt(Mac: option)를 누르면 마우스 커서가 [Anchor Point(앵커 포인트)] 툴 로 바뀝니다. 그 상태에서 선택한 패스의 앵커 포인트를 클릭하면 핸들을 삭제할 수 있습니다.

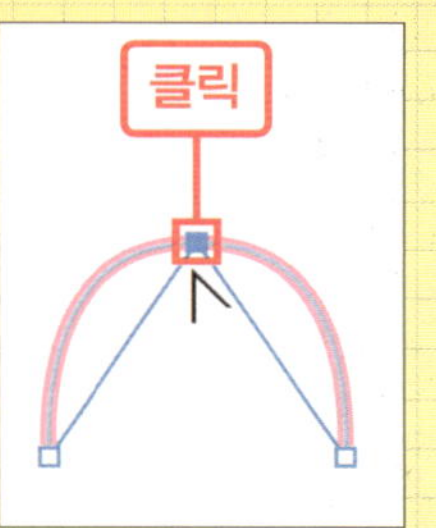

✱ 시작점과 끝점 연결하기

[Pen] 툴에서 선택된 패스의 시작점을 클릭합니다. 그 다음 끝점 위로 마우스 커서를 대면 마우스 커서가 로 바뀝니다. 그 상태에서 클릭하면 시작점과 끝점의 앵커 포인트를 연결할 수 있습니다.

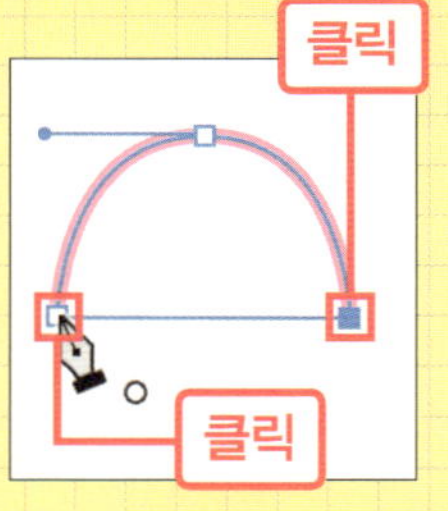

✱ 시작점 및 끝점 삭제하기

[Direct Selection] 툴 에서 패스의 시작점 또는 끝점을 클릭합니다. 그 다음 [Delete]를 누르면 시작점 또는 끝점의 앵커 포인트를 삭제할 수 있습니다.

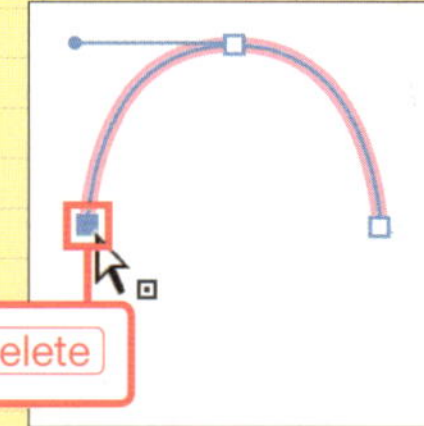

✱ 곡선과 직선 편집하기

P.103의 Step 4~5에서는 [Direct Selection] 툴 을 사용하여 곡선을 편집했습니다. [Pen] 툴 을 선택한 상태에서도 곡선과 직선을 편집할 수 있습니다.
[Pen] 툴에서 Alt(Mac: option)를 누르면 마우스 커서가 [Anchor Point(앵커 포인트)] 툴 로 바뀝니다. 곡선 또는 직선의 패스 위로 마우스 커서를 대면 로 바뀝니다. 그 상태에서 드래그를 하면 곡선을 편집할 수 있습니다.

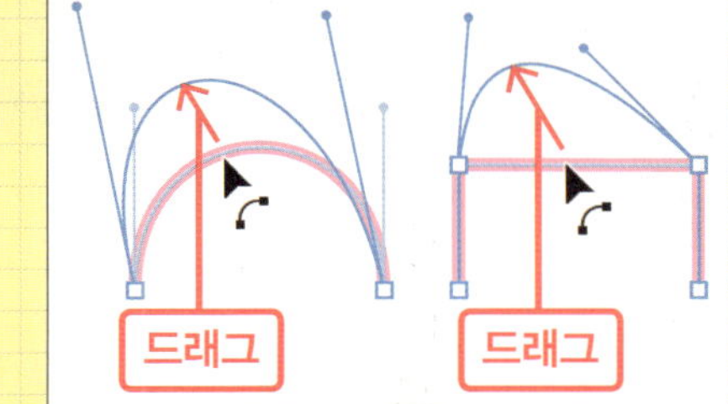

[Pen] 툴을 길게 누르면 앵커 포인트를 조작할 수 있는 3개의 툴이 표시됩니다. 각 툴을 선택하여 패스를 조작할 수도 있습니다.

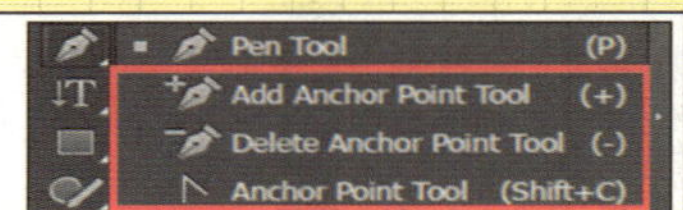

05 선로 그리기

예제 파일 **0405a.ai**
완성 파일 **0405b.ai**

Appearance 패널을 사용하면 하나의 패스에 대해 여러 줄의 선을 설정할 수 있습니다. 여기서는 하나의 패스에 2줄의 선을 설정하여 선로를 그리는 방법을 배웁니다.

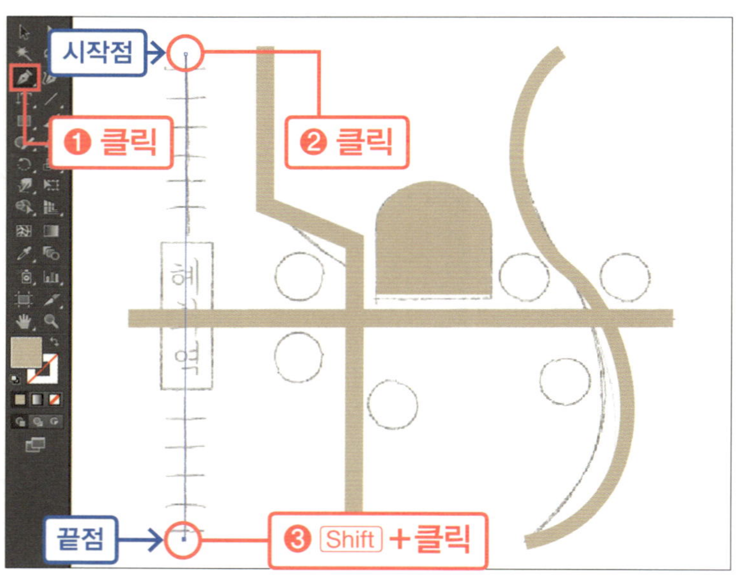

1 패스 그리기

❶ [Pen] 툴 을 클릭하고 ❷ 선로의 '시작점'을 클릭합니다. 그 다음 ❸ Shift를 누른 상태에서 '끝점'을 클릭하여 세로선을 그립니다.

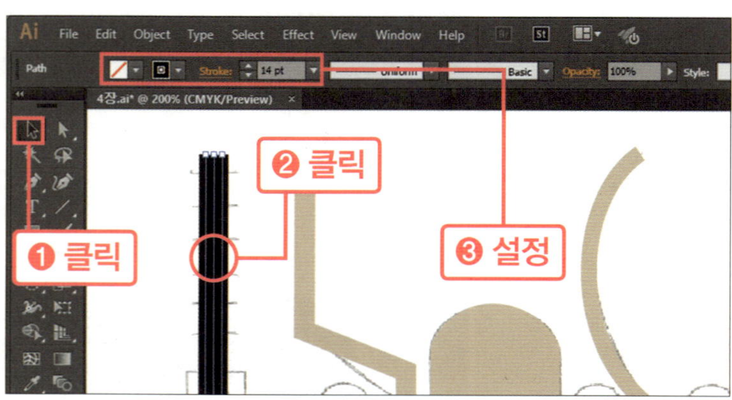

2 선 설정하기

❶ [Selection] 툴 을 클릭하고 ❷ 패스를 클릭하여 선택합니다. 그 다음 ❸ 컨트롤 패널을 아래와 같이 설정합니다.

Fill Color(칠 색상)	없음
Stroke Color(선 색상)	[Black(검정)] ■
Stroke Weight(선 두께)	14pt

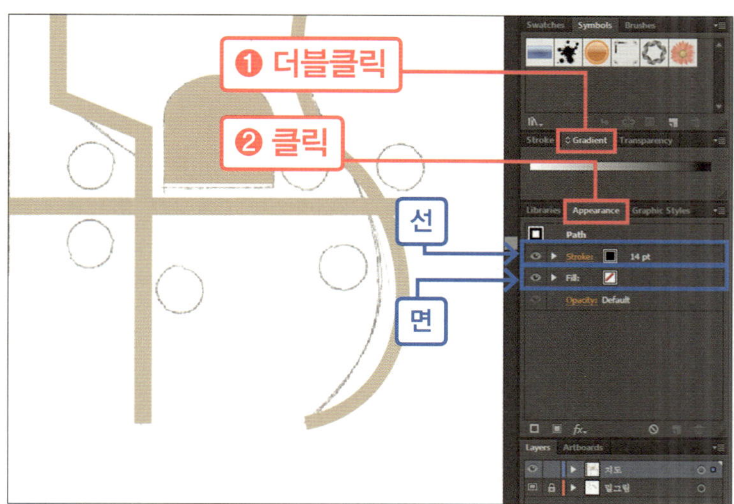

3 Appearance 패널 표시하기

❶ [Gradient(그레이디언트)] 패널이 크게 열려 있는 경우는 탭을 더블클릭하여 그림과 같이 작게 만듭니다. 그 다음 ❷ [Appearance(모양)] 패널 탭을 클릭하여 전면에 표시합니다. 패스에 설정한 '선'과 '면'의 정보가 표시됩니다.

memo

[Appearance] 패널이 표시되어 있지 않은 경우는 [Window(윈도우)] 메뉴 → [Appearance(모양)]를 클릭합니다.

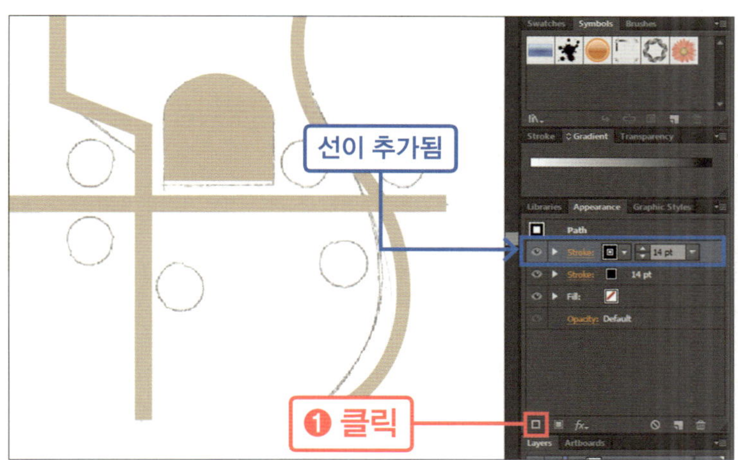

4 선 추가하기

❶ [Appearance] 패널에서 왼쪽 아래에 있는 [Add New Stroke] 버튼 을 클릭합니다. 패스에 대해 선이 하나 추가됩니다.

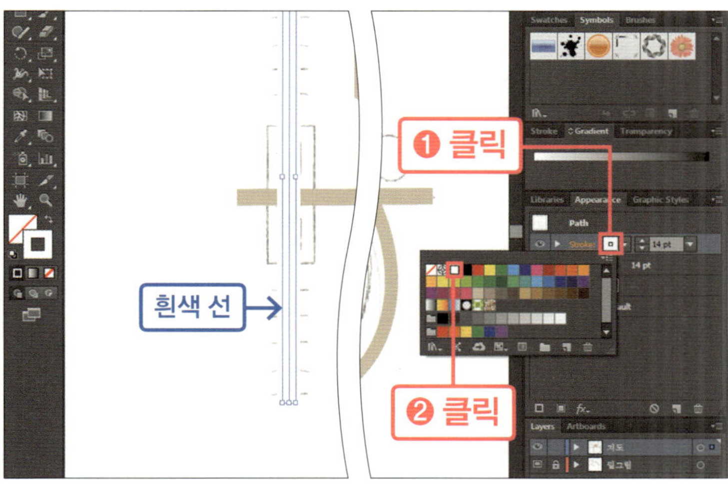

5 흰색 선으로 바꾸기

추가한 선을 흰색 선으로 바꿉니다. ❶ [Appearance] 패널에 추가된 [Stroke]의 [Color Swatch]를 클릭합니다. ❷ [Swatches] 패널이 표시되면 [White(흰색)] 을 클릭하고 Enter(Mac : return)를 눌러 패널을 닫습니다.

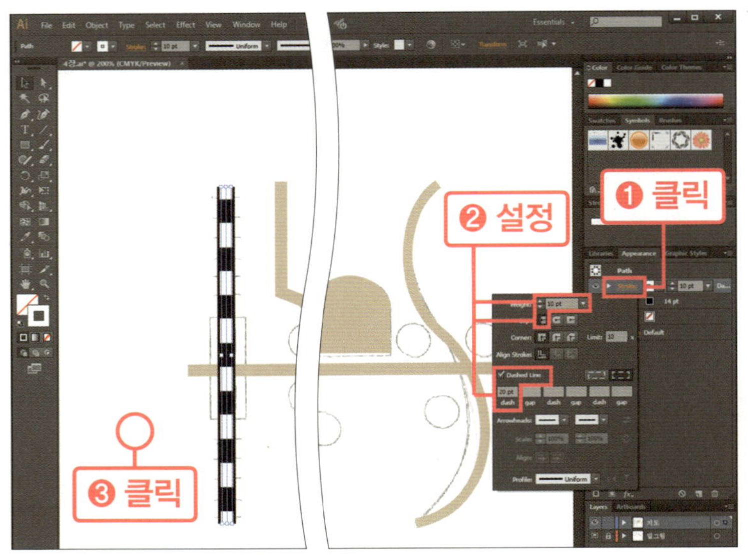

6 짧은 점선으로 변경하기

흰 선을 짧은 점선으로 바꿉니다. ❶ [Stroke] 텍스트 링크를 클릭하여 [Stroke] 패널을 표시합니다. ❷ 아래와 같이 설정하고 Enter(Mac：return)를 눌러 패널을 닫습니다. 그 다음 ❸ 화면의 공백을 클릭하여 선택을 해제합니다.

Weight(두께)	10pt
Cap(단면)	Butt Cap(접한 단면)
Dashed Line(점선 사용)	체크
Dash(점선)	20pt

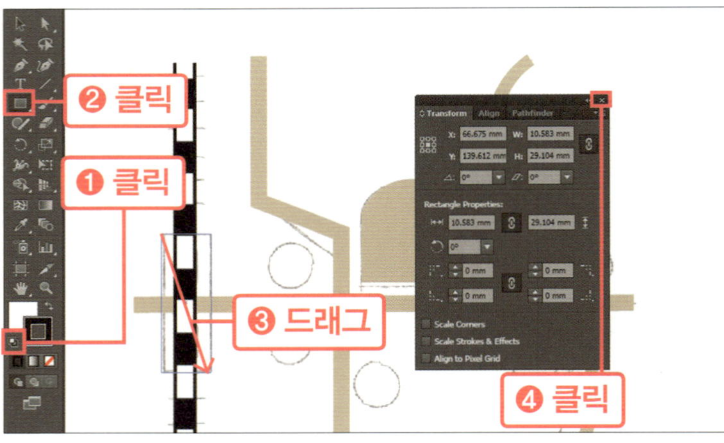

7 선로가 완성됨

2줄의 선을 겹쳐 선로를 완성했습니다. 그 다음 역을 추가합니다. ❶ [Default Fill and Stroke(초기값 칠과 선)]를 클릭하여 [Fill]을 흰색, [Stroke]를 검은색으로 설정합니다. 그 다음 ❷ [Rectangle] 툴을 클릭하고 ❸ 밑그림의 역 크기에 맞춰 드래그하여 직사각형을 그립니다. ❹ [Transform(변형)] 패널이 표시되면 ✕를 클릭하여 닫아둡니다.

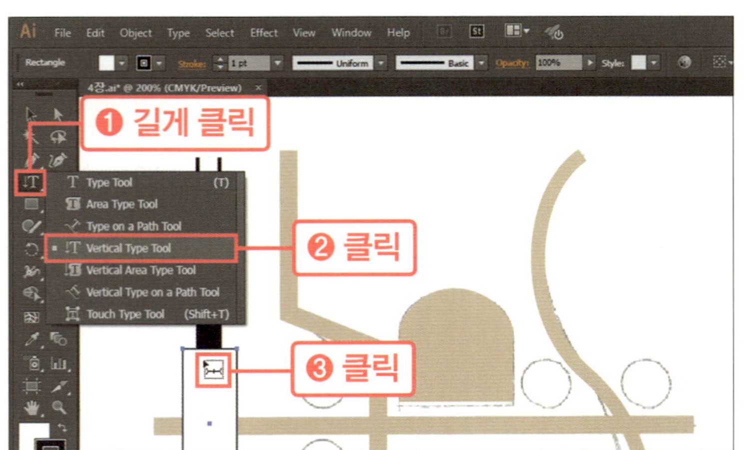

8 문자 툴 선택하기

❶ [Type(문자)] 툴을 길게 클릭하여 ❷ [Vertical Type(세로 문자)] 툴을 클릭하여 선택합니다. 그 다음 ❸ 그림과 같은 위치에 마우스 커서를 대고 이 표시되면 클릭합니다.

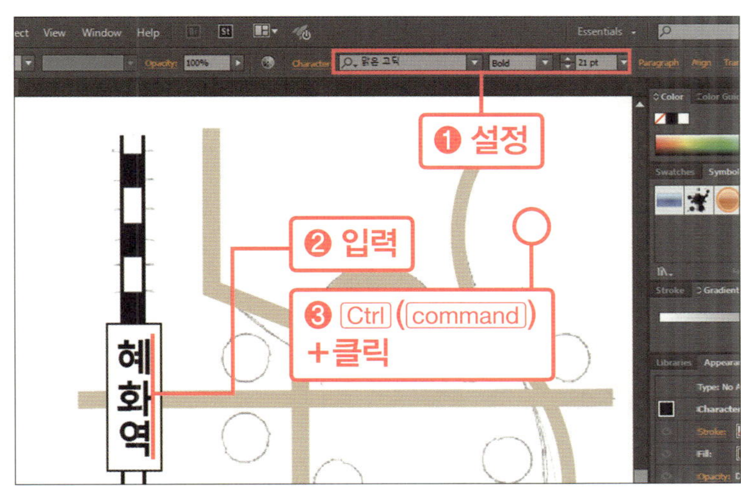

9 문자 입력하기

❶ 커서가 깜빡이면 컨트롤 패널을 아래와 같이 설정하고 ❷ '혜화역'이라고 입력합니다. ❸ Ctrl (Mac: command)를 누른 상태에서 공백을 클릭하여 선택을 해제합니다.

	Windows	Mac
글꼴	맑은 고딕	AppleGothic
글꼴 스타일	Bold	W6
글꼴 크기	24pt	

check! Stroke 패널을 살펴보자

[Stroke] 패널을 사용하면 그린 선에 다양한 설정을 할 수가 있습니다. [Stroke] 패널은 Step 6과 같이 [Appearance] 패널에서 열 수도 있지만 초기 설정에서는 오른쪽 패널에도 표시되어 있습니다.

표시되어 있지 않은 경우는 [Window] 메뉴 → [Stroke]를 클릭하여 표시합니다. 에서 [Show Options]를 선택하면 옵션 설정 항목이 표시됩니다. 여기서는 [Stroke] 패널의 설정 중 아래 6가지 설정 항목을 살펴보겠습니다.

＊선의 두께(Weight)

수치를 지정하여 선의 두께를 설정합니다. 수치를 '0'으로 지정하면 선은 [None(없음)] 상태가 됩니다.

＊점선(Dashed Line)

체크를 하면 [Dash(점선)]과 [Cap(간격)]에 수치를 입력할 수 있게 됩니다.
[Dash]에는 선의 길이를 [Cap]에는 선과 선 사이의 간격을 지정합니다.

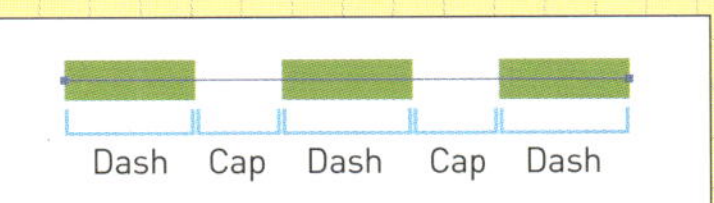

입력한 수치는 자동으로 반복되어 점선이 됩니다. [Dash]에만 수치를 입력하면 [Cap]에도 동일한 수치가 적용됩니다. 'Chap04' 폴더의 'sample_line.ai'에 여러 가지 점선 예제가 저장되어 있으므로 확인해보기 바랍니다.

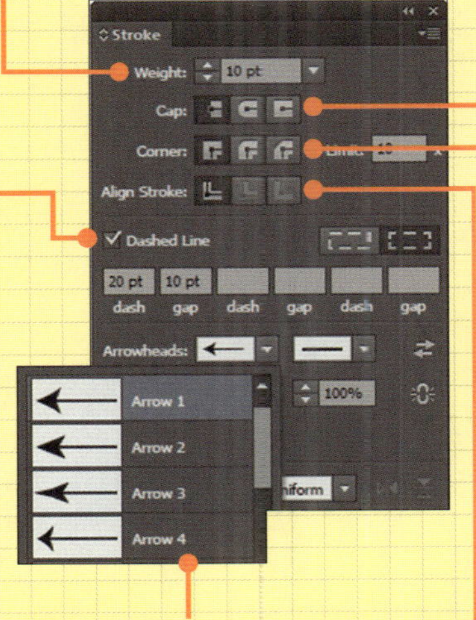

＊화살표(Arrowheads)

패스의 시작점 또는 끝점에 화살표를 설정합니다. 를 클릭하면 화살표 디자인이 표시되어 선택할 수 있습니다.

＊선의 끝(Cap)

시작점과 끝점이 떨어져 있는 열린 패스의 끝 모양을 아래 3종류로 설정합니다.

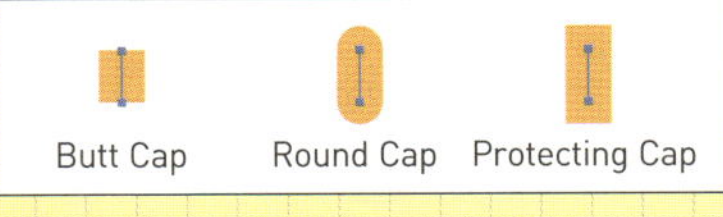

＊모서리 모양(Corner)

꺾인 선의 모서리 모양을 아래 3가지 중에서 설정합니다.

＊선의 위치(Align Stroke)

시작점과 끝점이 연결된 닫힌 패스의 선의 위치를 아래 3가지 중에서 설정합니다.

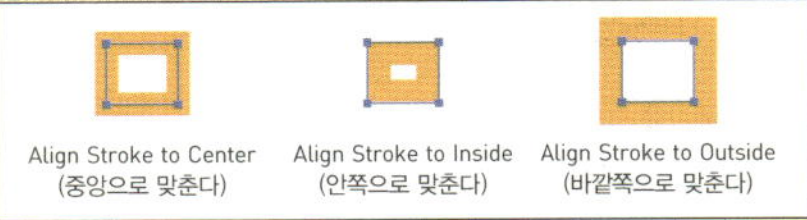

06 가게 마크 배치하기

예제 파일 **0406a.ai**
완성 파일 **0406b.ai**

상점가 지도에 가게 마크 아이콘을 배치합니다. 가져오기를 사용하면 여러 개의 이미지를 읽어 들여 효율적으로 배치할 수 있습니다.

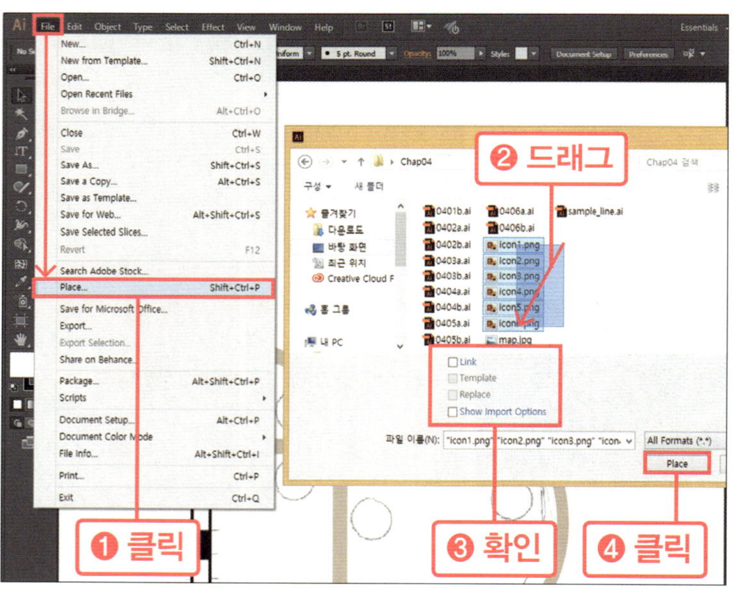

1 이미지 선택하기

❶ [File] 메뉴 → [Place(가져오기)]를 클릭합니다.
❷ [Place] 대화상자가 표시되면 [바탕 화면]의 [Chap04] 폴더에서 'icon1.png'부터 'icon6.png'를 그림과 같이 드래그하여 선택합니다. ❸ 모든 항목에 체크 표시가 없는 것을 확인하고 ❹ [Place] 버튼을 클릭합니다.

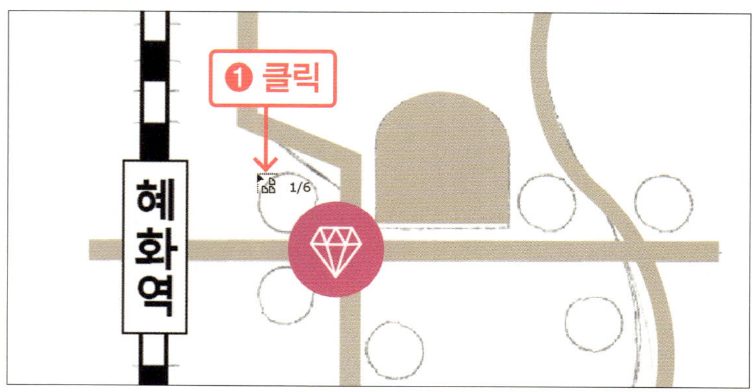

2 배치하기

선택한 이미지가 마우스 커서 옆에 표시됩니다. '1/6'이라고 표시되는 것은 6개의 이미지가 선택되어 있으며, 첫 번째 이미지를 배치할 수 있다는 것을 의미합니다. ❶ 그림과 같이 밑그림에서 원의 왼쪽 위를 클릭합니다. 첫 번째 이미지가 배치됩니다.

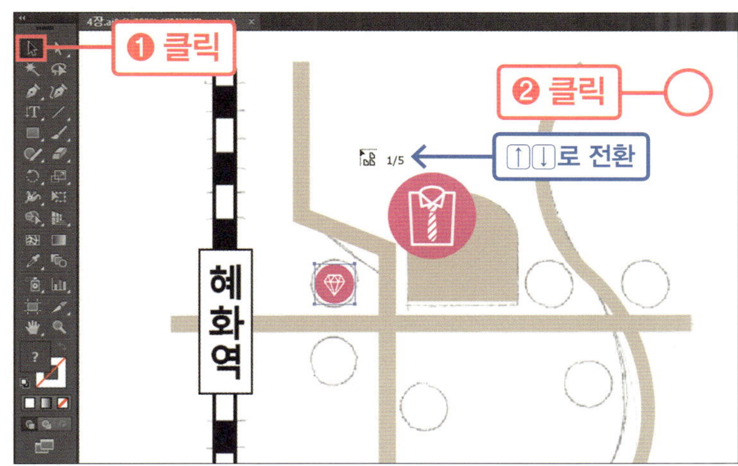

3 이미지를 선택하여 배치하기

나머지 이미지도 배치합니다. ↑↓를 누르면 배치할 이미지가 전환됩니다. Step 4의 완성도를 참고로 밑그림의 원에 맞춰 클릭하여 이미지를 나열해 봅시다. ❶ 모두 배치했으면 [Selection] 툴 을 클릭하고 ❷ 화면의 공백을 클릭하여 선택을 해제합니다.

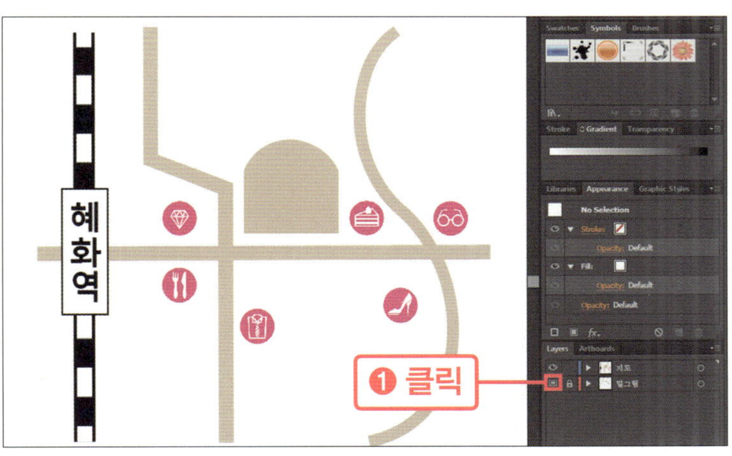

4 밑그림을 보이지 않게 하기

❶ [밑그림] 레이어의 [표시 칼럼]에서 를 클릭하여 밑그림을 숨깁니다. 이것으로 지도가 완성되었습니다. 마지막으로 P.44~45의 방법으로 파일을 저장합니다.

---

check!

선의 두께를 바꾸는 편리한 툴

여기서는 선의 두께를 바꾸는 데 사용하는 편리한 툴을 소개합니다.

[Width(폭)] 툴 을 사용하면 선을 부분적으로 굵게 하거나 가늘게 하여 표현에 변화를 줄 수 있습니다. [Width] 툴 을 선택하고 선 위로 마우스 커서를 대면 로 바뀝니다. 그 상태에서 선의 바깥쪽으로 드래그하면 선이 굵어지고, 안쪽으로 드래그하면 선이 가늘어집니다.

드래그한 위치에는 [Width Point]와 [Width Point Handle]이 추가되어 핸들을 조작해서 선의 두께를 조정할 수 있습니다.

[Width] 툴을 사용하면 이 장에서 작성한 도로에 굵은 부분과 가는 부분을 추가하거나 그 외에도 표현의 폭이 넓어집니다. 여러 가지 시험해 보기 바랍니다.

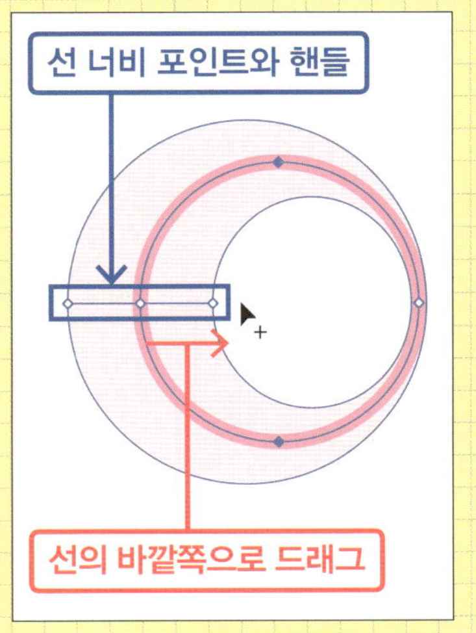

PDF 파일을 작성하자

Illustrator에서는 작성한 데이터를 PDF 형식으로 저장할 수 있습니다. PDF는 Adobe Systems사가 개발한 전자문서 포맷으로, 컴퓨터의 기종이나 환경에 상관없이 보거나 인쇄할 수 있기 때문에 폭넓게 활용되고 있습니다. PDF를 저장할 때는 이용 용도에 맞춰 설정을 합니다. 여기서는 적절한 설정 방법을 살펴봅니다. 또한 이 작업을 수행하기 전에는 반드시 원래 데이터인 Illustrator 파일을 저장해두기 바랍니다.

*[Save As]를 선택하기

[File] 메뉴 → [Save As(다른 이름으로 저장)]를 클릭하여 [Save As] 대화상자를 표시합니다. 그 다음 ❶ 저장 위치와 [File Name(Mac:[이름])]을 설정합니다. ❷ [File Type(Mac:[파일 형식])]에서 [Adobe PDF]를 선택하고 ❸ [Save] 버튼을 클릭합니다.

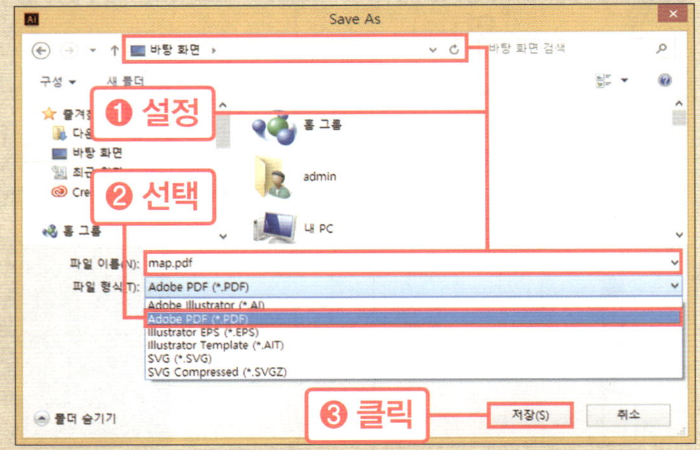

*프리셋을 표시하기

[Save Adobe PDF] 대화상자가 표시되면 [Adobe PDF Preset]의 ▼를 클릭하여 목록을 표시합니다. 프리셋(미리 마련되어 있는 사전 설정)에는 상업 인쇄용으로 최적화된 [PDF/X-1a:2001], [PDF/X-3:2002], [PDF/X-4:2008]나 이메일에 첨부하는 것으로 최적화된 [Smallest File Size] 등이 있습니다.

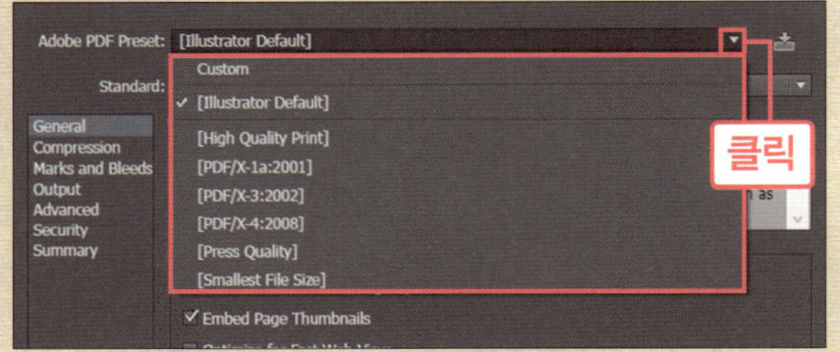

*프리셋을 선택하여 저장하기

프리셋을 선택하면 [Description(설명)]에 프리셋에 관한 자세한 설명이 표시됩니다. 설명을 확인하고 목적에 맞는 프리셋을 선택합니다. 여기서는 [Illustrator Default(Illustrator 초기값)]를 선택했습니다. [Save PDF] 버튼을 클릭하면 지정한 위치에 PDF 파일이 작성됩니다.

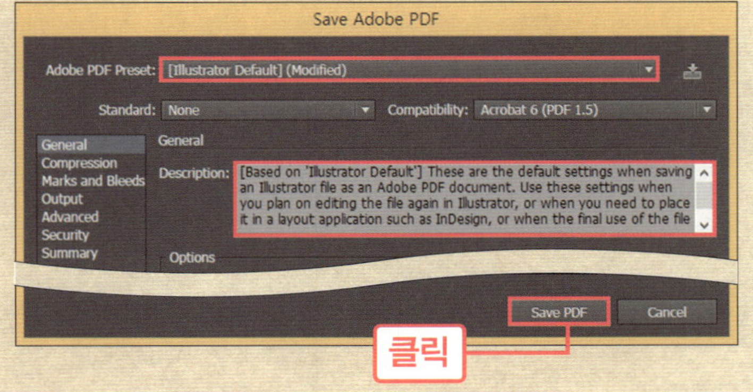

chapter

5

| 제 5 장 |

엽서 만들기

제5장에서는 플라워샵의 엽서를 만듭니다. 이 장을 통해 Illustrator에 내장되어 있는 패턴, 효과, 클리핑 마스크와 같은 기능의 사용 방법을 익힙니다.

엽서 만들기

POINT **1**

POINT **2**

POINT **3**

POINT **4**

1 배경 패턴 만들기

패턴 옵션을 사용하여 직사각형을 나열하여 줄무늬 패턴을 만들어 엽서의 배경으로 설정합니다.

➡ **P.120**

2 제목 그리기

직사각형과 문자로 제목을 그리고 효과를 사용하여 아치 모양으로 변형시킵니다.

➡ **P.126**

3 영역 안에 문자 넣기

문자를 넣을 영역을 만들어 그 안에 문장을 넣습니다. 계속해서 영역의 가로폭도 조정합니다.

➡ **P.130**

4 사진을 도형으로 오려내기

클리핑 마스크를 사용하여 전면에 배치한 원에서 배경에 배치한 사진을 오려냅니다.

➡ **P.132**

| 제5장 | 엽서 만들기

01 다른 이름으로 저장하기

예제 파일 **없음**
완성 파일 **0501b.ai**

먼저 엽서 크기의 트림 마크와 가이드가 저장되어 있는 Illustrator 파일을 열어
이름을 바꿔서 저장하는 방법을 배웁니다.

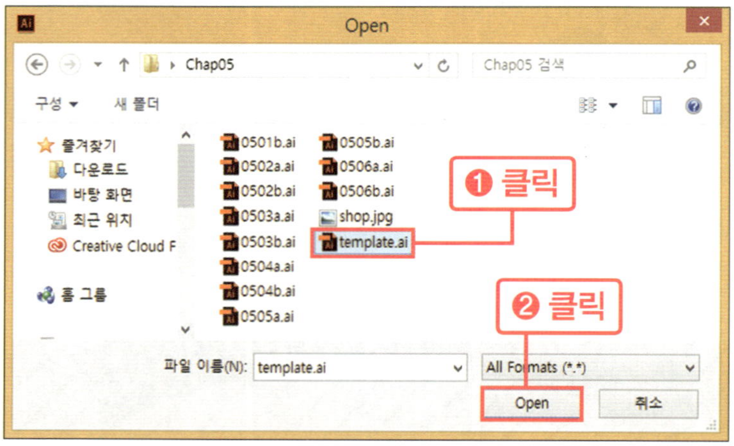

1 파일 열기

[File(파일)] 메뉴 → [Open(열기)]을 클릭합니다.
❶ [Open] 대화상자가 표시되면 [바탕 화면]의
[Chap05] 폴더에서 [template.ai]를 클릭하고
❷ [Open] 버튼을 클릭합니다.

memo

P.14~15를 참고하여 [Chap05] 폴더를 바탕 화면에
복사합니다.

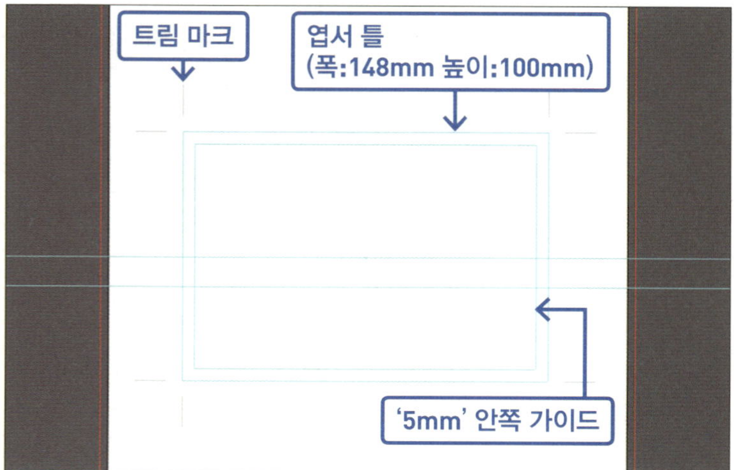

2 파일이 열림

파일이 열리고 아트보드가 표시됩니다. 바깥쪽 가
이드는 엽서의 틀이 됩니다. '5mm' 안쪽 가이드는
도형이나 문자 배치의 기준으로 사용합니다.

memo

트림 마크와 가이드 작성 방법은 P.72~77을 참조합
니다.

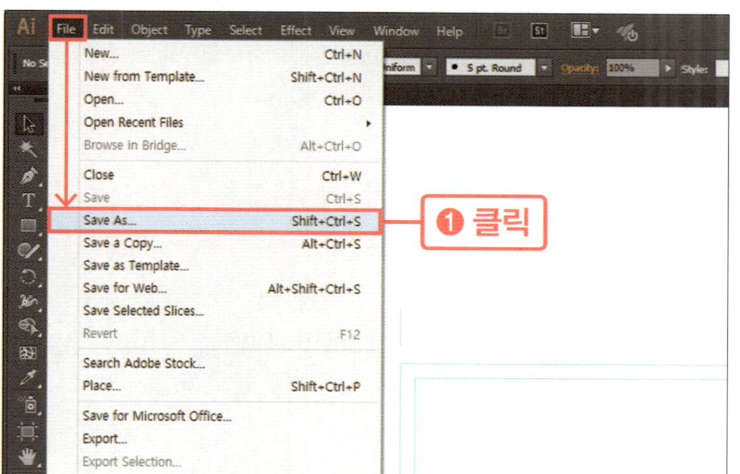

3 이름을 바꿔서 저장하기

파일의 이름을 바꿔서 저장합니다. ❶ [File] 메뉴
→ [Save As(다른 이름으로 저장)]를 클릭합니다.

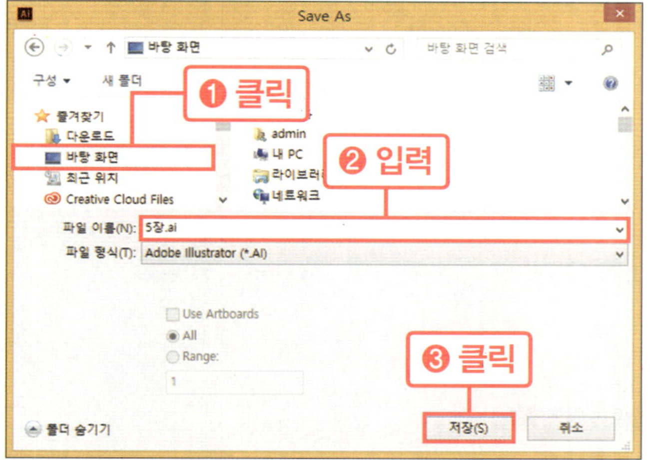

4 저장 위치 지정하기

[Save As] 대화상자가 표시되면 ❶ [바탕 화면]을
클릭하고 저장 위치를 지정합니다. ❷ [파일 이름]
(Mac:[이름])에 '5장.ai'을 입력하고 ❸ [저장] 버튼
을 클릭합니다.

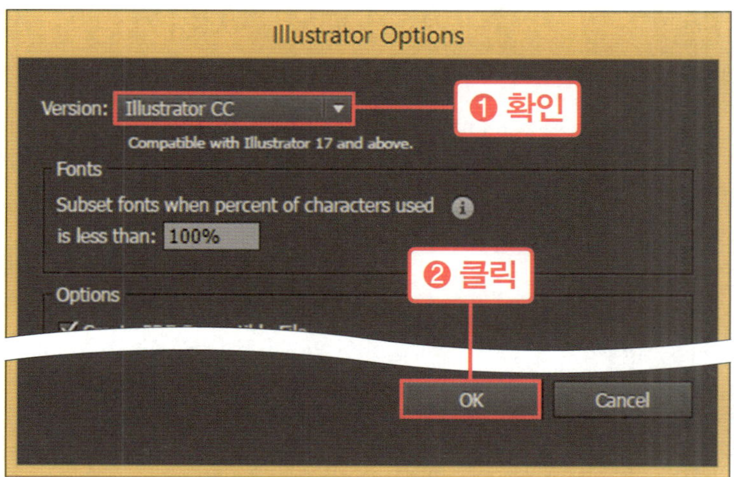

5 Illustrator 옵션 설정하기

❶ [Illustrator Options] 대화상자가 표시되면 버전
을 확인하고 ❷ [OK] 버튼을 클릭합니다. 지정한
위치에 '5장.ai' 파일이 저장됩니다.

02 패턴 만들기

예제 파일 **0502a.ai**
완성 파일 **0502b.ai**

패턴 옵션 패널을 사용하면 도형을 상하좌우로 나열하여 패턴을 만들 수 있습니다. 여기서는 직사각형을 나열하여 줄무늬를 만드는 방법을 배웁니다.

1 화면 확대하기

조작이 편하도록 화면을 확대합니다. ❶ 문서 창의 [Zoom] 상자에 '170'을 입력하고 Enter (Mac: return)를 누릅니다.

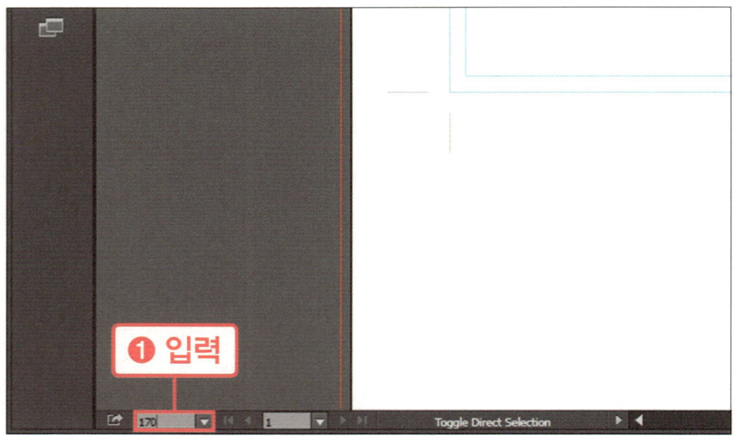

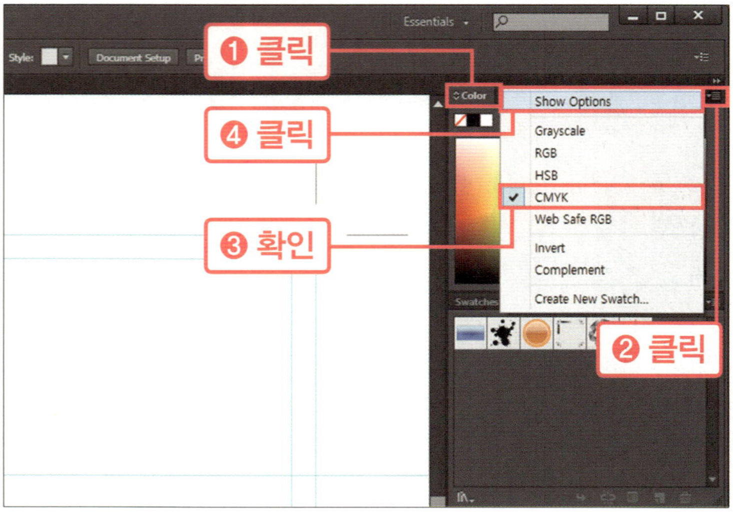

2 컬러 패널 표시하기

❶ [Color(색상)] 패널 탭을 클릭하여 전면에 표시한 다음 ❷ 패널 메뉴 를 클릭하여 ❸ [CMYK]가 체크되어 있는 것을 확인한 후 ❹ [Show Options (옵션 표시)]를 클릭합니다.

memo

[CMYK]가 체크되어 있지 않은 경우 체크를 합니다. 패널 메뉴에서 [Hide Options(옵션 숨기기)]로 표시되어 있는 경우는 Enter (Mac: return)를 눌러 메뉴를 닫습니다.

3 선과 칠 설정하기

❶ [Color] 패널의 [Stroke] 상자를 클릭하고
❷ [None] 버튼 을 클릭합니다. 그 다음
❸ [Fill] 상자를 클릭하고 ❹ 아래와 같이 설정한
후 Enter (Mac: return)를 누릅니다.

C	80%
M	30%
Y	100%
K	0%

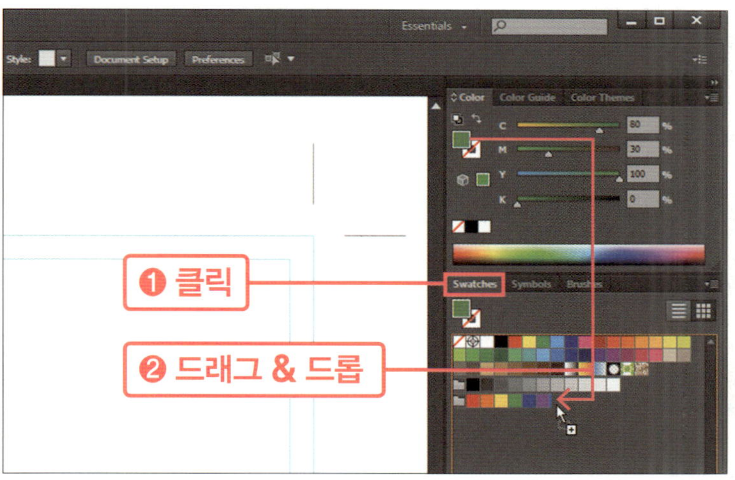

4 색을 Swatches에 등록하기

❶ [Swatches(견본)] 패널 탭을 클릭하여 전면에
표시합니다. 그 다음 ❷ 좀 전에 색을 설정한 [Fill]
상자를 [Swatches] 패널 위로 드래그하여 마우스
커서의 오른쪽 밑에 '+'가 표시되면 드롭합니다. 그
러면 [Swatches] 패널에 색이 등록됩니다.

memo

여러 번 사용하는 색은 [Swatches] 패널에 등록해두
면 바로 선택할 수 있어서 편리합니다.

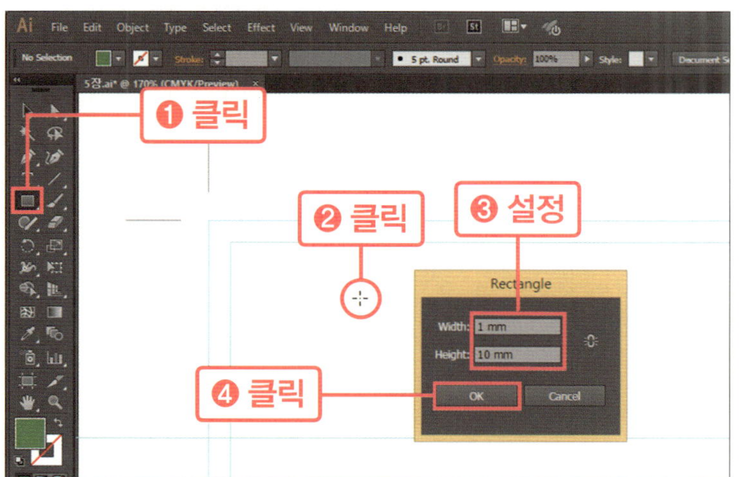

5 직사각형 그리기

패턴의 기본이 되는 직사각형을 그립니다.
❶ [Rectangle] 툴 을 클릭하고 ❷ 아트보드를
클릭합니다. ❸ [Rectangle] 대화상자가 표시되면
아래와 같이 설정하고 ❹ [OK] 버튼을 클릭합니다.

Width	1mm
Height	10mm

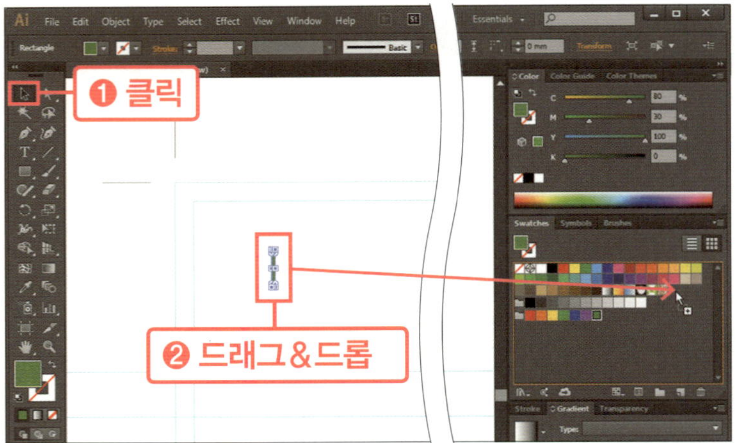

6 직사각형을 Swatches에 등록하기

직사각형이 그려지면 ❶ [Selection] 툴을 클릭하고 ❷ 직사각형을 [Swatches] 패널 위로 드래그하여 마우스 커서의 오른쪽 아래에 '+'가 표시되면 드롭합니다.

memo

[Swatches] 패널에 도형을 드래그&드롭하면 [Pattern Swatches(패턴 견본)]로 등록할 수 있습니다.

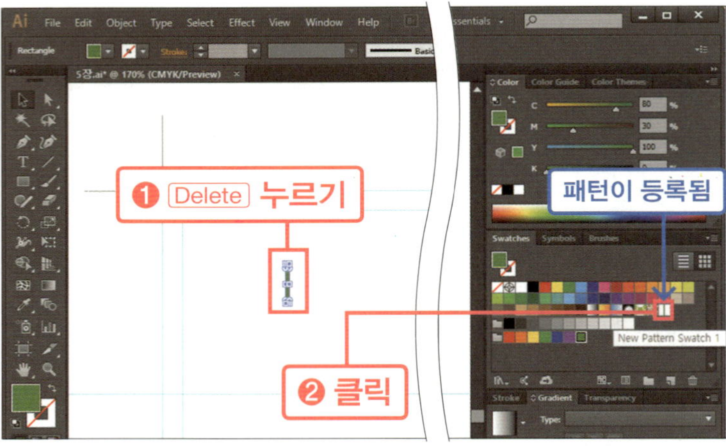

7 패턴이 등록됨

'New Pattern Swatch 1'이라는 이름이 붙은 [Pattern Swatch]가 등록됩니다. ❶ 아트보드의 직사각형은 Delete를 눌러 삭제합니다. 그 다음 ❷ 조금 전에 등록한 [New Pattern Swatch 1]을 클릭합니다.

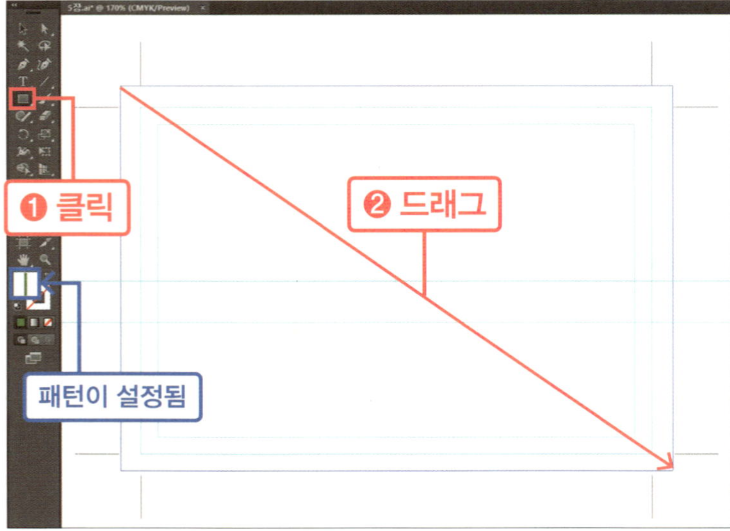

8 패턴으로 배경 그리기

[Fill]에 패턴이 설정되면 ❶ [Rectangle] 툴을 클릭하고 ❷ 트림 마크의 왼쪽 위 모서리부터 오른쪽 아래 모서리까지 드래그합니다.

memo

배경은 엽서 틀보다 3mm이상 바깥쪽으로 나오게 그리는 것이 포인트입니다. 그래야 만일 재단이 밀려도 색이 잘리는 것을 막을 수 있습니다.

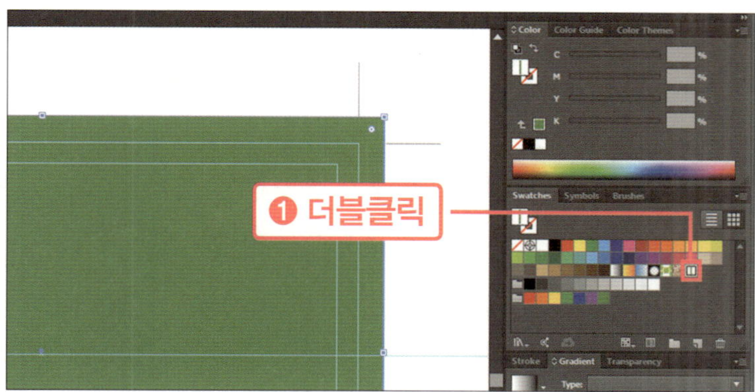

9 패턴 편집하기

패턴으로 배경이 그려집니다. 보기에는 단순히 초록색 사각형으로 보이지만 실제로는 패턴으로 만든 직사각형이 상하좌우 빈틈없이 나열되어 있습니다. ❶ 직사각형의 좌우에 여백을 입히기 위해 [New Pattern Swatch 1]을 더블클릭합니다.

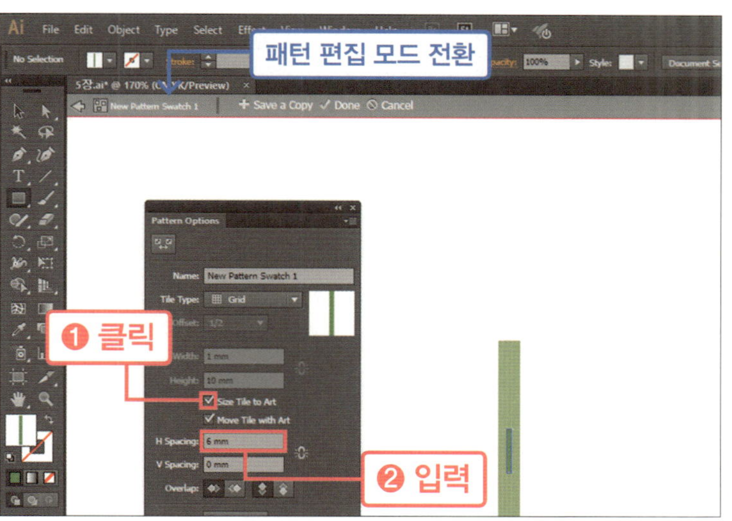

10 좌우에 여백 주기

[Pattern Editing Mode(패턴 편집 모드)]로 전환되고 직사각형이 세로로 5개씩 나열되어 표시됩니다. ❶ [Pattern Options(패턴 옵션)] 패널의 [Size Tile to Art(아트에 타일 크기 조정)]를 클릭하여 체크 표시를 합니다. 그 다음 ❷ [H Spacing(H 간격)]에 '6mm'을 입력하고 Enter (Mac : return)를 누릅니다.

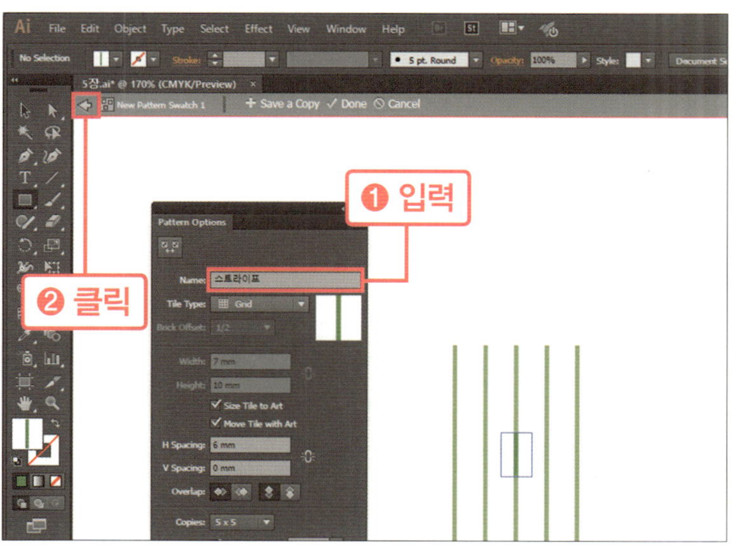

11 편집 모드 종료하기

직사각형의 좌우에 '3mm'씩 합계 '6mm'의 여백이 생겨 줄무늬가 됩니다. ❶ [Name]에 '스트라이프'라고 입력하고 ❷ [Exit Pattern Editing Mode(패턴 편집 모드 종료)]를 클릭하여 편집 모드를 닫습니다.

03 패턴 회전시키기

예제 파일 **0503a.ai**
완성 파일 **0503b.ai**

여기서는 배경으로 설정한 스트라이프 패턴을 회전시켜 비스듬하게 만드는 방법을 배웁니다.

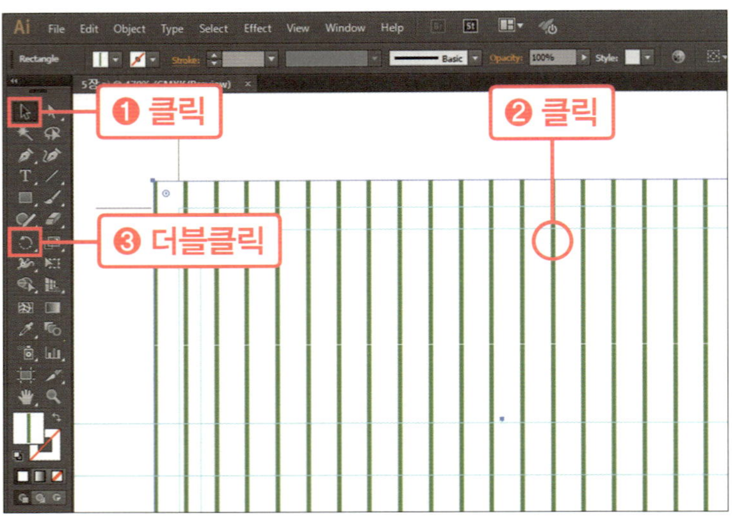

1 패턴 회전시키기

❶ [Selection] 툴 을 클릭하고 ❷ 배경을 클릭하여 선택합니다. 그 다음 ❸ [Rotate(회전)] 툴 을 더블클릭합니다.

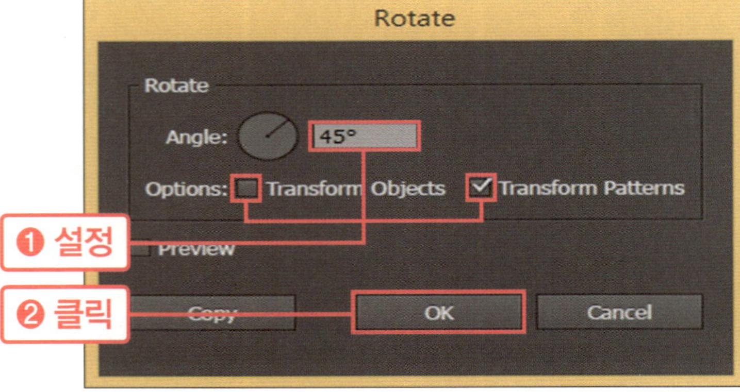

2 항목 설정하기

❶ [Rotate] 대화상자가 표시되면 아래와 같이 설정하고 ❷ [OK] 버튼을 클릭합니다.

Angle(각도)	45˚
Transform Objects(개체 변형)	체크 해제
Transform Patterns(패턴 변형)	체크

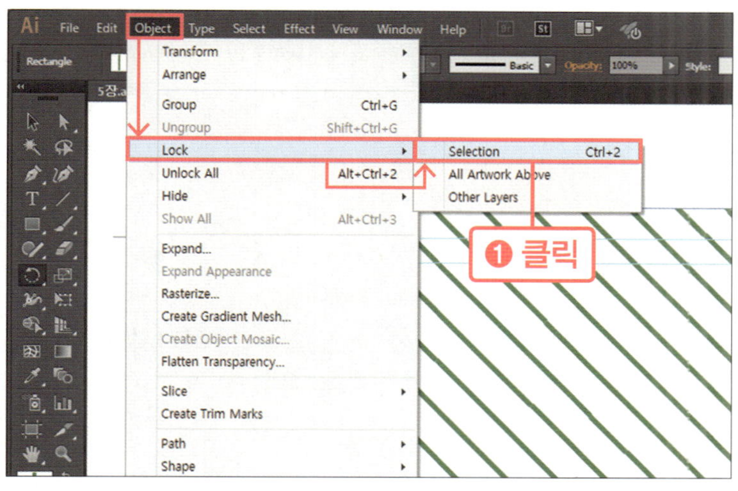

3 패턴이 회전됨

[Transform Patterns]에만 체크를 하면 배경의 직사각형은 그대로 두고 패턴만 회전시킬 수 있습니다. 이것으로 배경이 완성되었습니다. ❶ [Object] 메뉴 → [Lock(잠금)] → [Selection]을 클릭하여 배경을 잠급니다.

패턴의 배열 방법을 살펴보자

앞에서는 [Pattern Options] 패널을 사용하여 직사각형을 나열하여 스트라이프 패턴을 만들었습니다. 여기서는 원형 소재를 나열하여 다른 배열 방법을 살펴봅시다.

[Pattern Options] 패널에는 [Tile Type(타일 유형)]이라는 설정이 있는데, 배열 방법을 5종류 중에서 선택하여 다양한 패턴을 만들 수 있습니다.

아래의 예에서는 오른쪽과 같은 원형 소재를 [Swatches] 패널에 드래그&드롭하여 등록하고, 등록된 [Pattern Swatch]를 더블클릭하여 [Pattern Options] 패널을 표시했습니다.

[Tile Type]에서 ▼을 클릭하면 5종류의 배열 방법이 표시됩니다. 타일 종류를 전환하면 서로 다른 패턴을 만들 수 있습니다.

소재

패턴 옵션 패널

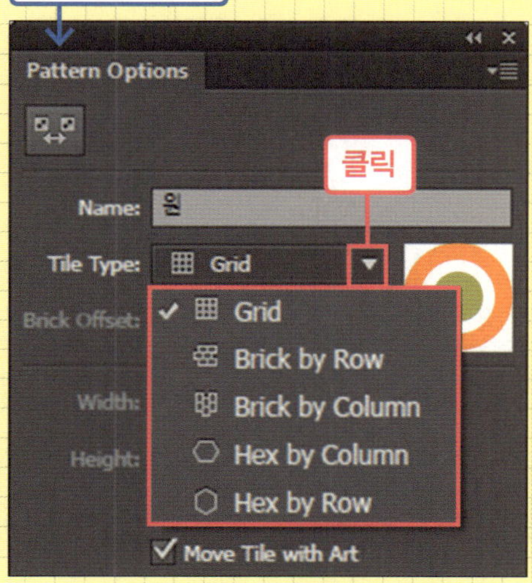

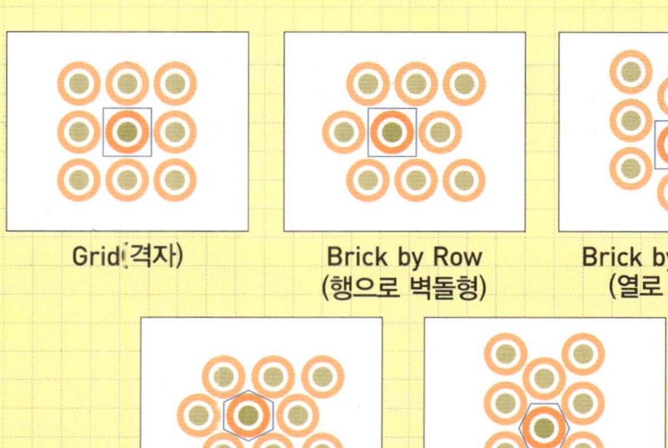

04 효과주기

예제 파일 **0504a.ai**
완성 파일 **0504b.ai**

'효과'를 사용하면 오브젝트에 다양한 변화를 줄 수 있습니다. 여기서는 '부채꼴 (Arc)'을 사용하여 문자와 도형을 변형하는 방법을 배웁니다.

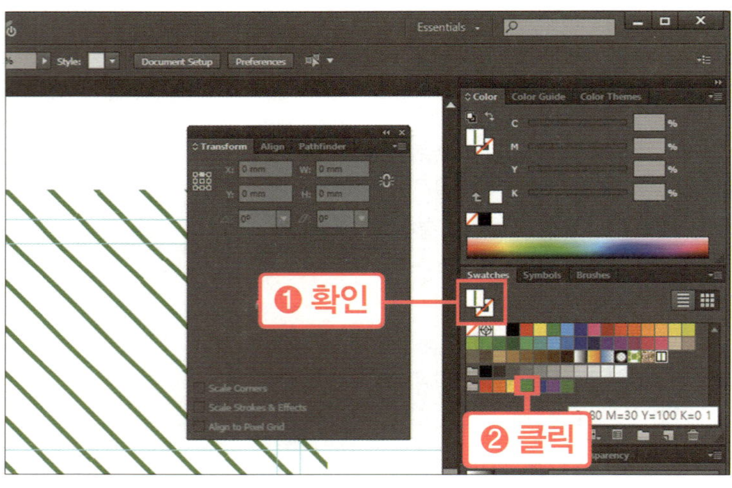

1 면과 선 설정하기

❶ [Swatches] 패널의 [Stroke] 상자가 [None]으로 설정되어 있는지 확인합니다. 그 다음 ❷ [Fill] 상자를 전면에 표시한 상태에서 앞에서 등록한 [C=80 M=30 Y=100 K=0 1] 을 클릭하여 [Fill]에 색을 설정합니다.

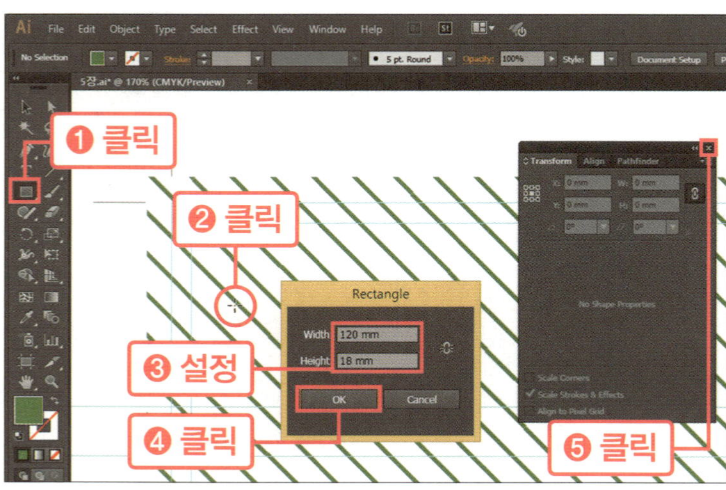

2 직사각형 그리기

❶ [Rectangle] 툴 을 클릭하고 ❷ 그림과 같은 위치를 클릭합니다. ❸ [Rectangle] 대화상자가 표시되면 아래와 같이 설정하고 ❹ [OK] 버튼을 클릭합니다. 또한 ❺ [Transform] 패널은 를 클릭하여 닫아둡니다.

Width(너비)	120mm
Height(높이)	18mm

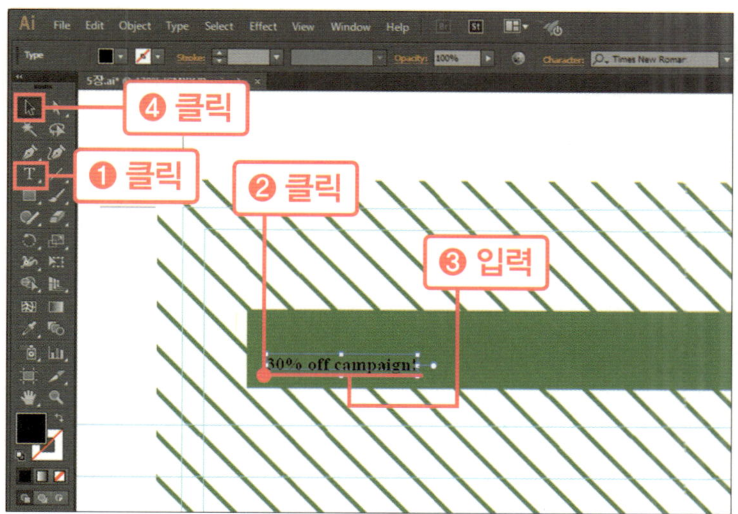

3　문자 입력하기

❶ [Type(문자)] 툴 T 을 클릭하고 ❷ 그림과 같은 위치에서 마우스 커서가 상태일 때 클릭합니다. 깜빡이는 세로선이 표시되면 ❸ '30% off campaign!'을 입력합니다. 그 다음 ❹ [Selection] 툴 을 클릭하여 문자를 선택된 상태로 만듭니다.

memo

도구상자에 [Type] 툴 이외의 툴이 표시되어 있는 경우는 길게 클릭하여 [Type] 툴을 선택합니다.

4　문자 설정하기

❶ 컨트롤 패널의 [Character] 텍스트 링크를 클릭하여 [Type] 패널을 표시하고 ❷ 아래와 같이 설정합니다. 그 다음 ❸ [Swatches] 패널의 [White(흰색)] 을 클릭하여 문자를 흰색으로 설정합니다.

글꼴	Times New Roman
글꼴 스타일	Bold
글꼴 크기	38pt

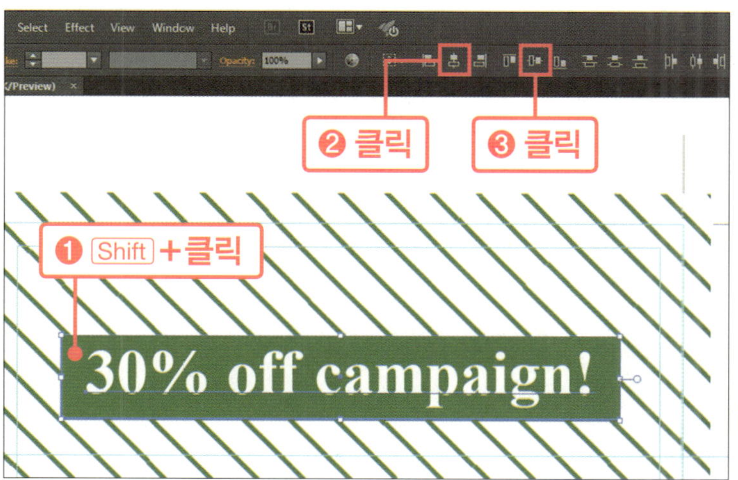

5　정렬시키기

문자와 직사각형의 배치를 정렬합니다. ❶ Shift 를 누른 상태에서 직사각형을 클릭하여 둘을 선택합니다. 그 다음 ❷ 컨트롤 패널의 [Align] 섹션의 [Align Horizontal(가로 가운데 정렬)] 을 클릭하고 계속해서 ❸ [Align Vertical(세로 가운데 정렬)] 을 클릭합니다.

memo

정렬에 관한 자세한 내용은 P.87을 참조합니다.

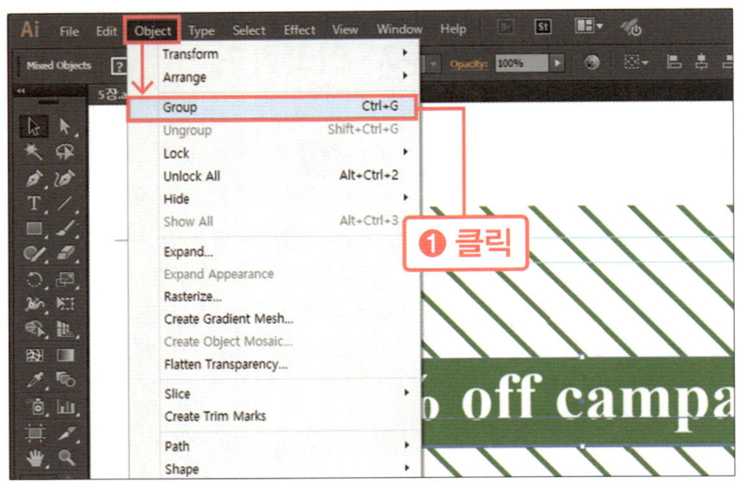

6 그룹화하기

문자와 직사각형이 정렬됩니다. 효과를 주기 위해 이 둘을 그룹화합니다. ❶ [Object(오브젝트)] 메뉴 → [Group(그룹)]을 클릭합니다.

memo

그룹화하지 않고 효과를 적용하면 문자와 직사각형에 효과가 각각 설정되어 결과가 달라집니다.

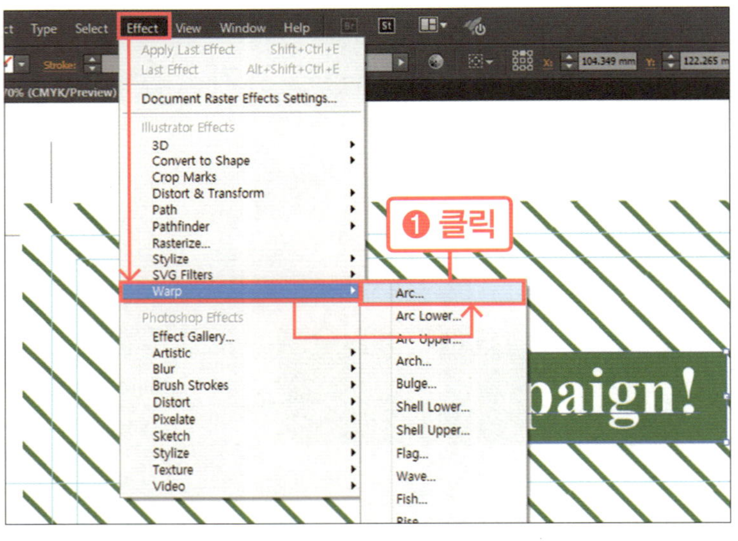

7 효과주기

문자와 직사각형이 하나로 그룹화되었으면 ❶ [Effect(효과)] 메뉴 → [Warp(변형)] → [Arc(부채꼴)]를 클릭합니다.

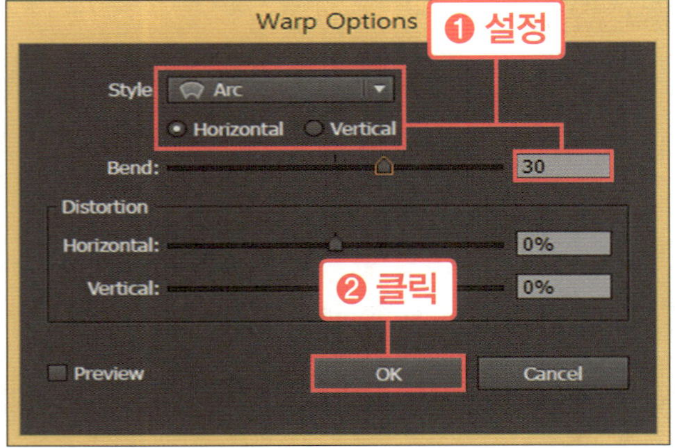

8 항목 설정하기

[Warp Options(변형 옵션)] 대화상자가 표시되면 ❶ 아래와 같이 설정하고 ❷ [OK] 버튼을 클릭합니다.

Style(스타일)	Arc(부채꼴), Horizontal(가로) 체크
Bend(구부리기)	30%

9 효과가 적용되어 변형됨

문자와 직사각형이 위쪽으로 둥글게 변형됩니다. 필요에 따라 ← 또는 →를 눌러 위치를 조정합니다. 그 다음 ① 화면의 공백을 클릭하여 선택을 해제합니다.

check!

여러 가지 효과를 살펴보자

Illustrator에는 도형을 변형하거나 모양을 바꾸는 효과가 많이 마련되어 있습니다. [Effect] 메뉴를 클릭하면 등록되어 있는 효과의 목록이 표시됩니다.

여기서는 자주 사용하는 효과로 [Warp(변형)], [Distort & Transform](왜곡과 변형), [Stylize(스타일화)] 효과를 각각 소재에 적용해 보았습니다.

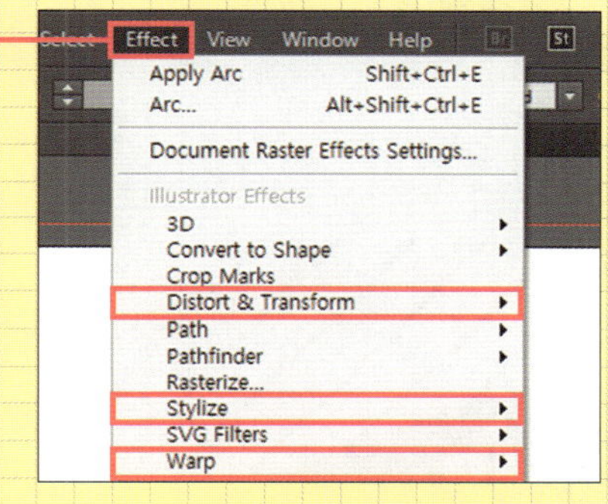

＊Warp

 →     

| Arc(부채꼴) | Shell(Lower)(아래쪽 조개 모양) | Fish(물고기) | Rise(상승) |

＊Distort & Transform

Zig Zag(지그재그)

Pucker & Bloat(오목과 볼록)

＊Stylize

Drop Shadow(그림자 만들기)

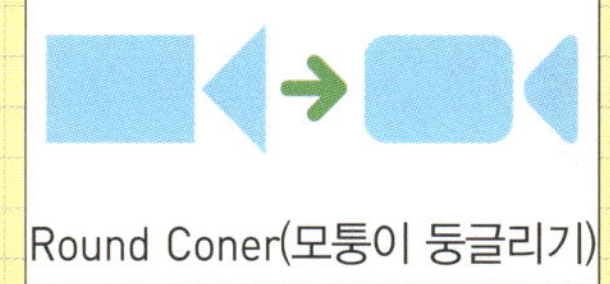
Round Coner(모퉁이 둥글리기)

패스를 지그재그로 변형시킨다 | 패스를 폭발, 부풀린 듯이 변형시킨다 | 패스의 경계를 모호하게 한다 | 모서리를 둥글게 만든다

오브젝트에 효과를 설정하면 [Appearance(모양)] 패널에 설정한 효과명이 표시됩니다. 효과명을 더블클릭하면 대화상자가 표시되고, 설정을 편집할 수 있습니다. 효과명 왼쪽에 있는 👁를 클릭하면 일시적으로 효과를 비표시로 만들 수 있습니다.
[Appearance] 패널이 표시되지 않는 경우는 [Window] 메뉴 → [Appearance]를 클릭합니다.

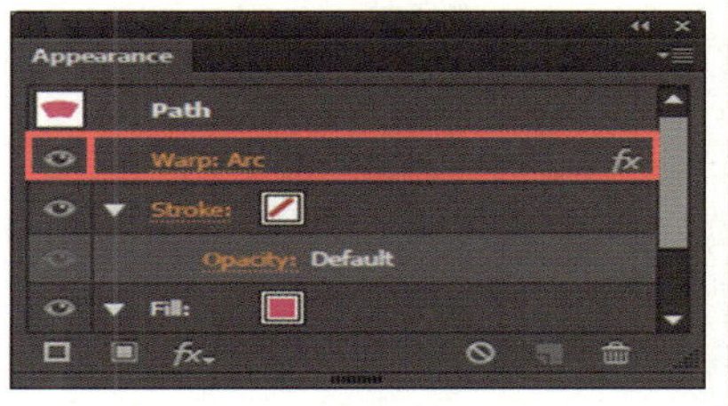

05 영역 안에 문장 넣기

예제 파일 **0505a.ai**
완성 파일 **0505b.ai**

여기서는 엽서에 메시지를 입력합니다. 먼저 문장이 들어갈 영역(틀)을 만들고 그 영역 안에 문장을 넣는 방법을 배웁니다.

1 칠 설정하기

❶ [Swatches(견본)] 패널의 [Stroke] 상자가 [None]으로 설정된 상태에서 [Fill] 상자를 클릭하여 전면에 표시합니다. ❷ [Swatches] 패널의 [C=80 M=30 Y=100 K=0 1] ▉ 을 클릭하여 색을 설정합니다.

2 문장의 배경 그리기

❶ [Rectangle] 툴 ▉ 을 클릭하고 ❷ 그림과 같이 엽서의 아래 반쪽 배경을 덮듯이 드래그하여 직사각형을 그립니다. 또한 [Transform(변형)] 패널이 열리므로 ❸ ✖ 를 클릭하여 닫아둡니다.

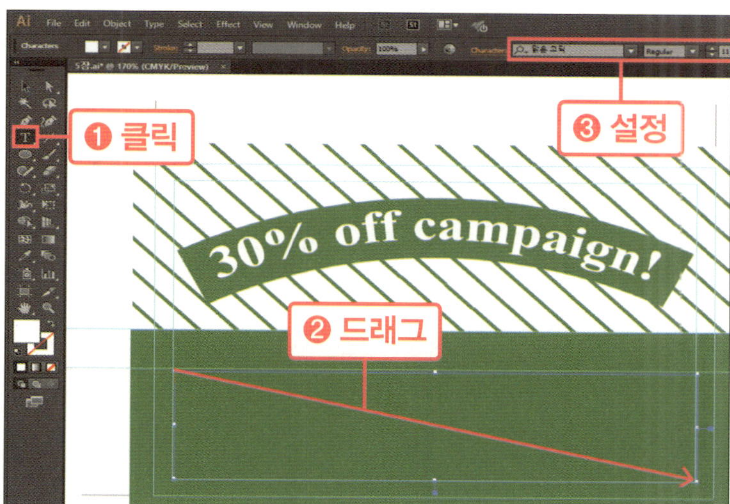

3　문장 영역 만들기

❶ [Type(문자)] 툴 T 을 클릭하여 ❷ 그림과 같이 중앙에서 하나 밑에 있는 가이드와 '5mm' 안쪽 가이드에 맞춰 드래그하여 텍스트 영역을 작성합니다. 그 다음 ❸ 컨트롤 패널을 아래와 같이 설정합니다.

	Windows	Mac
글꼴	맑은 고딕	Apple Gothic
글꼴 스타일	Regular	W3
글꼴 크기	11pt	

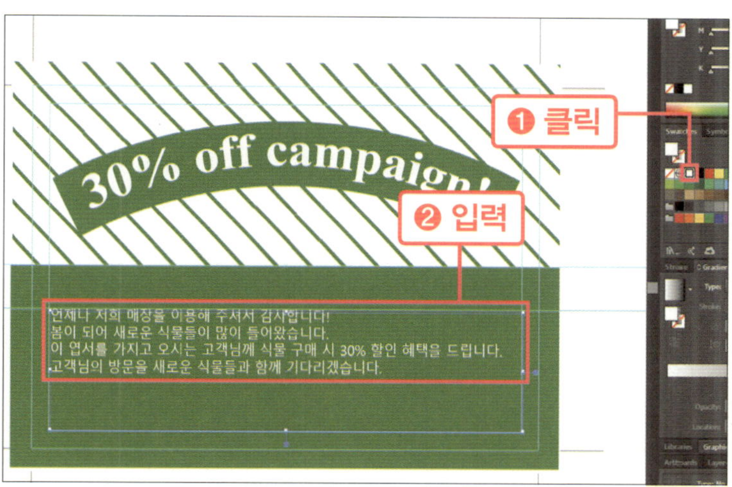

4　문장 입력하기

❶ [Swatches] 패널에서 [White(흰색)] □ 을 클릭하여 [Fill]을 흰색으로 설정합니다. 그 다음 ❷ 그림을 참고로 문장을 입력합니다.

memo

문장이 잘 안 보이는 경우는 P.116의 완성 이미지를 참조합니다.

5　텍스트 영역의 폭 좁히기

텍스트 영역의 가로 폭을 좁힙니다. ❶ [Selection] 툴 을 클릭하고 오른쪽 중앙의 핸들 위로 마우스 커서를 대면 ↔ 가 표시됩니다. ❷ 그 지점에서 왼쪽 방향으로 드래그하여 첫 번째 문자의 '!' 옆까지 이동합니다. 문장이 텍스트 영역의 끝에서 줄이 바뀌어 영역 전체가 좁아집니다.

06

사진을 도형으로 오려내기

예제 파일 **0506a.ai**
완성 파일 **0506b.ai**

클리핑 마스크를 사용하면 도형이나 사진 등을 전면에 배치한 도형으로 오려낼 수 있습니다. 여기서는 사진을 원으로 오려내는 방법을 배웁니다.

1 사진 선택하기

[File] 메뉴 → [Place(가져오기)]를 클릭합니다.
[Place] 대화상자가 표시되면 ❶ [바탕 화면]의
[Chap05] 폴더에 있는 [shop.jpg]를 클릭하고
❷ 모든 항목에 체크 표시가 없는지를 확인한 후
❸ [Place] 버튼을 클릭합니다.

2 사진 배치하기

마우스 커서의 오른쪽 아래에 선택한 이미지의 썸 네일이 표시됩니다. ❶ 그림과 같이 '5mm' 안쪽 가이드의 오른쪽 아래 모서리부터 왼쪽 사선 방향으로 드래그하여 사진을 배치합니다.

memo

드래그를 해서 사진의 배치 크기를 지정할 수 있습니다.
가로세로비는 고정됩니다.

3 원 그리기

❶ [Rectangle(사각형)] 툴 을 길게 클릭한 후
❷ [Ellipse] 툴 을 클릭합니다. 그 다음 ❸ Shift
를 누른 상태에서 '5mm' 안쪽 가이드의 오른쪽 아
래 모서리로부터 왼쪽 위 사선 방향으로 드래그하
여 원을 그립니다.

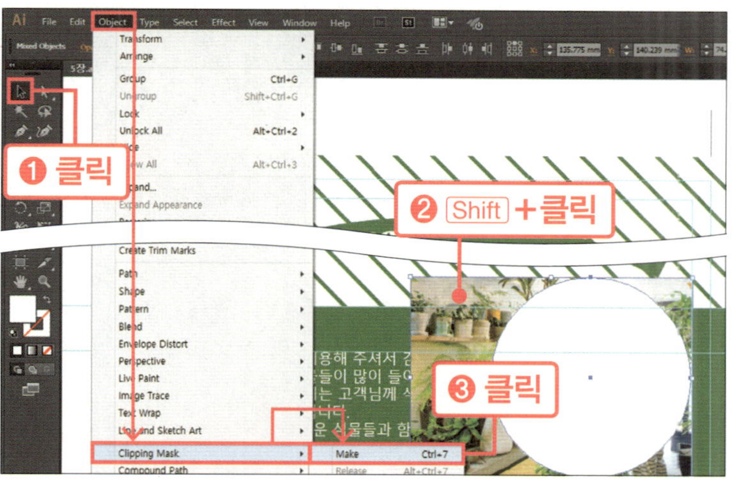

4 클리핑 마스크 작성하기

❶ [Selection] 툴 을 클릭하고 ❷ Shift 를 누
른 상태에서 사진을 클릭한 후 사진과 원을 선택합
니다. 그 다음 ❸ [Object(오브젝트)] 메뉴 → [Clipping
Mask(클리핑 마스크)] → [Make(만들기)]를 클릭
합니다.

memo

클리핑 마스크를 해제하려면 [Object] 메뉴 →
[Clipping Mask] → [Release(풀기)]를 클릭합니다.

5 엽서 완성

사진이 원 모양으로 오려져서 엽서가 완성됩니다.
❶ 화면의 공백을 클릭하여 선택을 해제합니다.
❷ [File] 메뉴 → [Save(저장)]를 클릭하여 파일을
저장합니다.

여러 개의 도형이나 문자 오려내기

Step 4에서는 클리핑 마스크를 사용하여 사진을 원 모양으로 오려냈습니다. 오려낼 대상은 1장의 사진뿐만 아니라 여러 개의 도형이나 문자를 모아서 오려낼 수도 있습니다.

그림에서는 도형이나 문자로 작성한 지도의 전면에 사각형을 그려 모두 선택하여 클리핑 마스크를 작성했습니다.

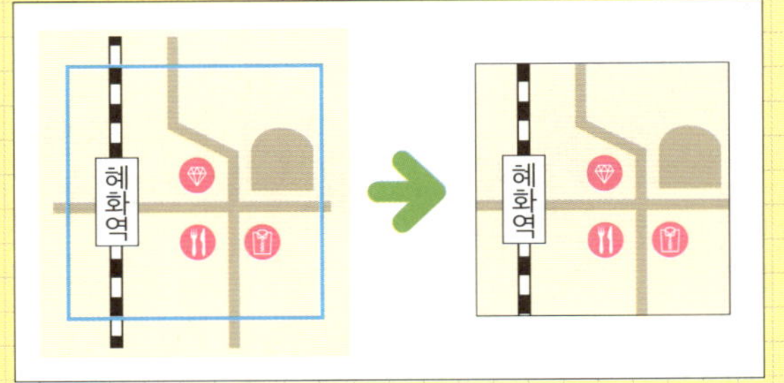

문자를 입력하는 편리한 툴

[Type(문자)] 툴 을 길게 누르면 문자를 입력하는 데 사용하는 편리한 툴이 표시됩니다. 여기서는 각각의 목적에 맞는 4가지의 툴을 살펴봅시다.

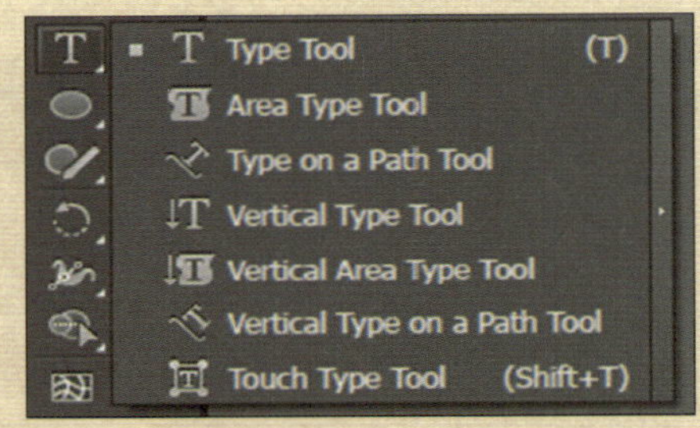

＊도형의 안쪽에 문자를 입력할 때

[Area Type(영역 문자)] 툴 을 선택하고 도형의 패스 위를 클릭하면 도형이 텍스트 영역으로 바뀝니다. 영역을 따라 왼쪽에서 오른쪽(가로 방향)으로 문자를 입력할 수 있습니다.

[Vertical Area Type(세로 영역 문자)] 툴 을 선택하고 도형의 패스 위를 클릭하면 도형이 텍스트 영역으로 바뀝니다. 영역을 따라 위에서 아래(세로 방향)로 문자를 입력할 수 있습니다.

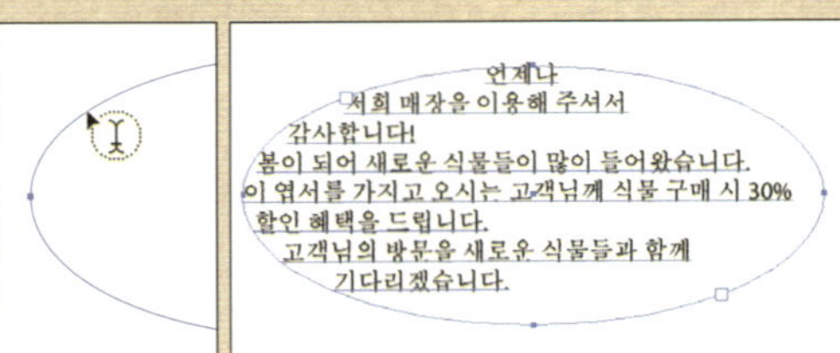

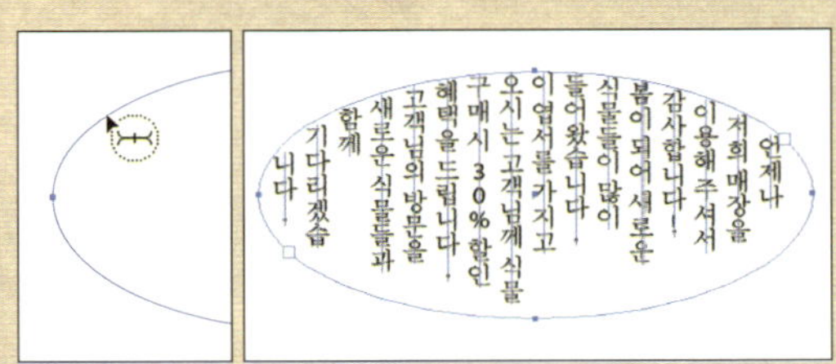

＊패스를 따라 문자를 입력할 때

[Type on a Path(패스 상의 문자)] 툴 을 선택하고 패스 위를 클릭하면 선이 [None] 으로 바뀝니다. 선을 따라 가로 방향으로 문자를 입력할 수 있습니다.

[Vertical Type on a Path(패스 상의 세로 문자)] 툴 을 선택하고 패스 위를 클릭하면 선이 [None] 으로 바뀝니다. 선을 따라 세로 방향으로 문자를 입력할 수 있습니다.

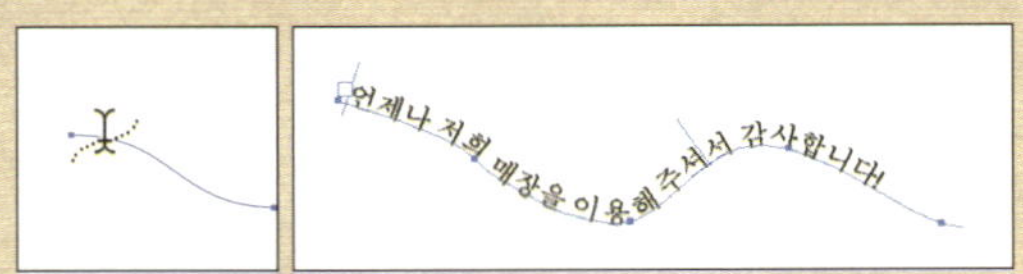

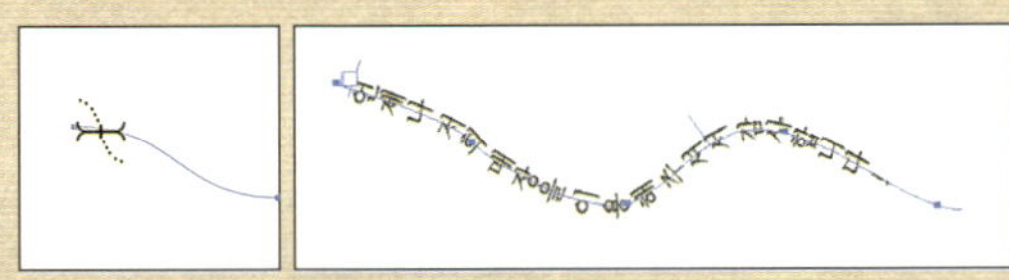

| 제 6 장 |

블로그의 타이틀 이미지 만들기

제6장에서는 블로그의 타이틀 이미지를 만듭니다. 이 장을 통해 문자를 개별적으로 편집하는 방법과 리퀴드 툴, 심볼 기능을 사용하여 일러스트를 그리는 방법을 익힙니다. 또한 완성된 이미지를 웹에서 표시하는 데 적절한 파일 형식으로 저장합니다.

블로그의 타이틀 이미지 만들기

완성 이미지

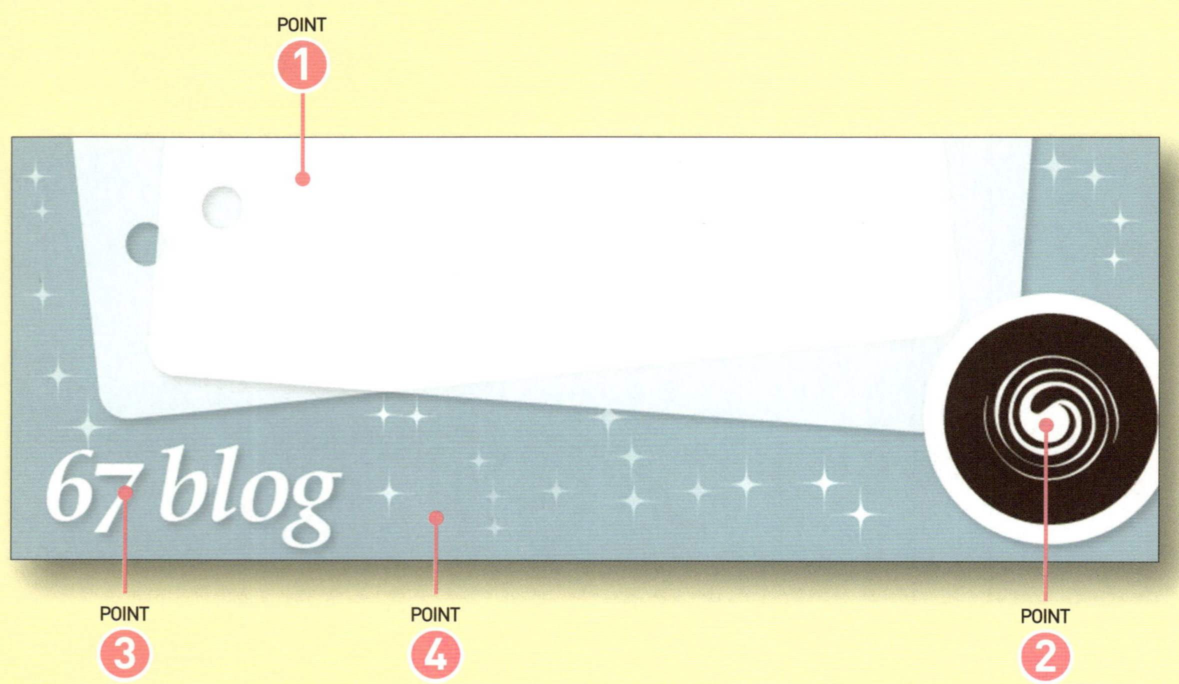

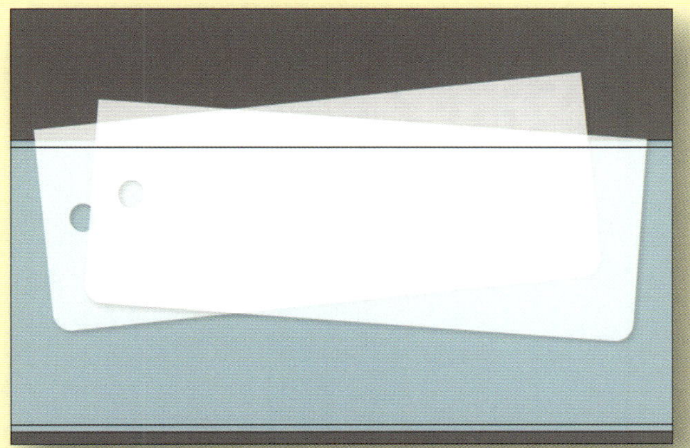

POINT

1 노트 그리기

도형을 조합하여 노트 일러스트를 그립니다. 또한 효과를
사용하여 노트에 음영을 줍니다.

➡ **P.140**

POINT

2 커피 그리기

리퀴드 툴을 사용하여 도형을 변형시켜 커피 위에 떠있는
우유를 그립니다.

➡ **P.146**

POINT

3 문자를 개별적으로 편집하기

문자 손질 툴을 사용하여 문자를 개별적으로 선택하고 드래
그하여 편집합니다.

➡ **P.148**

POINT

4 반짝이는 별빛 뿌리기

별빛 소재를 그려 심볼로 등록하고 화면상에 임의로 뿌립
니다.

➡ **P.150**

제 6 장

블로그의 타이틀 이미지 만들기

01 새 문서 작성하기

예제 파일 **없음**
완성 파일 **0601b.ai**

먼저 이미지의 크기를 지정하고 웹에 적합한 설정으로 새 문서를 작성하는 방법을 배웁니다.

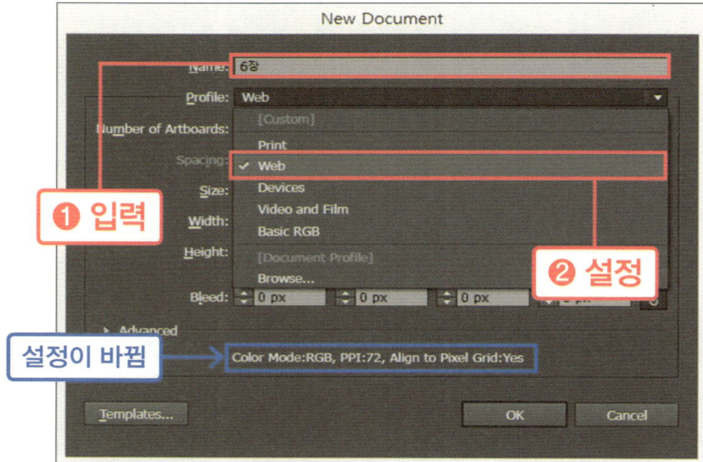

1 새 문서 작성하기

[File(파일)] 메뉴 → [New(새로 만들기)]를 클릭합니다. ❶ [New Document(새 문서)] 대화상자가 표시되면 [Name]에 '6장'이라고 입력하고 ❷ [Profile(프로파일)]을 [Web(웹)]으로 설정합니다.

memo

[Profile]을 [Web]으로 설정하면 자동으로 웹 사이트에서 주로 사용되는 크기와 단위, 컬러모드로 바뀝니다. 컬러 모드에 대해서는 P.90을 참조합니다.

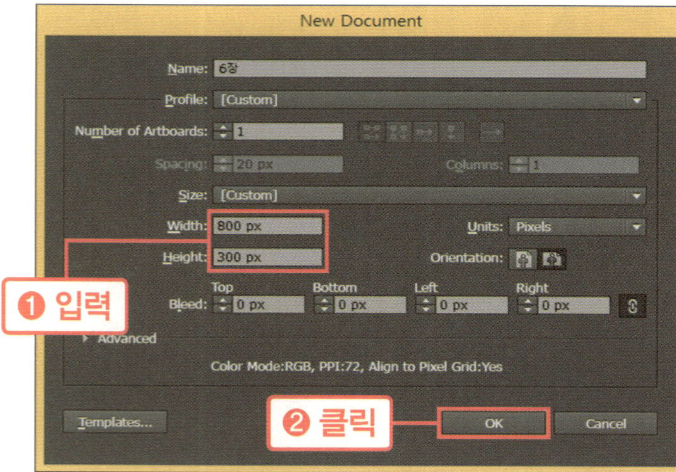

2 이미지의 크기 지정하기

타이틀 이미지의 크기를 지정합니다. ❶ [Width(폭)]에 '800px', [Height(높이)]에 '300px'을 입력하고 ❷ [OK] 버튼을 클릭합니다.

memo

설정 항목을 변경하면 프로파일이 'Custom(사용자 정의)'으로 바뀝니다.

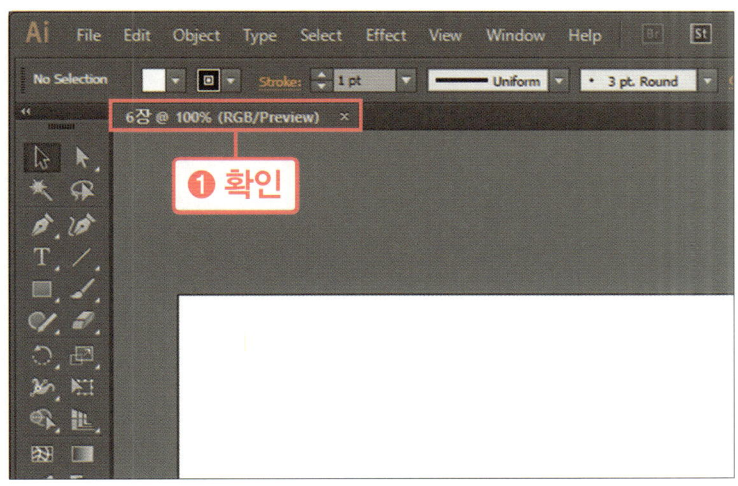

3 새 문서가 작성됨

지정한 크기의 아트보드가 표시됩니다. ❶ 문서 창의 파일명 옆에 컬러 모드가 'RGB'로 표시되어 있는지 확인합니다.

---

check! 아트보드의 크기를 변경하는 방법

아트보드의 크기는 문서를 작성한 후에도 변경할 수 있습니다. 여기서는 2가지 변경 방법을 살펴봅시다.

＊드래그하여 크기를 변경

[Artboard(대지)] 툴 을 클릭하면 편집 화면으로 전환됩니다. 아트보드 주변에 표시된 테두리 상자를 드래그하면 크기를 변경할 수 있습니다. 드래그할 때 Shift 를 누르면 가로세로비를 고정시켜 변경할 수 있습니다. 편집 화면을 종료하려면 다른 툴을 선택합니다.

＊수치를 지정하여 크기를 변경

[Artboard] 툴 을 더블클릭하면 편집 화면으로 전환되고 [Artboard Options(대지 옵션)] 대화상자가 표시됩니다. [Width]와 [Height]에 수치를 지정하고 [OK] 버튼을 클릭하면 크기를 변경할 수 있습니다. 편집 화면을 종료하려면 다른 툴을 선택합니다.

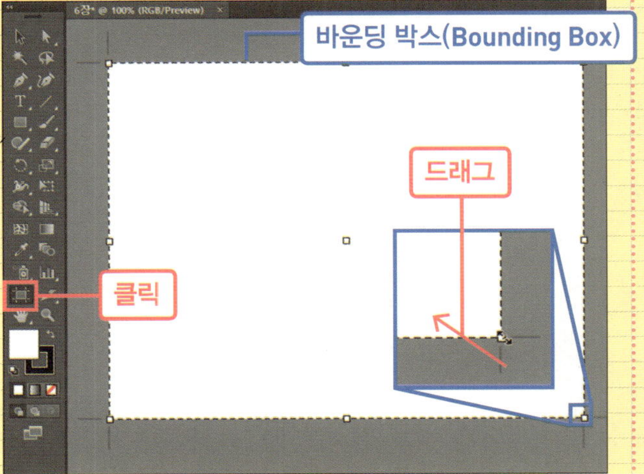

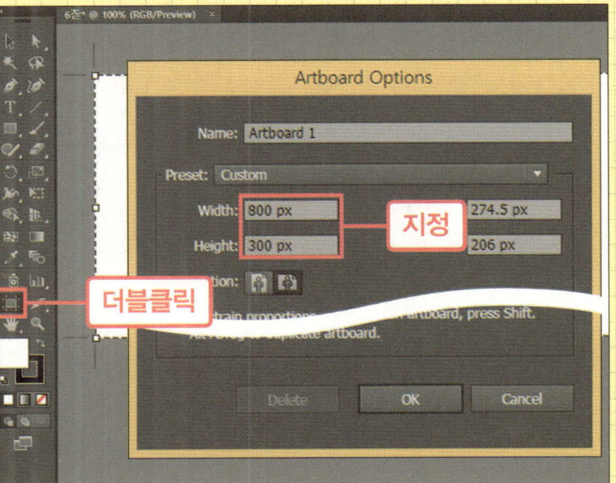

02 노트 그리기

예제 파일 **0602a.ai**
완성 파일 **0602b.ai**

여기서는 도형을 조합하여 구멍이 뚫린 노트 일러스트를 그리고 RGB 컬러를 설정하는 방법을 배웁니다.

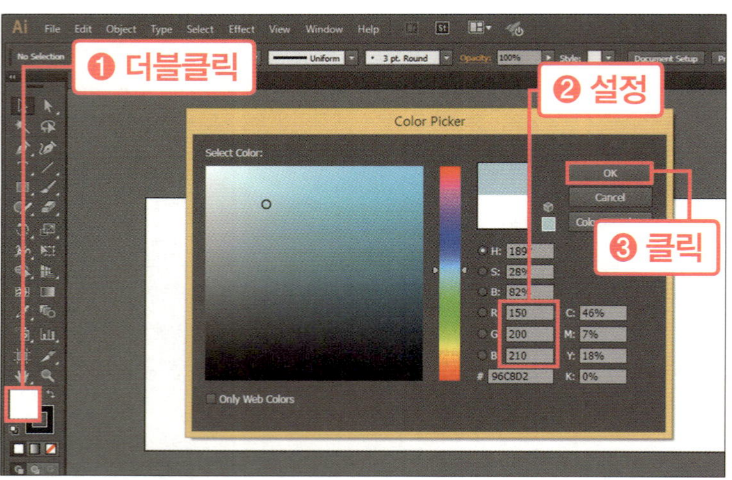

1 배경색 설정하기

❶ [Fill] 상자를 더블클릭하여 [Color Picker] 대화 상자를 표시합니다. 그 다음 ❷ [RGB]를 아래와 같이 설정하고 ❸ [OK] 버튼을 클릭합니다.

R	150
G	200
B	210

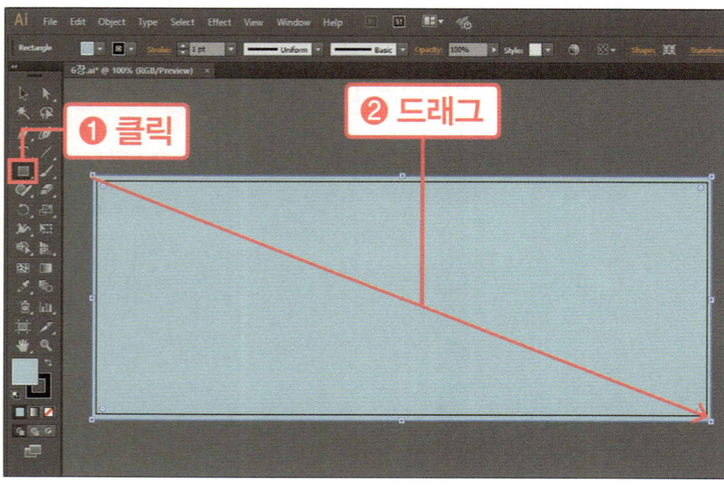

2 배경 그리기

❶ [Rectangle(사각형)] 툴 을 클릭하고 ❷ 그림과 같이 드래그하여 아트보드보다 조금 큰 직사각형으로 배경을 그립니다.

> **memo**
> 아트보드에서 튀어나온 부분은 나타나지 않는 부분이므로 크기 등을 크게 신경 쓰지 않아도 됩니다.

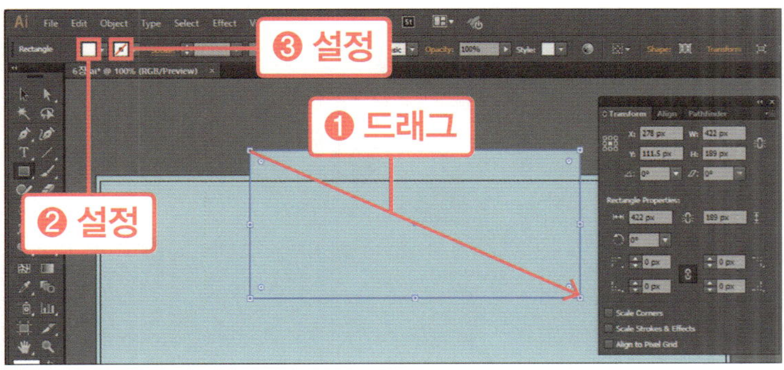

3 노트 그리기

❶ 아트보드의 위 부분을 조금 튀어나오도록 드래
그하여 직사각형으로 노트를 그립니다. 그 다음 ❷
컨트롤 패널의 [Fill Color]를 [White(흰색)]로
설정하고, ❸ [Stroke Color]를 [None]으로 설
정합니다.

4 노트 변형시키기 ①

[Rectangle] 툴로 그린 도형은 [Transform(변형)]
패널의 [Rectangle Properties(사각형 속성)]를 사
용하여 변형시킬 수 있습니다. 여기서는 직사각형
의 모서리를 둥글게 바꿔 봅니다. ❶ [Rectangle
Properties]를 아래와 같이 설정합니다. 오른쪽 아
래와 왼쪽 아래 모서리가 둥글게 바뀝니다.

둥근 모서리값을 연결	링크를 분리
둥근 모서리의 반경(오른쪽 아래)	20px
둥근 모서리의 반경(왼쪽 아래)	20px

memo

[Transform] 패널이 열려 있지 않은 경우는 [Window]
메뉴 → [Transform]을 클릭합니다.

5 노트 변형시키기 ②

노트의 크기와 각도를 변경합니다. ❶ [Rectangle
Properties]를 아래와 같이 설정합니다. 노트가 변
형되면 ❷ [Transform] 패널은 ✖를 클릭하여 닫
아둡니다.

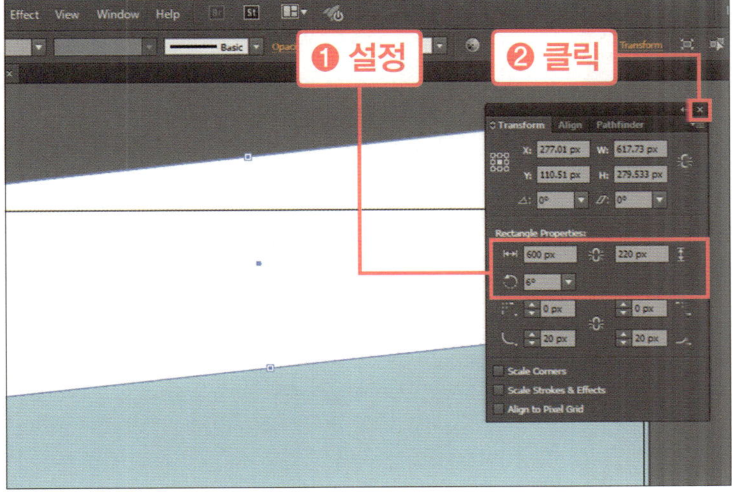

가로세로비를 고정	링크를 분리
직사각형의 폭	600px
직사각형의 높이	220px
직사각형의 각도	6°

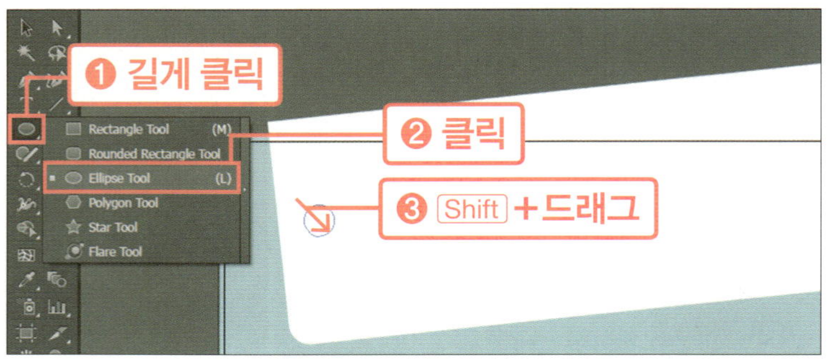

6 원 그리기

❶ [Rectangle] 툴 을 길게 클릭하여 ❷ [Ellipse (원형)] 툴 을 선택합니다. 그 다음 ❸ 그림과 같은 위치에서 Shift를 누른 채로 드래그하여 원을 그립니다.

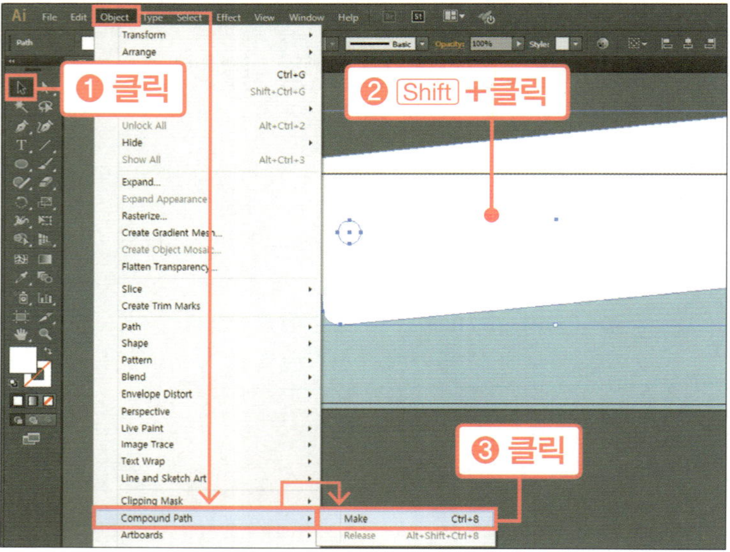

7 노트에 구멍 뚫기

이제 노트에 동그란 원을 뚫습니다. ❶ [Selection] 툴 을 클릭하고 ❷ Shift를 누른 채로 노트를 클릭하여 노트와 원을 선택합니다. 그 다음 ❸ [Object (오브젝트)] 메뉴 → [Compound Path(컴파운드 패스)] → [Make(만들기)]를 클릭합니다.

memo

여러 개의 패스를 'Compound Path'로 만들면 하나의 패스로 취급하므로 겹쳐진 부분에 구멍이 뚫립니다. 또한 [Object] 메뉴 → [Compound Path] → [Release(풀기)]를 클릭하면 해제할 수도 있습니다.

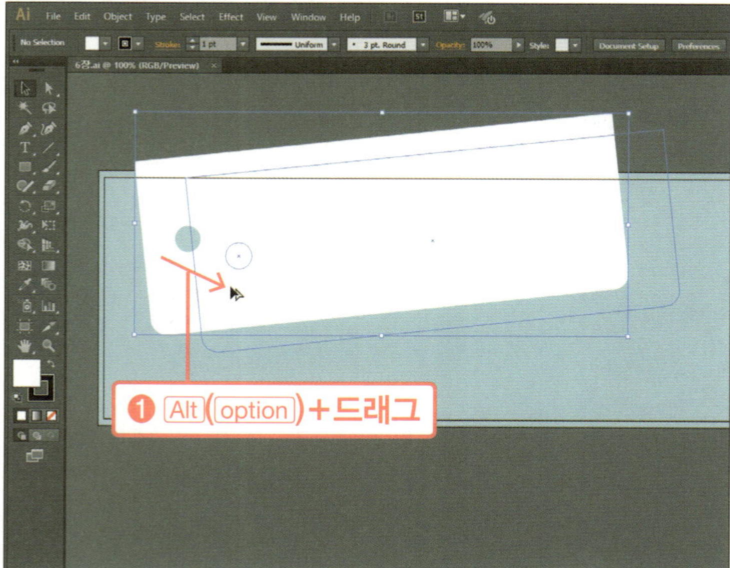

8 노트 복사하기

노트에 구멍이 뚫렸으면 이제 노트를 2장으로 복사합니다. ❶ [Selection] 툴 로 노트를 Alt (Mac: option)를 누른 상태에서 그림과 같은 위치까지 드래그하여 마우스를 뗍니다. 노트가 전면에 복사된 것을 확인하고 나서 키를 뗍니다.

memo

[Selection] 툴로 Alt (Mac: option)를 누른 상태에서 드래그하면 오브젝트를 복사할 수 있습니다. 마우스보다 먼저 키를 떼어 버리면 복사되지 않으므로 주의하기 바랍니다.

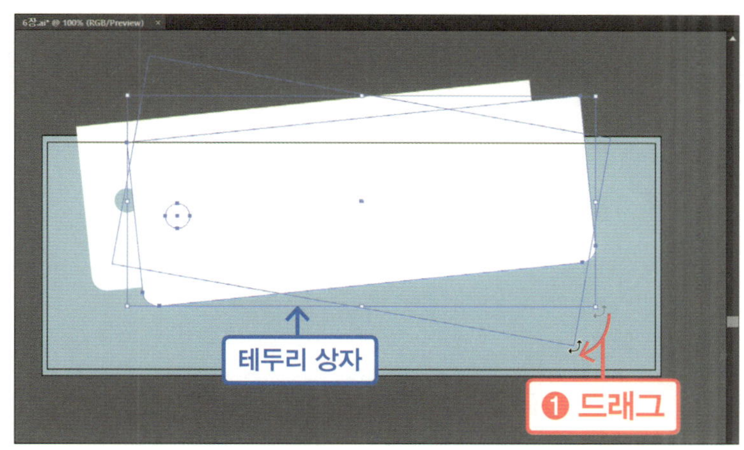

9 노트 회전시키기

테두리 상자의 오른쪽 아래 핸들의 조금 바깥쪽에 마우스 커서를 대면 ↵ 가 표시됩니다. ❶ 이때 아래 방향으로 드래그하여 노트를 회전시켜서 배치합니다. 위치가 이상하면 드래그하여 조정합니다.

check! 라이브 사각형과 Rectangle Properties

[Rectangle] 툴 ■과 [Rounded Rectangle] 툴 ■로 도형을 그리면 모서리에 [Live Corner Widget(모퉁이 위젯)] ◉이 표시되는 '라이브 사각형'이 그려집니다.

또한 자동으로 [Transform] 패널이 열리고 [Rectangle Properties]가 표시됩니다.

[Rectangle Properties]를 사용하면 수치를 지정하여 라이브 사각형의 크기, 각도, 모서리 모양 등을 편집할 수 있습니다([Live Corner Widget] ◉을 사용한 모서리의 모양을 편집하는 방법은 P.51을 참조).

●**사각형의 모서리를 확대 및 축소하기 (Scale Corners)**

항목에 체크 표시를 하면 사각형을 확대 및 축소할 때 [Corner Radius(모퉁이 반경)]의 값도 같이 변경됩니다.

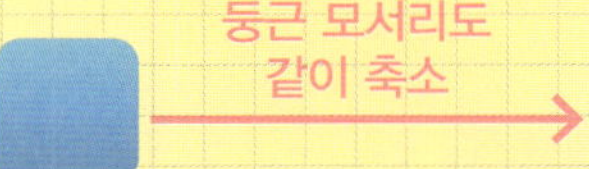

체크하지 않으면 사각형을 확대 및 축소해도 [Corner Type]의 값은 변경되지 않습니다.

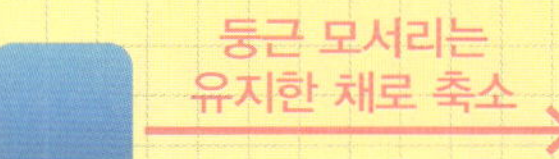

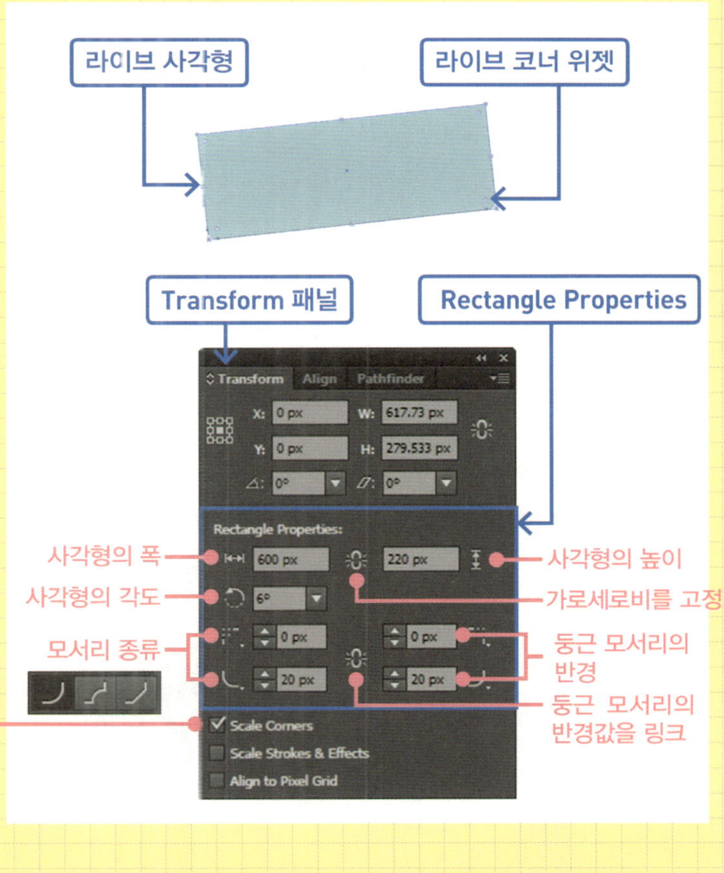

03 음영 주기

예제 파일 **0603a.ai**
완성 파일 **0603b.ai**

드롭 섀도우(그림자 만들기)를 사용하면 오브젝트에 그림자 효과를 줄 수 있습니다. 여기서는 노트에 음영을 주는 방법을 배웁니다.

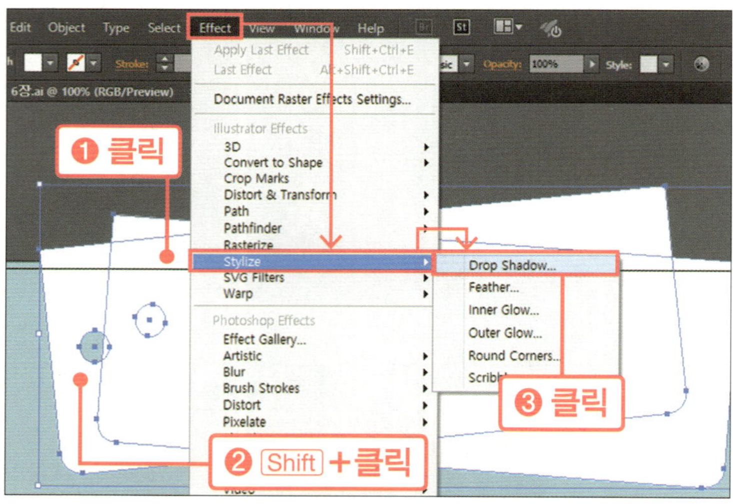

1 노트에 음영 주기

❶ [Selection] 툴 을 사용하여 오른쪽 노트를 클릭하고 계속해서 ❷ Shift 를 누른 상태에서 왼쪽 노트를 클릭하여 2장의 노트를 선택합니다. 그 다음 ❸ [Effect(효과)] 메뉴 → [Stylize(스타일화)] → [Drop Shadow(그림자 만들기)]를 클릭합니다.

memo

그룹화하지 않고 효과를 설정하면 선택한 오브젝트 각각에 효과를 줄 수 있습니다. 효과에 대한 자세한 내용은 P.129를 참조합니다.

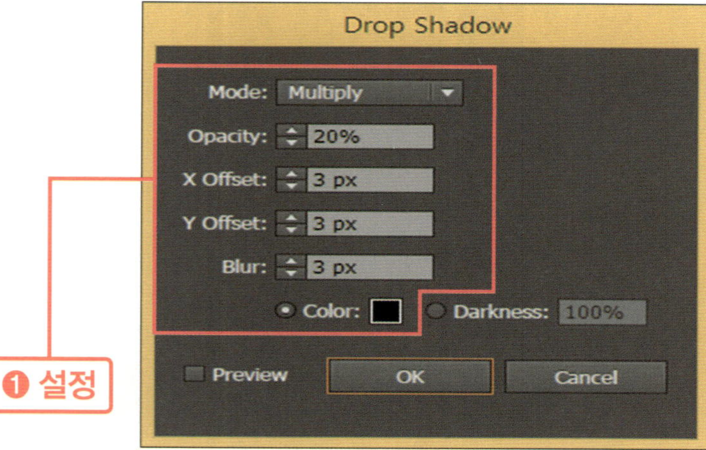

2 항목 설정하기

❶ [Drop Shadow] 대화상자가 표시되면 아래와 같이 설정합니다.

Mode	Multiply
Opacity	20%
X Offset	3px
Y Offset	3px
Blur	3px
Color	Black(R=0 G=0 B=0)

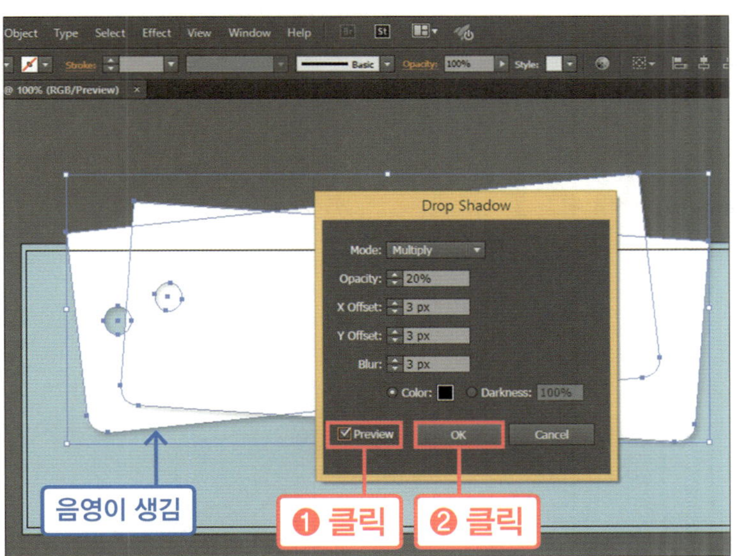

3　효과 확인하기

미리보기를 사용하면 실행 전에 결과를 확인할 수 있습니다. ❶ [Preview(미리보기)]를 체크하면 노트에 그림자가 생깁니다. ❷ 문제가 없으면 [OK] 버튼을 클릭하여 설정을 실행합니다.

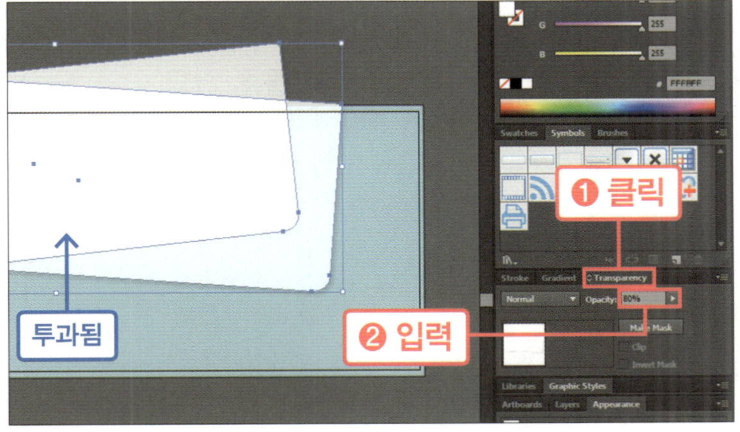

4　노트를 투과시키기

❶ [Transparency(투명도)] 패널 탭을 클릭하여 전면에 표시합니다. 그 다음 ❷ [Opacity(불투명도)]에 '80'이라고 입력하고 Enter (Mac: return)를 누릅니다. 그러면 2개의 노트가 투과되어 보입니다.

memo

[Transparency] 패널이 표시되어 있지 않은 경우는 [Window] 메뉴 → [Transparency]를 클릭합니다.

---

check! 불투명도란?

오브젝트의 '불투명도(Opacity)'를 설정하면 후면의 오브젝트가 비쳐 보입니다. 불투명도의 범위는 0%(투명)~100%(불투명)까지 설정할 수 있으며, 수치가 작을수록 투과되어 후면이 비쳐 보이게 됩니다.

오른쪽 그림은 2개의 원을 선택하여 불투명도를 왼쪽부터 각각 순서대로 '100%', '60%', '30%'로 설정한 것입니다. 오른쪽으로 갈수록 투과되어 후면의 스트라이프가 비칩니다.

[100%]　　[60%]　　[30%]

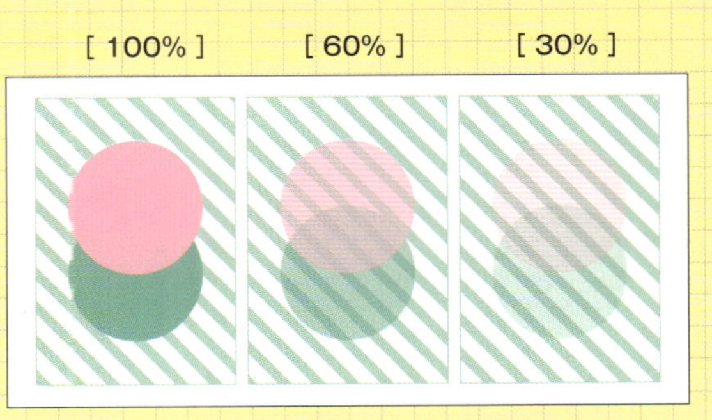

04 커피 그리기

예제 파일 **0604a.ai**
완성 파일 **0604b.ai**

리퀴드 툴을 사용하면 도형을 액체처럼 변형시킬 수 있습니다. 여기서는 리퀴드 툴의 '돌리기(Twirl)'를 사용하여 우유가 떠있는 커피를 그리는 방법을 배웁니다.

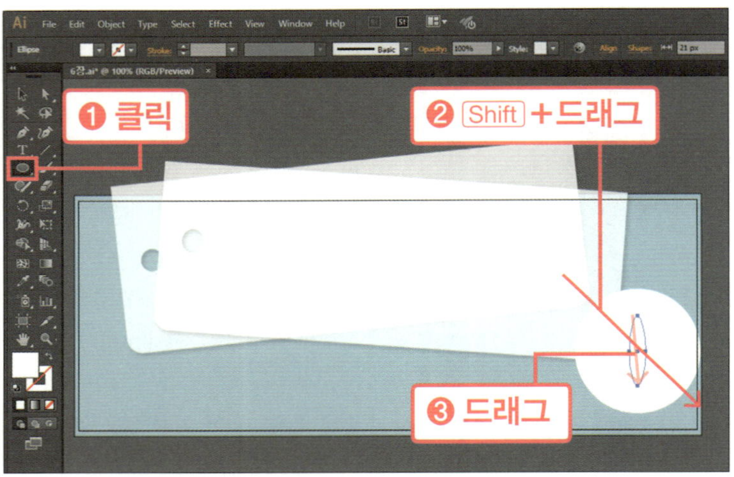

1 원 그리기

❶ [Ellipse(원형)] 툴 을 클릭하고 ❷ 그림과 같은 위치에서 Shift 를 누른 채로 드래그하여 원을 그립니다. 계속해서 ❸ 원의 안쪽에서 사선으로 드래그하여 세로로 긴 타원을 그립니다.

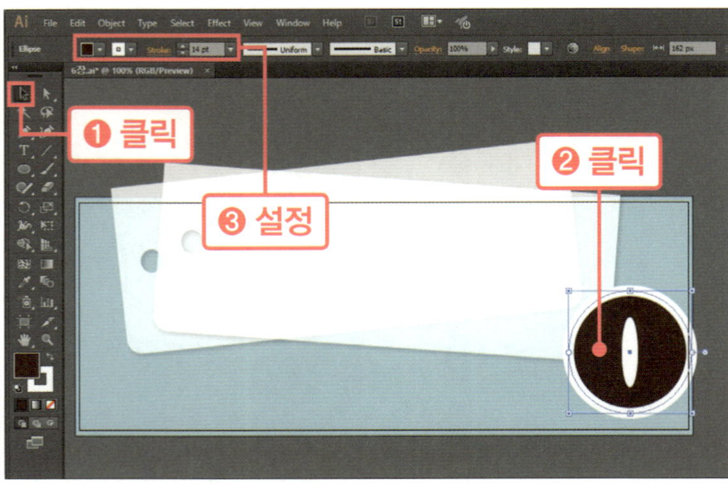

2 선과 칠 설정하기

❶ [Selection] 툴 을 클릭하고 ❷ 첫 번째 그린 원을 클릭합니다. 그 다음 ❸ 컨트롤 패널을 아래와 같이 설정합니다. 커피가 들어있는 컵이 그려집니다.

Fill Color	[R=66 G=33 B=11]
Stroke Color	[White(흰색)]
Stroke Weight	14pt

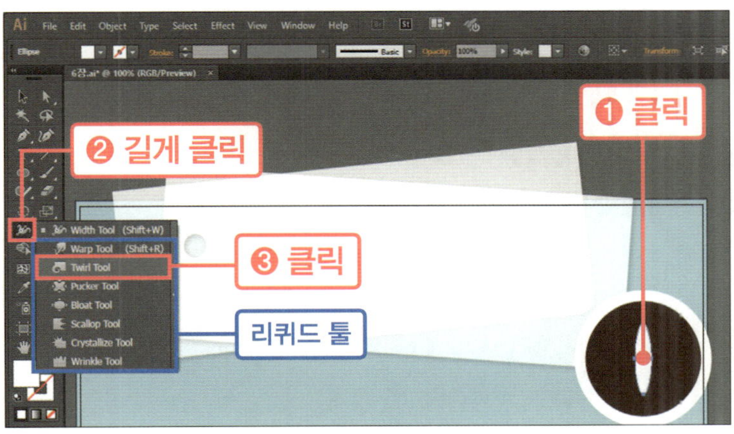

3 돌리기 툴을 선택하기

❶ 타원을 클릭하여 선택한 다음 ❷ [Width(폭)] 툴 을 길게 클릭하여 ❸ [Twirl(돌리기)] 툴 을 선택합니다.

memo

[리퀴드] 툴에는 7종류가 있는데, 선택한 도형 위에서 클릭 또는 드래그하면 도형을 변형시킬 수 있습니다.

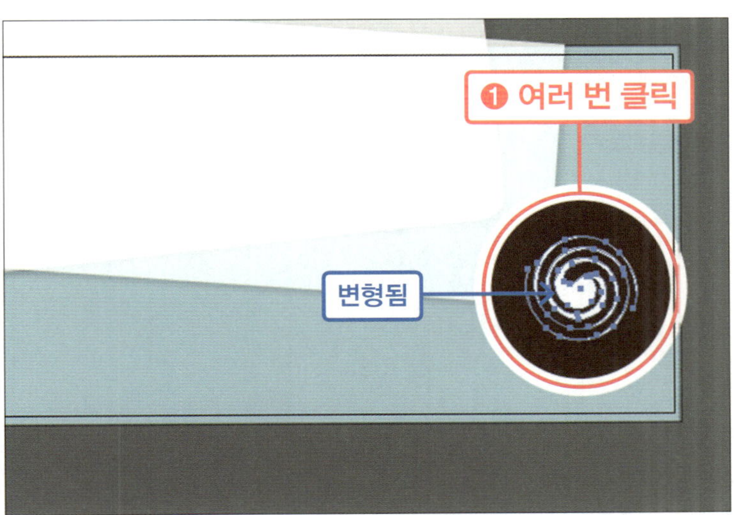

4 소용돌이 모양으로 만들기

마우스 커서가 원으로 바뀌면 원의 범위 안에 있는 도형을 클릭하여 변형시킬 수 있습니다. ❶ 타원 위로 마우스 커서를 대서 여러 번 클릭합니다. 클릭 할 때마다 타원이 소용돌이가 치는 것처럼 변형됩 니다.

memo

마우스 커서의 원을 크게하려면 [Twirl] 툴을 더블클 릭하고 [Global Brush Size(전체 브러쉬 크기)]에서 [Width]와 [Height]의 수치를 크게 설정합니다.

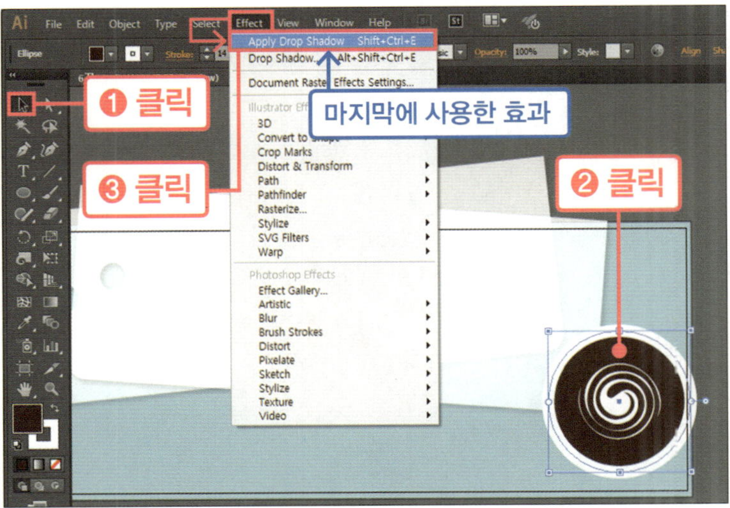

5 노트와 똑같은 효과 주기

❶ [Selection] 툴 을 클릭하고 ❷ 커피를 클릭 하여 선택합니다. 그 다음 ❸ [Effect(효과)] 메뉴 → [Apply Drop Shadow(그림자 만들기 적용)]를 클릭합니다.

memo

[Effect] 메뉴의 맨 위에는 마지막으로 사용한 효과가 표시됩니다. 선택하면 동일한 설정의 효과를 적용할 수 있습니다. 여기서는 P.145의 Step 3에서 설정한 드롭 섀도우가 표시됩니다.

chapter 6

05 문자를 개별적으로 편집하기

예제 파일 **0605a.ai**
완성 파일 **0605b.ai**

여기서는 블로그의 타이틀 문자를 입력하고, 문자의 일부를 개별적으로 편집하는 방법을 배웁니다.

1 문자 입력하기

❶ [Type] 툴 **T** 을 클릭하고 ❷ 그림과 같은 위치를 클릭한 후 ❸ '67 blog'라고 입력합니다.

memo

도구상자에 [Type] 툴 이외의 툴이 표시되어 있는 경우는 툴을 길게 클릭해서 [Type] 툴을 표시시킵니다.

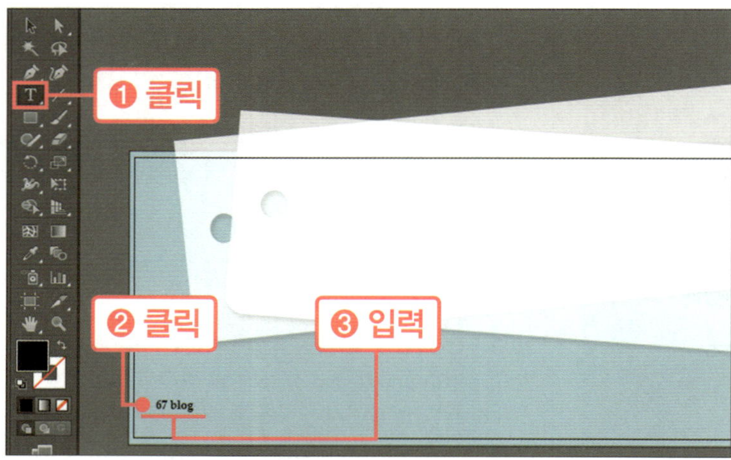

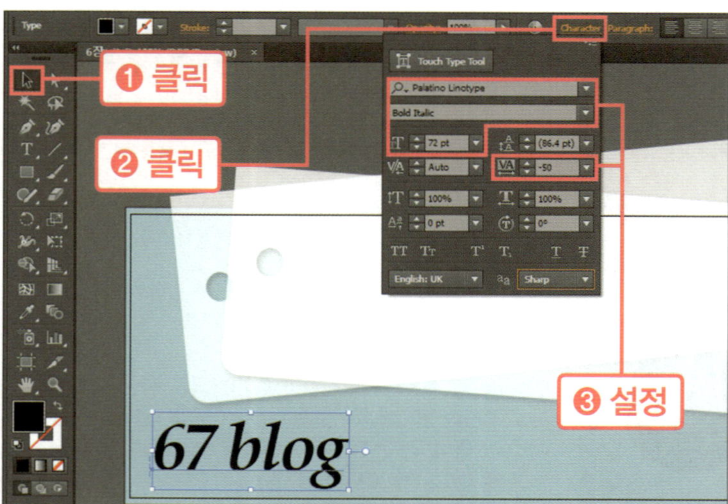

2 문자 설정하기

❶ [Selection] 툴 을 클릭하여 문자를 선택한 상태로 만듭니다. 그 다음 ❷ 컨트롤 패널의 [Stroke] 텍스트 링크를 클릭하여 [Type] 패널을 표시하고 ❸ 아래와 같이 설정합니다.

	Windows	Mac
글꼴	Palatino Linotype	Palatino
글꼴 스타일	Bold Italic	
글꼴 크기	72pt	
트래킹	−50	

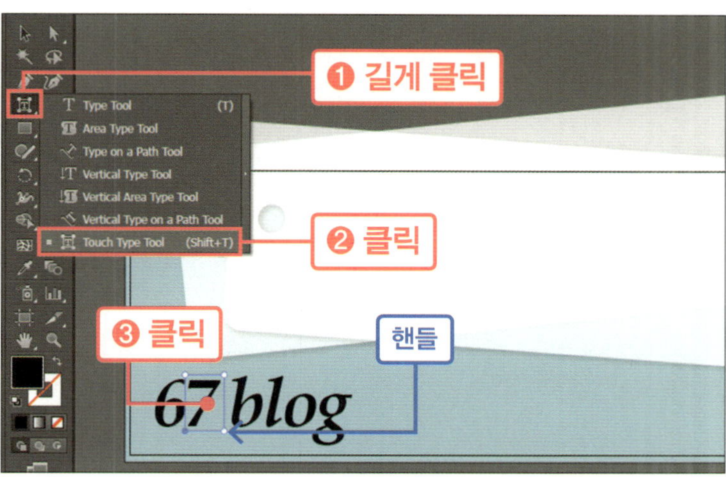

3 '7'을 선택하기

❶ [Type] 툴 T 을 길게 클릭하고 ❷ [Touch Type(문자 손질)] 툴 을 클릭합니다. 그 다음 ❸ 편집할 문자 '7'을 클릭합니다. '7' 주변에 핸들이 표시됩니다.

4 '7'을 편집하기

'7'에 마우스 커서를 대고 ▶ 가 표시되면 ❶ 그림과 같이 왼쪽 아래 사선 방향으로 드래그하여 이동시킵니다.

memo

[Touch Type] 툴을 사용하면 문자를 개별적으로 선택하여 이동시킬 수 있습니다. 핸들을 조작하여 확대, 축소, 회전시킬 수도 있습니다.

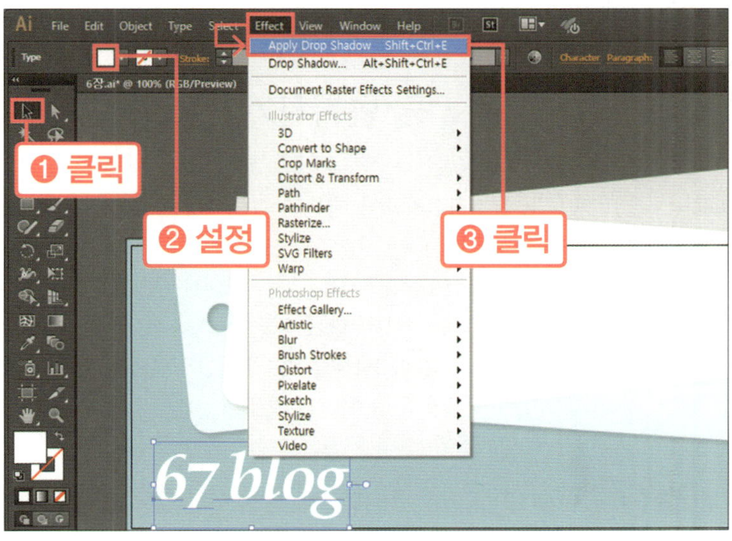

5 문자 장식하기

❶ [Selection] 툴 을 클릭하여 문자 전체를 선택된 상태로 만듭니다. ❷ 컨트롤 패널의 [Fill Color]를 [White(흰색)] 로 설정하여 문자를 하얗게 만듭니다. 그 다음 ❸ [Effect] 메뉴 → [Apply Drop Shadow]를 클릭하여 노트와 똑같은 효과를 설정합니다.

memo

[Effect] 메뉴의 맨 위에는 마지막으로 사용한 효과가 표시됩니다. 여기서는 P.145의 Step **3**에서 설정한 Drop Shadow가 표시됩니다.

06 심볼 등록하기

예제 파일 **0606a.ai**
완성 파일 **0606b.ai**

여기서는 원을 별빛으로 변형시켜 그리고 심볼로 등록하는 방법을 배웁니다. 반복해서 사용하는 오브젝트는 '심볼'로 등록해 두면 바로 사용할 수 있어서 편리합니다.

1 원 그리기

별빛의 기본 소재가 되는 원을 그립니다. ❶ [Ellipse(원형)] 툴 을 클릭합니다. 그 다음 ❷ Shift를 누른 상태에서 드래그하여 작은 원을 그립니다.

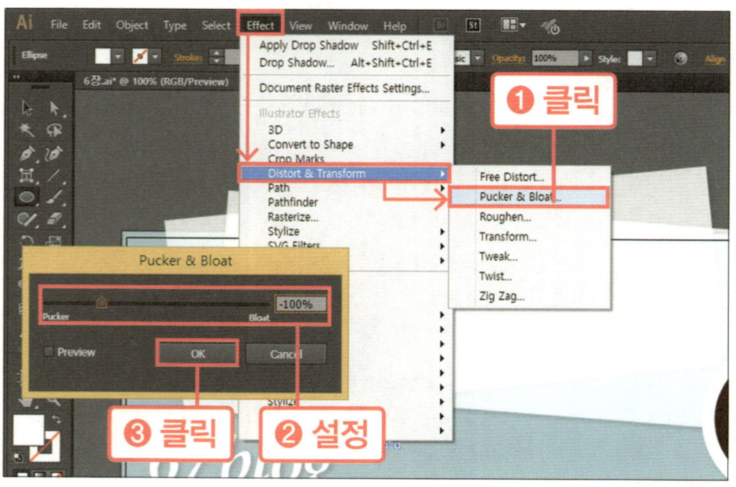

2 원 변형하기

❶ [Effect(효과)] 메뉴 → [Distort&Transform(왜곡과 변형)] → [Punker&Bloat(오목과 볼록)]를 클릭하여 [Punker&Bloat] 대화상자를 표시합니다. 그 다음 ❷ 슬라이더를 왼쪽으로 움직여 '-100%'로 설정하고 ❸ [OK] 버튼을 클릭합니다. 효과에 대한 자세한 내용은 P.129를 참조합니다.

3 심볼로 등록하기

반짝반짝 빛나는 별빛이 그려졌으면 이제 그 별빛을 '심볼'로 등록합니다. ❶ [Symbols(심볼)] 패널 탭을 클릭하여 전면에 표시합니다. 그 다음 ❷ [New Symbol(새 심볼)] 버튼 을 클릭합니다.

[Symbols] 패널이 표시되지 않은 경우는 [Window] 메뉴 → [Symbols]를 클릭합니다.

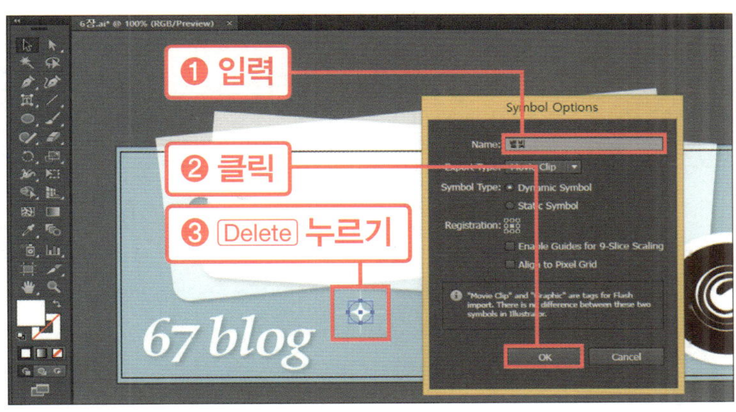

4 심볼에 이름 붙이기

[Symbol Options(심볼 옵션)] 대화상자가 표시되면 ❶ [Name]에 '별빛'이라고 입력하고 ❷ [OK] 버튼을 클릭합니다. '별빛' 이름이 붙은 심볼이 [Symbols] 패널에 추가됩니다. ❸ 아트보드의 오브젝트는 Delete 를 눌러 삭제해둡니다.

---

check!

심볼의 배치와 편집

＊심볼의 배치

[Symbols] 패널에 등록된 도형은 드래그하여 아트보드 위에 배치할 수 있습니다. 배치한 도형은 '심볼 인스턴스'라고 하며, 심볼의 복사본이 되므로 많이 배치해도 파일의 크기가 커지지 않는 장점이 있습니다.

＊심볼의 편집

동록된 심볼을 더블클릭하면 [Symbol Editing Mode(심볼 편집 모드)]로 전환됩니다. 색이나 모양을 편집하면 아트보드에 배치된 심볼 인스턴스에도 반영됩니다. [Symbol Editing Mode]를 해제하려면 왼쪽 위의 를 클릭합니다.

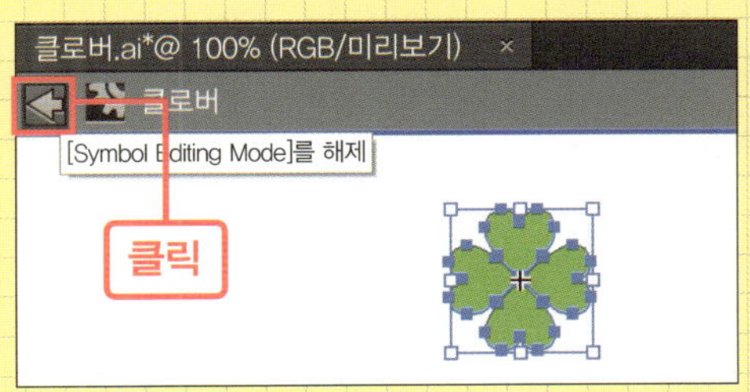

chapter 6

07 심볼 뿌리기

예제 파일 **0607a.ai**
완성 파일 **0607b.ai**

여기서는 앞의 레슨에서 등록한 심볼 '별빛'을 심볼 툴을 사용하여 아트보드 위에 뿌리고 표시를 조정하는 방법을 배웁니다.

1 '별빛' 뿌리기

❶ [Symbols(심볼)] 패널의 '별빛'을 선택한 상태에서 [Symbol Sprayer(심볼 분무기)] 툴 을 클릭합니다. 그 다음 ❷ 그림과 같이 별빛을 뿌리고 싶은 곳을 재빨리 드래그합니다. 드래그에 맞춰 별빛이 임의로 배치됩니다. ❸ 빈틈이 있으면 드래그하여 더 추가시킵니다.

memo

배치한 심볼 인스턴스는 하나의 세트로 취급됩니다.

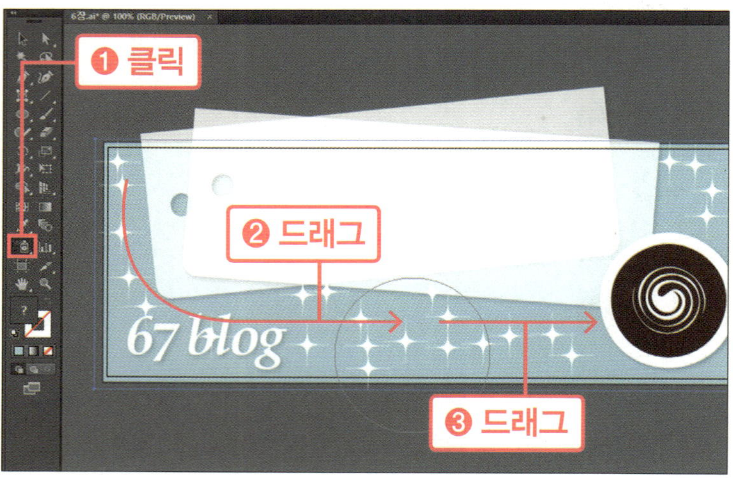

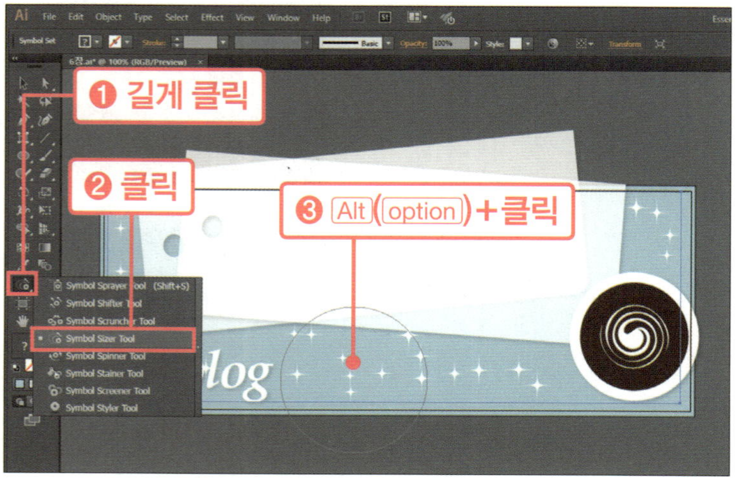

2 크기 조정하기

별빛 크기를 조정합니다. ❶ [Symbol Sprayer] 툴 을 길게 클릭하고 ❷ [Symbol Sizer(심볼 크기 조절기)] 툴 을 클릭합니다. 그 다음 ❸ Alt (Mac : option)를 누른 상태에서 축소하고 싶은 별빛 위를 클릭합니다. 보기 좋게 균형이 잡힐 때까지 여러 번 클릭합니다.

memo

Alt (Mac : option)를 누르지 않고 클릭하면 심볼을 확대할 수 있습니다.

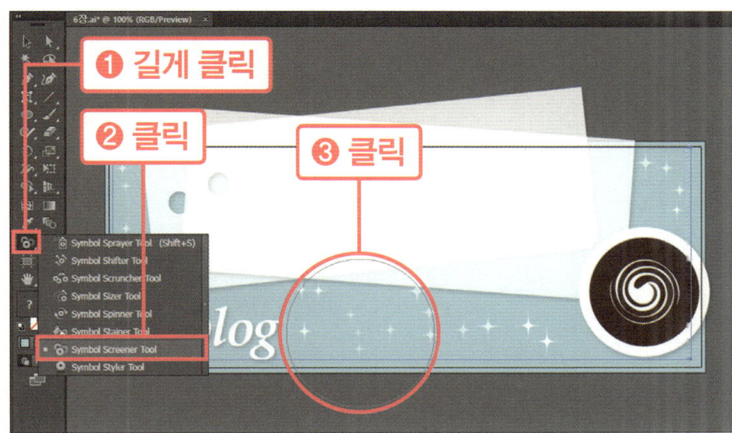

3 투명하게 만들기

❶ [Symbol Sizer] 툴 을 길게 클릭하고
❷ [Symbol Screener(심볼 투명기)] 툴 을 클릭합니다. 그 다음 ❸ 투명하게 만들고 싶은 별빛 위를 클릭합니다.

memo

Alt(Mac: option)를 누른 상태에서 클릭하면 심볼을 진하게 할 수 있습니다.

4 블로그 타이틀의 완성

별빛의 크기와 투명도를 잘 조정했으면 블로그의 타이틀이 완성된 것입니다. ❶ [Selection] 툴 을 클릭하고 ❷ 화면의 공백을 클릭하여 선택을 해제합니다. 마지막으로 P.44~45의 방법으로 타이틀을 저장합니다.

---

check!

심볼 툴을 살펴보자

도구상자에는 8종류의 [Symbol] 툴이 마련되어 있습니다. 여기서는 아래 4가지 툴을 살펴봅시다.

* **[Symbol Shifter(심볼 이동기)] 툴**
드래그한 방향으로 심볼을 이동할 수 있습니다.

* **[Symbol Spinner(심볼 회전기)] 툴**
드래그한 방향으로 심볼을 회전시킬 수 있습니다.

Symbol Sprayer Tool (Shift+S)
Symbol Shifter Tool
Symbol Scruncher Tool
Symbol Sizer Tool
Symbol Spinner Tool
Symbol Stainer Tool
Symbol Screener Tool
Symbol Styler Tool

* **[Symbol Scruncher(심볼 분쇄기)] 툴**
클릭한 위치로 심볼을 모을 수 있습니다.

* **[Symbol Stainer(심볼 염색기)] 툴**
'Fill'에 설정한 색을 클릭한 심볼에 반영시킬 수 있습니다.

[Symbol] 툴의 아이콘을 더블클릭하면 [Symbol Options] 대화상자가 표시되는데, 여기서 더 세밀한 설정을 할 수 있습니다.

08 웹용으로 저장하기

예제 파일 **0608a.ai**
완성 파일 **67blog.png**

여기서는 블로그의 타이틀 이미지를 웹에서 표시하기 위해 적절한 파일 형식으로 저장하는 방법을 배웁니다.

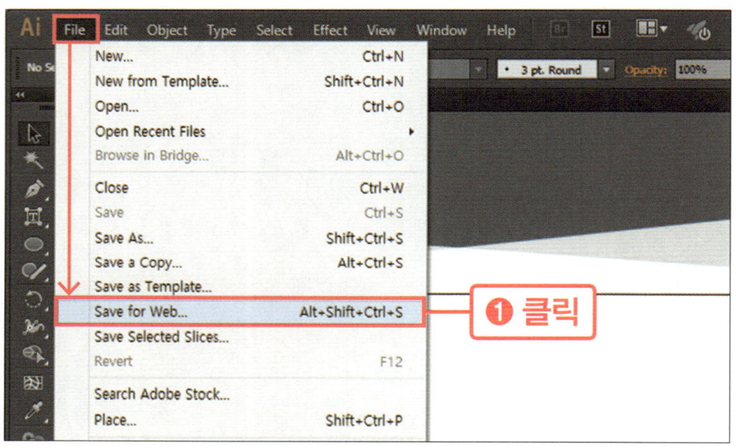

1 웹용으로 저장하기

❶ [File(파일)] 메뉴 → [Save for Web(웹용으로 저장)]을 클릭하여 [Save for Web(웹용으로 저장)] 대화상자를 표시합니다.

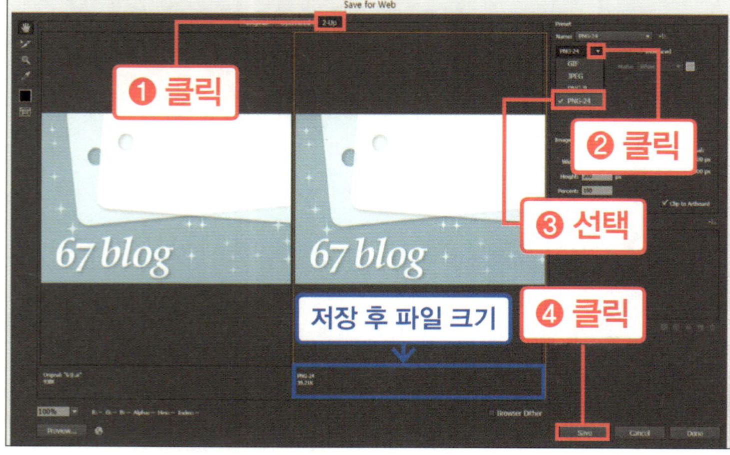

2 웹용으로 최적화하기

❶ 화면 위쪽에 있는 [2-Up]을 클릭하여 왼쪽에는 원래 이미지, 오른쪽에는 저장될 이미지를 나란히 확인할 수 있도록 합니다. 그 다음 ❷ [Optimized file format(최적화 파일 포맷)]의 ▼를 클릭하고 ❸ 'PNG-24'를 선택한 후 ❹ [Save(저장)] 버튼을 클릭합니다.

memo

오른쪽 이미지 아래에는 저장 후의 파일 크기가 표시됩니다. 이 파일 크기를 참고로 설정을 조정합니다.

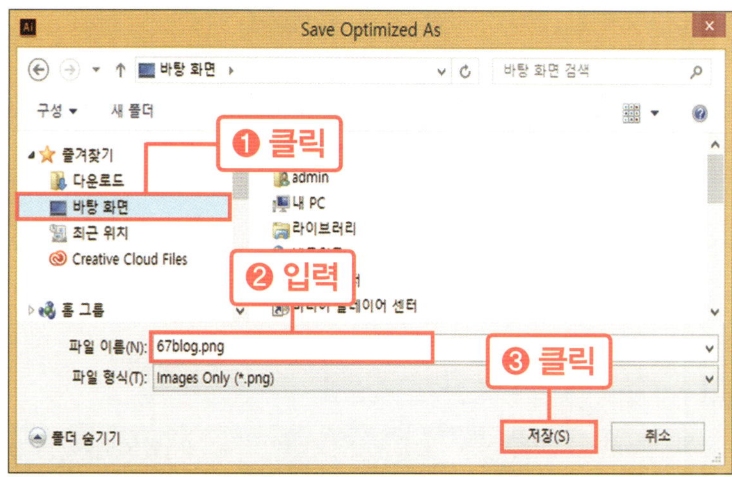

3 저장하기

❶ [Save Optimized As(최적화 다른 이름으로 저장)] 대화상자가 표시되면 [바탕 화면]을 클릭하여 저장 위치를 지정합니다. ❷ [파일 이름](Mac:[이름])에 '67blog.png'를 입력하고 ❸ [Save] 버튼을 클릭합니다.

memo

웹용 파일명은 영문과 숫자, -(하이픈), _(밑줄 문자)만으로 입력합니다.

4 파일 확인하기

Illustrator 파일과는 달리 웹사이트에 게재하는 데 적합한 파일이 저장됩니다. 그림에서는 '67blog.png'를 Windows의 사진 뷰어에서 열어보았습니다. 이것으로 블로그의 타이틀 이미지가 완성되었습니다.

---

check!

웹용으로 적합한 파일 형식

웹용으로 저장하는 경우 다음 형식 중 하나로 저장합니다. 여기서는 각 형식의 특징을 살펴보겠습니다.

* GIF 형식(.gif)
표현할 수 있는 색의 수가 256색으로 한정되어 있으므로 색의 수가 적은 로고나 일러스트 등에 적합합니다. 또한 투명한 부분을 유지하여 저장하거나 애니메이션도 설정할 수 있습니다. 색의 수가 적은 만큼 파일 크기도 작아집니다.

* JPEG 형식(.jpg)
표현할 수 있는 색의 수가 1677만색으로, 폭넓고 많은 색을 표현하는 사진이나 그라데이션을 사용한 이미지 등에 적합합니다.

단, 색의 수가 많기 때문에 파일 크기가 커지며 투명한 부분을 유지하여 저장할 수는 없습니다.

* PNG 형식(.png)
표현할 수 있는 색의 수가 'PNG-8'은 256색, 'PNG-24'는 1677만 색으로 저장하는 이미지에 맞춰 선택할 수 있습니다. 또한 투명한 부분을 유지하여 저장할 수도 있습니다. 색의 수가 적은 이미지를 'PNG-8'로 저장하면 GIF보다 파일 크기가 작아지는 경우가 많습니다. 색의 수가 많은 이미지를 'PNG-24'로 저장하면 JPEG보다 파일 크기가 커지는 경우가 많습니다.

Illustrator의 환경 설정

[Preferences(환경설정)]에는 Illustrator의 작업 환경을 더욱 편하게 사용할 수 있기 위한 설정 옵션이 마련되어 있습니다. 여기서는 참고로 편리한 설정을 3가지 소개합니다.

아무 것도 선택하지 않은 상태에서 컨트롤 패널의 [Preferences] 버튼을 클릭하면 아래와 같은 대화상자가 표시됩니다. 대화상자에는 14개의 옵션이 있으며, 각 옵션을 선택하면 오른쪽에 설정 항목이 표시됩니다.

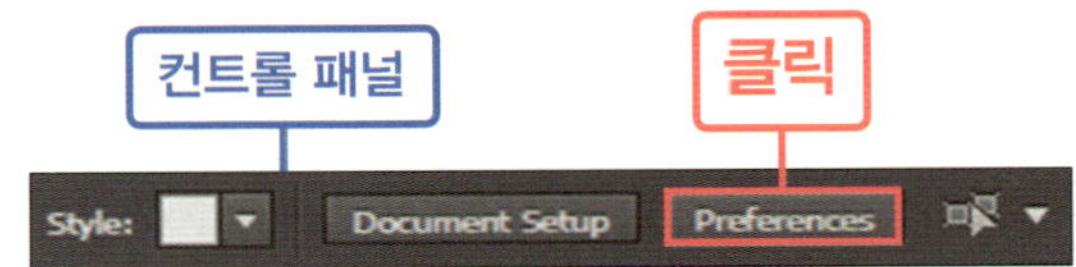

● 화살표 키의 이동 거리 설정

[General(일반)] 옵션의 [Keyboard Increment(키보드 증감)]를 사용하면 화살표 키 ←→↑↓ 를 누를 때 오브젝트를 이동할 거리를 설정할 수 있습니다. 초기 설정은 '0.3528mm'로 되어 있습니다. 용도에 맞춰 알기 쉬운 값('0.1mm'이나 '0.5mm' 등)으로 변경해 두면 편리합니다. 화살표 키로 이동하는 작업에 대해서는 P.59를 참조합니다.

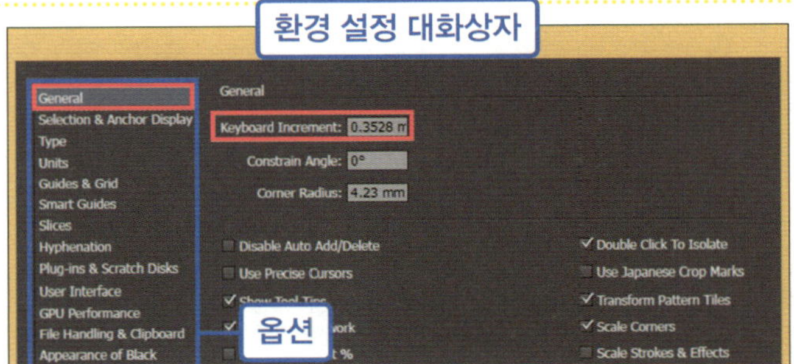

● 단위 설정

[Units(단위)] 옵션의 [General]의 ▼를 클릭하여 표시되는 메뉴에서 단위를 선택하면 [Ruler(눈금자)]의 단위나 오브젝트를 이동하거나 변형할 때 지정하는 수치의 단위를 설정할 수 있습니다. [Ruler]에 대해서는 P.77을 참조합니다.

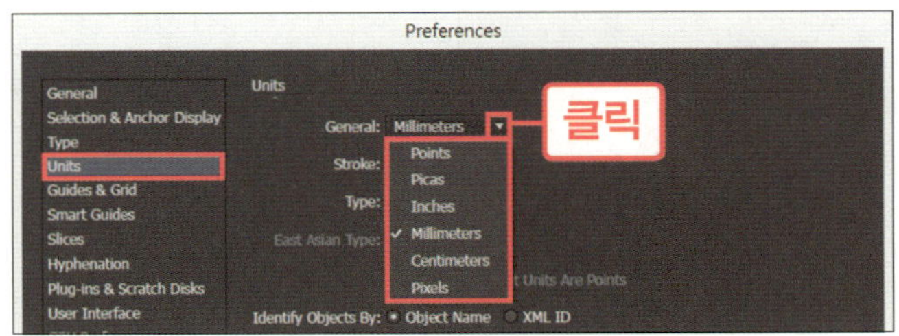

● 사용자 인터페이스의 밝기 설정

❶ [User Interface(사용자 인터페이스)] 옵션의 [Brightness(밝기)] 슬라이더를 조작하면 모든 패널의 밝기를 변경할 수 있습니다. ❷ [Canvas Color(캔버스 색상)]로는 문서 창의 아트보드 주변의 색을 설정할 수 있습니다.

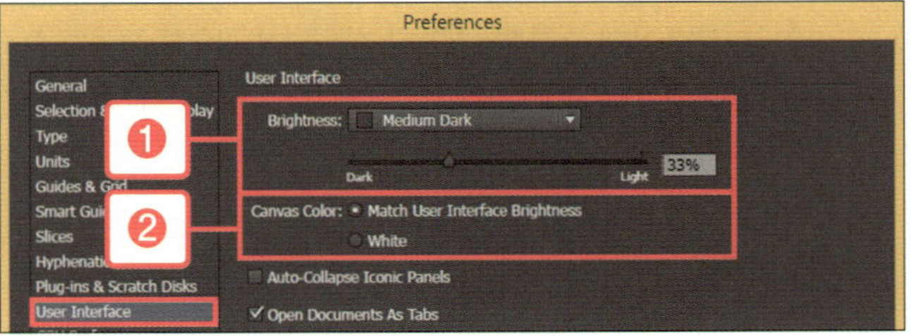

그 외에도 환경 설정에는 Illustrator의 조작과 표시와 관련된 다양한 설정 옵션이 있습니다. Illustrator의 기본 조작에 익숙해지면 확인해보기 바랍니다.

Illustrator CC 2015 무료 시험버전 영문판 설치 방법

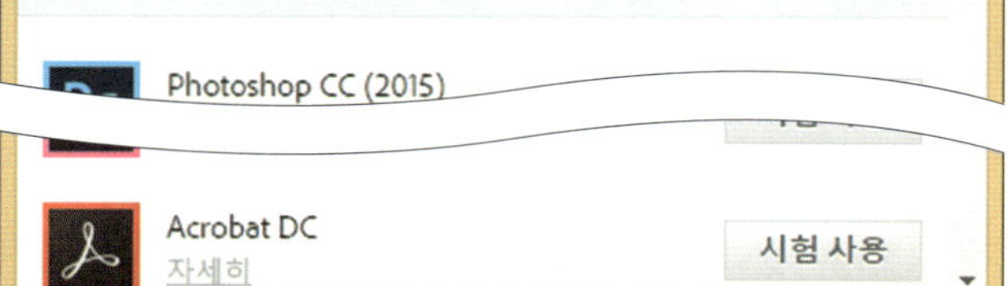

① Creative Cloud에 로그인 한 후(P.9의 Step ①)
❶ 오른쪽 위에 있는 설정 버튼을 클릭한 다음,
❷ 메뉴가 표시되면 [환경 설정]을 클릭합니다.

② ❶ [Creative Cloud] 탭을 클릭하고 ❷ 앱 언어 항목의 오른쪽에 있는 ⬍을 클릭합니다. ❸ 언어 목록이 도시 되면 [English (International)]를 클릭합니다.
❹ 앱 언어 설정이 끝나면 ‹을 클릭하여 Illustrator CC 2015 무료 시험버전 설치 화면으로 되돌아갑니다.

Illustrator CC 2015 무료 시험버전으로 이미 한글판을 설치한 경우, 영문판을 설치하려면 제어판에서 한글판을 제거(언인스톨)하고 위의 방법대로 영문판을 설치하기 바랍니다.

Index

Index

감수 Rokunana Workshop

Rokunana Workshop

Rokunana Workshop(67WS)은 각종 디지털 콘텐츠의 기획 및 제작을 담당하는 제작회사 Rokunana가 운영하는 웹디자인 학교입니다.

인터넷을 하다보면 재미있는 웹 사이트나 아이디어가 기발한 콘텐츠를 많이 볼 수 있습니다. 그러한 웹 콘텐츠는 여러 가지 언어와 응용 프로그램, 기술로 구현되므로 크리에이터에게는 높은 기술이 요구됩니다. 또한 그 기술은 나날이 발전하고 있습니다.

크리에이터는 항상 새로운 기술을 필요로 하지만 최신 지식과 기술을 배울 수 있는 곳이 그다지 많지 않은 것이 현실입니다. 그래서 Rokunana Workshop은 학생과 직장인을 막론하고 모든 사람이 전문가에게 배울 수 있는 크리에이터 학교를 만들자는 취지에서 탄생했습니다.

강좌는 모두 하루 6시간, 최대 6명이 수강하는 단기 집중 트레이닝 방식으로 이루어집니다. 응용 프로그램의 기본적인 사용법은 물론, 실제 제작에 필요한 노하우와 테크닉까지 자세하게 설명합니다.

● Rokunana Workshop의 특징

❶ 인증

어도비시스템즈의 공인 교육센터입니다.

❷ 전문 강사

제일선에서 활약 중인 웹 크리에이터가 강의를 담당합니다. 오리지널 교재를 사용한 실전적인 트레이닝 기본은 물론, 실제 제작에 필요한 노하우와 테크닉까지 효율적으로 배울 수 있습니다.

❸ 수강 시스템

수강 인원은 최대 6명의 소그룹으로 이루어지며, 하루 6시간 완결의 단기 집중 교육입니다. 입학금과 교재비 등이 일절 필요 없으며 1강좌부터 수강이 가능합니다.

❹ 안심 서포트

특별 할인 혜택이나 초보자도 안심할 수 있도록 강좌 재수강도 지원해드립니다.

지금부터 시작하는
일러스트레이터 CC 2015

초판 1쇄 인쇄 | 2016년 3월 14일
초판 1쇄 발행 | 2016년 3월 18일

지 은 이 | Sasaki Kyoko
감   수 | Rokunana Workshop
옮 긴 이 | 이영란
발 행 인 | 이상만
발 행 처 | 정보문화사

책임편집 | 최동진
편집진행 | 이보윤

주   소 | 서울시 종로구 대학로 12길 38 (정보빌딩)
전   화 | (02)3673-0037(편집부) / (02)3673-0114(代)
팩   스 | (02)3673-0260
등   록 | 1993년 8월 20일 제1-1013호
홈페이지 | www.infopub.co.kr

I S B N | 978-89-5674-656-2